Noch mehr Kochen für Angeber

Seltsam anmutende Gesteinsformation aus den Tiefen des Meeres? Nein, transparente Kartoffelchips aus Effekt Nr. 39.

Noch mehr Kochen für Angeber

Die geheimen Tricks der Sterneküche

Thomas A. Vilgis

Stiftung Warentest

Portionen Aufwand Angeberfaktor

zur orientierung:
Diese symbole stehen über jedem Rezept.

alles Fermentierte

Gewagtes

Pyramidensalz:
Die knusprigen Salzkristalle aus Effekt No. 1 zergehen schnell auf der Zunge und entfalten ihr volles Aroma.

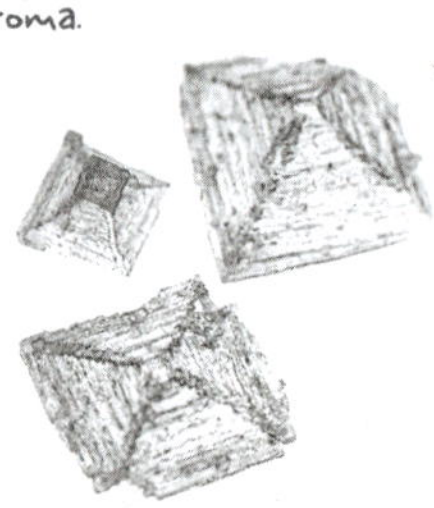

Klassiker überdacht

Bodenständiges

Techniken zur Geschmacksverstärkung

Voller Geschmack

Augen und Ohren essen mit

Multisentorisches

Gourmet und Reste

Nachhaltiges

einfach aber effektvoll

Ungewohntes

Alles was knackt und bröselt

Texturelles

viele Komponenten in einem ausgeklügelten System

Avantgardistisches

Außerdem

Einleitung

Nur Effekthascherei? Wenn es einem höhren genussreicheren Zweck dient, warum nicht?

Ein Blick in die Vergangenheit

Die spanische Avantgardeküche, auch bekannt als Molekularküche, war sicher eine der wichtigsten Epochen der modernen leichten Küche. Sie stellte ganz neue Methoden in den Mittelpunkt und jedes einzelne Element aus der Küche brachte spannende Fortschritte auf den Tellern. Neue Texturen wurden entdeckt, neue Zubereitungstechniken entwickelt, eine ungeheure Präzision wurde zum Standard in der Gastronomie. Dabei ging es weniger um grammgenaue Rezepte, sondern um die Kontrolle physikalischer und chemischer Prozesse: die Höhe der Luftfeuchtigkeit, exakte Temperaturführung bei Garprozessen, die Erkenntnis der Rolle von Über- und Unterdruck in Kochsystemen, die Kontrolle der Partikelgrößen in Eiszubereitungen, die Größe der Tröpfchen in stabilen Emulsionen oder die physikalische Struktur der Schäume. Systeme und Techniken also, die ihren Ursprung bereits tief in der Wissenschaft, in Food Science und Lebensmitteltechnologie hatten, aber küchentechnisch brach lagen.

Dabei dienten die (wieder-)gewonnenen Erkenntnisse nicht dem reinen Selbstzweck, sondern einer echten Verbesserung des Mundgefühls, dem zeitlichen Verlauf der Flavourfreigabe und der Essbarkeit aller Komponenten. Denn schließlich interessiert die Gäste doch vor allem, wie sich das Essen im Mund verhält. Nur was wir im Mundraum wahrnehmen, definiert den vollendeten Genuss. Alles andere – Optik, Restaurantatmosphäre oder Musikberieselung – tritt in den Hintergrund.

Sicher, auch mit einer einfachen Küchenausrüstung lassen sich bezaubernde und sehr schmackhafte Menüs kochen. Als ein Beispiel für neu entwickelte Techniken unter vielen sei an dieser Stelle aber die Sous-vide-Garung unter genauen Temperaturen aufgeführt. Dank ihr sind Sie in der Lage, deutlich andere, oft schlichtweg bessere Ergebnisse auf einen Teller zu zaubern, als mit jeder Hobbykochmethode an Herd und Backofen.

Diese Avantgardeküche war die Grundlage für das erste Buch „Kochen für Angeber". Seitdem hat sich so einiges in der Gastroszene geändert. Schon damals hatte die reine Molekularküche in der Sternegastronomie an Faszination eingebüßt. Bis auf wenige Ausnahmen, etwa Denis Martin in Vevey, servierten immer weniger Restaurants ein komplett auf die Molekularküche ausgerichtetes vielgängiges Menü. Während der Spitzenzeiten der spanischen Avantgardeküchenrevolution war dies aber landauf, landab üblich. Es gab 30 bis 40 kleine dekonstruierte Häppchen, manchmal nur einen federleichten gefriergetrockneten Schaum. Doch es gab einen wesentlichen Haken: Eine Sättigung war verschwindend und vielen Gäste „schmeckte" diese Idee irgendwann nicht mehr.

Das Erbe ist wahrnehmbar

Im Gegensatz zum gern besungenen Ende der Molekularküche blieben viele Techniken bestehen und wanderten stillschweigend auch in das Repertoire der vehement klassisch kochenden Küchenchefs. So sind Sphären ein fester Bestandteil vieler Teller. Sie finden von Vorspeisen bis Desserts Anwendung. Texturelemente wie Gele unterstützen die Sensorik auf bestechende Weise. Temperaturbeständige dünne, umamistarke gelartige Würzfolien ersetzen vielerorts den klassischen Lack über Gemüse, Fisch und Fleisch – und das aus physikalisch wie sensorisch gut nachvollziehbaren Gründen: Der gelartige Belag einer Würzfolie gibt beim Kauen und oralen Prozessieren sein Geschmackspotenzial länger und anhaltender frei als eine hochviskose Flüssigkeit, die sich zügig mit dem Speichel vermischt und für ein dominantes Benetzen der Zunge und des Mundraums – das öfter angesprochene oral coating – sorgt.

Wenn Sie zum ersten Mal mit dieser Art der Küche, mit dieser Art des Zubereitens, in Berührung kommen, mag das für Sie jetzt überspitzt und übertrieben detailliert klingen. Aber sobald Sie Teile dieser Techniken ausprobiert haben, werden Sie schnell merken, welche winzigen Unterschiede in Viskosität und Fraktur des Genussmaterials unsere taktilen Rezeptoren im Mund exakt ausdifferenzieren können – und wie diese unterschiedlichen Wahrnehmungen von unserem Gehirn als neue sensorische Effekte abgespeichert werden. Derartige sensorisch wichtigen Details sind auch ein Grund, warum Schäume, Espumas und Cremes verwendet werden, die mit vielerlei Hilfsmitteln gestaltet wurden.

Dem Zeitgeist sei dank: Sterneküche wandelt sich

Die heutige Sterneküche unterscheidet sich grundlegend von der eines Fernand Point, dem Begründer der Nouvelle Cuisine der 1940er- und 1950er-Jahre. Waren es damals noch üppige Gerichte, sind es heute stark reduzierte Teller, auf denen sich kaum noch etwas befindet und die nicht gerade sättigend wirken.

Tatsächlich lässt sich die Geschichte der Spitzenküche anhand der Teller in Kochbüchern der letzten 50 Jahre gut nachvollziehen. Schaut man sich die Entwicklung während oder nach der Zeit des Zweiten Weltkriegs an, waren die Spitzenköche Fernand Point und seine Schüler, wie etwa der berühmte Paul Bocuse. Auch sie haben natürlich die alte klassische französische Küche entrümpelt. Die Bindung über Mehlschwitzen ersetzten sie durch Emulsionen – durch das großzügige Einrühren von Butter in reduzierten Fonds –, aber die Teller blieben dennoch üppig, mit hoher Sättigung, wie es nach den Entbehrungen des Zweiten Weltkriegs dem Zeitgeist entsprach. Allein drei Gänge aus dieser Epoche würden heute sowohl den Rahmen als auch unsere Magenkapazität sprengen.

Der Dreisternekoch Michel Guérard, der als einer der Erfinder der Nouvelle Cuisine gilt, machte die Küche leichter und formulierte Mitte der 1970er-Jahre die zehn Gebote der französischen Küche, die noch bis vor Kurzem Gültigkeit besaßen, wie: „Du sollst frische und hochwertige Produkte verwenden“ oder „Du sollst nicht systematisch modernistisch sein“. Guérards Teller waren leichter bestückt und er hatte auch die Gesundheit der Essenden im Blick. Dieser Stil prägte die Gastronomie weltweit für eine sehr lange Zeit. Die Menüs bestanden aus wenigen Tellern, eventuell begleitet mit ein oder zwei Satelliten, die Anzahl der Gänge stieg dagegen. Amuse-Bouches und Vordesserts kamen hinzu. Von Gang zu Gang wurde eine Steigerung der sensorischen Wahrnehmung erwartet, die im Hauptgang, meist Fleisch mit maximalem Umami und hoher sensorischer Modulation, begleitet von hervorragendem Wein, gipfelte. Die Spitzenküche globalisierte sich – Hummer, Foie-gras, Kaviar und Hochqualitätsfleisch wurden beinahe zwingend. Dennoch kehrte etwas Langeweile ein, was nicht nur den Köchen anzulasten war, sondern nicht zuletzt auch den gesteigerten Erwartungen und Forderungen vieler Gäste.

Komplexität als oberstes Gebot

Einen Ausnahmekoch gibt es allerdings, der die Ideen von Michel Guérard weiterentwickelte und sich schon früh auf Gemüse und neue Anrichtetechniken spezialisierte: Michel Bras. Sein bereits 1991 veröffentlichtes Buch „Le

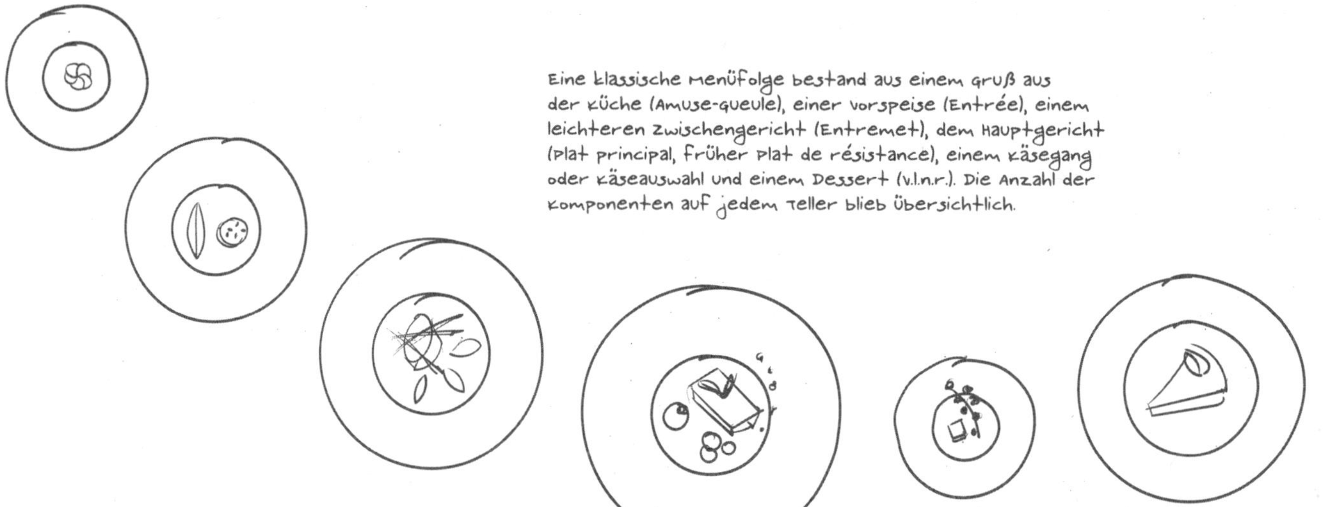

Eine klassische Menüfolge bestand aus einem Gruß aus der Küche (Amuse-Gueule), einer Vorspeise (Entrée), einem leichteren Zwischengericht (Entremet), dem Hauptgericht (Plat principal, früher Plat de résistance), einem Käsegang oder Käseauswahl und einem Dessert (v.l.n.r.). Die Anzahl der Komponenten auf jedem Teller blieb übersichtlich.

In zeiten größerer komplexität bestanden die einzelnen teller jedes ganges aus einer hohen zahl von komponenten, zubereitet mit verschieden kochtechniken (von klassisch bis high-tech). Die teller strotz(t)en von geschmacks-, Aroma, und texturvariationen.

livre de Michel Bras“ war wegweisend. Der erste Schritt einer detaillierten Anrichteweise war getan. Sein Werk von 2002 „Bras. Laguiole. Aubrac. France“ hat bis heute nichts von seinem Glanz eingebüßt. Das gezielte Spiel mit Gartemperaturen, Texturen und exzellenter Aromatisierung, wie sie nur über mehrfache Prozesse erreicht werden kann, wurde hier zum Lehrbeispiel für die leichte, moderne Küche. Im gleichen Zeitraum startete die spanische beziehungsweise baskische Küchenrevolution.

Ferran Adrià brach mit allem. Er führte hochtechnische Gerichte ein, die bis dato niemand gesehen hatte. Gäste wunderten sich und verstanden die „Konstruktionen“ dann auch oft nicht. Im deutschen Sprachraum übernahm der zuweilen despektierlich gemeinte Begriff „Molekularküche“ die Regie, im Angelsächsischen dagegen verwendete man den Begriff Avantgarde viel lieber. Nach und nach eroberten die Methoden der spanischen Avantgarde die Welt. Menüs sahen nun grundlegend anders aus, von den zehn Geboten der Nouvelle Cuisine blieb kaum etwas übrig. Nur das erste („Du sollst nicht zu lange kochen“), das siebte („Du sollst keine schweren Saucen servieren“) und das achte („Du sollst die Ernährungsform nicht ignorieren“) überlebten unbeschadet, während dem zehnten Gebot („Du sollst erfinderisch sein“) sogar über die Maßen gehuldigt wurde.

Das neunte Gebot („Du sollst deine Gerichte nicht fälschen“) wurde hingegen zu einer ausgesprochenen Regel. Augenspielereien und Trompe-l'œil – Gerichte, die eine optische Illusion erzeugen – wurden hoch gepflegt, etwa, wenn der Flavour einer kompletten Paella in einen dünnen, knusprigen Chip gepackt wurde. Auch die Steigerungen von Gang zu Gang wurden nicht mehr berücksichtigt, sondern jedes kleine Element, jede Komponente wurde zum Highlight. Die Überforderung der Gäste war an vielen Stellen zu spüren, denn die Komplexität auf den Tellern nahm rasch zu. Zeitweilig arrangierten Sterneköche 15 bis 20 Elemente und Mikroelemente auf einen Teller und die Gäste mussten sich fragen, wie und in welcher Reihenfolge das Arrangement abgegessen werden sollte, um den maximalen Genuss zu erfahren. Doch auch hier gilt: Antworten gibt es naturgemäß nicht, Vorlieben bleiben stets individuell.

Komposition wird zur Mathematik auf den Tellern

Die Möglichkeiten der avantgardistischen Küche lassen eine ganz andere Art der Tellergestaltung zu, als es bei klassischen Darreichungen der Fall ist – sofern die Komponenten auf dem Teller zur Genüge als „verschieden" wahrnehmbar sind. Es ergibt sich eine Vielzahl von Möglichkeiten, die sich mathematisch fassen lässt und hier einfach mal aufgezeigt werden muss, um die Komplexität, die vorherrschte, zu demonstrieren: Liegen zum Beispiel nur zwei Elemente auf dem Teller, gibt es lediglich die Möglichkeit, jedes dieser Komponenten einzeln oder beide gemeinsam zu verkosten. Essende haben somit genau drei Möglichkeiten. Eine Entscheidung ist aber notwendig, denn wiederholbar ist keine der Kombinationen.

Befinden sich drei unterscheidbare Komponenten – a, b und c – auf dem Teller, liegt die theoretische Anzahl bereits bei sieben Möglichkeiten: jedes Element für sich ergibt drei, drei Zweierkombinationen (ab, ac und bc) sowie alle drei Komponenten abc zusammen, macht zusammen $N = 7$ Möglichkeiten, die Komponenten auf Löffel oder Gabel zu kombinieren. Bei einer Zahl von n Elementen, kann demzufolge stets eine Teilmenge aus $1 \leq k \leq n$ Elementen daraus gemeinsam verkostet werden. Die jeweilige Anzahl ist durch den Binomialkoeffizienten gegeben. Die mathematische Definition ist durch

$$\binom{n}{k} = \frac{n!}{(n-k)!\,k!}$$

$$\binom{n}{k} = \frac{1\cdot 2\cdot 3\cdot \ldots \cdot n}{(1\cdot 2\cdot 3\cdot \ldots \cdot (n-k))(1\cdot 2\cdot 3\cdot \ldots \cdot k)}$$

gegeben. Diese Binomialkoeffizienten sind zum Beispiel auch vom Lottospiel 6 aus 49 bekannt, wenn es dafür Möglichkeiten der unterscheidbaren Zahlenkombination gibt. Das Ausrufezeichen hinter einer natürlichen Zahl $n!$ ist dabei die „Fakultät" dieser Zahl. Beispielsweise ist $3! = 1 \times 2 \times 3 = 6$. $n!$ entspricht also $1 \times 2 \times 3 \cdot \ldots \cdot n$, also dem Produkt aller natürlichen Zahlen, von 1 bis n. Wichtig, $0! = 1$.

Da diese verschiedenen Teilmengen auf Löffeln jeweils unterschiedliche Kombinationen der Vielfalt des Tellers bieten, sind diese somit unterscheidbar. Der Essende hat demzufolge eine mit der Anzahl der Tellerelemente steigende Anzahl der Möglichkeiten, seinen Genuss zu vervielfachen. Diese Komplexität lässt sich daher über die Summe aller verschiedenen Möglichkeiten der Binomialkoeffizienten

$$N = \binom{n}{1} + \binom{n}{2} + \binom{n}{3} + \cdots \binom{n}{n}$$

$$N = \sum_{k=1}^{n} \binom{n}{k} = 2^n - 1$$

darstellen. Mit modernen Kochtechniken ist es deswegen kein Problem, $n = 10-15$ und mehr Elemente auf Tellern zu arrangieren. Dies bedeutet daher zwischen $N = 1023$ bis $N = 32767$ theoretische Möglichkeiten, die Teller zu verkosten – für nicht wenige Essende wahrlich eine Überforderung.

Derart große Zahlen legen analog der Informationstheorie die Definition einer neuen, logarithmischen Größe, der „Tellerkomplexität" K, nahe,

$$K = \ln N$$

$$K = n \ln 2 + \ln(1 - 2^{-n})$$

wie dies in der Physik üblich ist (und etwa einer Informationsentropie entspricht). Dabei wurde der natürliche Logarithmus (ln) zur Basis der Eulerschen Zahl ($e = 2{,}71828\ldots$) gewählt, wie es in der statistischen Thermodynamik und der Informationstheorie üblich ist. Wegen der obigen Gleichung für N böte sich zwar der binäre Logarithmus an, diese lassen sich jedoch alle ineinander umrechnen. Klassische dreikomponentige Teller hätten dieser Defini-

tion nach eine Komplexität der Größenordnung $K \approx 2$, avantgardistische Teller etwa $5 \leq K < 20$. In der Abbildung ist die Bedeutung der hier eingeführten Begriffe an einem sehr einfachen, anschaulichen Beispiel illustriert. Beispiele für derartige Kom plexitätsspielereien sind etwa bei dem Effekt „Alles bleibt anders" mit dem Rezept Parmentier de Canard, „Fett vom Feinsten" mit dem Rezept Spinateier mit Speck und Kräutern oder in dem Effekt „Tic Tac Toe" mit dem Rezept Leipziger Allerl-Ei zu finden.

Die vollständige kulinarische Kombinatorik und die Komplexität $K = \ln 15 = 2{,}7$ eines einfachen Tellers aus den vier Komponenten Brokkoli, Champignons, Sauce und knuspriger Tomatenbiskuit. Jeder der 15 möglichen Löffel hat sein eigenes kulinarisches, aromatisches und texturelles Spiel.

Der große Bruch

Als optischer Gegensatz zu den divers gestalteten Tellern der avantgardistischen Küche steht die neue Regionalküche und – adieu Komplexität – eine damit einhergehende starke Reduktion der Teller auf das Wesentliche der verwendeten Lebensmittel. Die Vielzahl der Komponenten verringerte sich deutlich. Oft befindet sich eben nur noch ein Lebensmittel, etwa eine Möhre, auf dem Teller, die aber entsprechend aufwendig zubereitet ist.

Vorreiter dieser Ideen war der ehemalige Adrià-Küchenchef René Redzepi, der nach der spanischen Avantgarde die Nordic Cuisine ins Leben rief. Diese Idee war geprägt vom Zeitgeist: weg von sogenannten Edelprodukten, hin zur stark individualisierten Küche mit deutlich sichtbaren Signature dishes, für die es wenig Kopiermöglichkeiten gibt und die tatsächlich nur in den Küchen der entsprechenden Region zubereitet werden können. Es hat wenig Sinn, wenn Küchenchefs in Franken oder Schwaben versuchen, René Redzepis Quallen oder Magnus Nilssons vom Seehund inspirierte Gerichte zu kopieren.

Renaissance von uraltem Wissen

Die Nordic Cuisine löste einiges an Furore aus, denn Regionalität, Saisonalität und Nachhaltigkeit lassen sich wiederum überall leben. Die „Nova-Regio-Cuisine" war geboren. Wenngleich diese Prinzipien alte Hüte sind, waren das doch die Koch- und Lebensweise vor dem Wohlstand und den in Supermärkten aufgebauten Wohlstandssymbolen der Allzeitverfügbarkeit (zulasten von Nachhaltigkeit, Kochkultur und Küchenkompetenz).

Nun wurde zwar die Anzahl der Tellerelemente stark reduziert, dennoch wurden das in der Molekularküche erzielte Wissen und die dort erlangten Techniken konsequent eingesetzt. Fermentation und Konservierung erfuhren eine dramatische Wiedergeburt, übrigens aus denselben Gründen wie noch bei Uroma. Die Beschränkung der Lebensmittelherkunft auf die unmittelbare Region brachte Probleme mit sich: Im Winter gibt es wenig und Zukaufen aus südlichen Ländern ist strikt verboten (wenn man sie sich denn überhaupt leisten konnte). Kein schlechter Ansatz übrigens, denn die unbegrenzte Verfügbarkeit von Lebensmitteln zu jeder Zeit ist durchaus fragwürdig. Keine Frage, der teuerste persische Kaviar schmeckt in Hamburg wie in New York oder Tokio exakt gleich gut, und er war in den Sternerestaurants ähnlich global vertreten wie der viel gescholtene Burger. Die Lösung ist, den Störkaviar konsequent durch Forellenkaviar aus der nächstgelegenen Forellenzucht zu ersetzen. Und wenn Spitzenköche wie Felix Schneider (Etz, Nürnberg) ihre Fische selbst stressfrei schlachten – gemäß der japanischen Ikejime-Methode –, bekommen sie den eigenen Forellenkaviar sogar frei Haus.

Das Produkt wird zum Solisten

So steht heute das einzelne Produkt im Vordergrund, von dem Gäste durch Brimborium und Firlefanz nicht abgelenkt werden sollen. Ein lobenswerter Ansatz, denn einer scheinbar banalen Wintermöhre sind mehr Nuancen zu entlocken als jedem Stück Edelteil vom Rind – vorausgesetzt, das Küchenteam macht sich entsprechende Gedanken. Ein typisches Beispiel ist die verholzte Schwarzwurzel (siehe Effekt Nr. 40).

Die Rückbesinnung der Sterneküche zu traditionellen Techniken lässt sich, gepaart mit Wissenschaft, ordentlich tunen. So wurde etwa die Mehlschwitze zu Unrecht als „Plumpsküche" verdammt, denn das in Butter röstende Mehl ist nichts weiter als ein hochkomplexes Flavour-Reaktionssystem. Es bilden sich Karamellaromen, Röstaromen und Umamigeschmack auf eine unvergleichliche Art und Weise. Wer – außer Omas Kochbuch – sagt, dass es Mehl und Butter sein müssen? Warum nicht Milchpulver? Dessen Laktose liefert ganz andere Karamellaromen, die Aminosäuren ganz andere Farbnuancen als die klassische Bräune. Wer experimentierfreudig ist, kann Gemüsepulver statt Mehl, Rapsöl statt Butter und vielleicht noch eine Handvoll Haferflocken verwenden und erhält ein hoch attraktives Flavour-Reaktionssystem, das auf dem Prinzip der verunglimpften Mehlschwitze beruht (siehe Effekt Nr. 15).

Apropos Plumpsküche: Wie sich der englische Shepherd's Pie, der Milchreis mit Kindheitserinnerungen,

Die Möhre und ihre Anwesenheit

Als Solist:
Knollengemüse im Walnussrauch (Effekt Nr. 17)
Colours of Rubik's Soup Cubes (Effekt Nr. 23)
Drei Satelliten, ein Gang (Effekt Nr. 27)
Gemüsli – ein nachhaltiges Dessert (Effekt Nr. 31)
Leipziger Allerl-Ei (Effekt Nr. 43)

Als Mittäter:
Terre, Mer, Air und mehr (Effekt Nr. 8)
Zwiebelrostbraten: Die Details machen das Konzert (Effekt Nr. 11)
Gulasch – powered by Powders (Effekt Nr. 15)
Knochenmark und Wochenmarkt – ein Blick zurück ins Paläolithikum (Effekt Nr. 28)

das Leipziger Allerlei, ein Mainzer Marktfrühstück aus Worscht, Weck und Woi (Wurst, Brötchen und Wein) oder der fettige Schweinebauch ganz neu interpretieren lassen, wird in diesem Buch gezeigt. Hummer, Kaviar, Gänsestopfleber und andere vermeintliche Edelprodukte wird niemand vermissen, übrigens ohne dass ein edler Champagner seinen Reiz verliert (mit dem allerdings exzellente Winzersekte mithalten können).

Volle Verwertung ist angesagt

Mit der Brutal-lokal-Küche – der Begriff hat seinen Ursprung im Berliner Restaurant Nobelhart & Schmutzig – wird die Gesamtvertretung der Lebensmittel, Nose-to-Tail und Leaf-to-Root, Pflicht. Nichts Essbares, was Geschmackspotenzial hat, wird weggeworfen. Seien es die Blätter von Radieschen, Gemüseschalen oder Innereien von Tieren. Das Knochenmark von Tieren war schon im Paläolithikum eine hervorragende und unverzichtbare Nahrungsquelle und hat in der französischen und spanischen Kochkultur bis heute seinen hohen Stellenwert behalten. In diesem Buch wird es zu einem gelartigen Schaum veredelt, dessen fettige Brühenaromen jedes Genießerherz höherschlagen lassen (siehe Effekt Nr. 28). Bries, Leber, Nerz und Nieren werden zu den wahren Edelteilen der modernen, nachhaltigen Gastronomie, auch in diesem Buch werden sie ganz bewusst gehuldigt und deren fantastisches Genusspotenzial wiederbelebt (siehe Effekte Nr. 27 und 29).

Wie die Techniken aus der Molekularküche auch in der veganen Hochküche Anwendung finden, wird ebenfalls an mehreren Beispielen aufgegriffen, etwa bei der Fake-Fois-gras (siehe Effekt Nr. 45), die als satter Ersatz für echte Stopflebern taugt, ohne einen ganz eigenen Charakter vorzuzeigen, oder bei der hippen Hafer-Buchweizen-Tartelette (siehe Effekt Nr. 32).

Novo-regio heißt auch, vorzuhalten. Daher sind Fermentieren, Dicklegen und die eigene Käseherstellung ein großes Thema in der Gastronomie. In diesem Buch schlagen sie sich im Gemüse- und Kräutertabak, Variationen von Käse, Sauermilch der Joghurts, aber auch bei fermentierten Erdbeeren nieder.

Allein damit ist klar: Die Gebote der klassischen Nouvelle Cuisine sind gefallen. Der französische Ausnahmekoch Yannik Alléno verfasste daher im Jahre 2018 ein neues, auf 18 Thesen erweitertes Manifest, bei dem unter anderem die Fermentation den Stellenwert bekam, der dieser Methode zusteht. Keine andere Küchentechnik erlaubt eine derartig vielschichtige und komplexe Flavourbildung, die weit über Sauerkraut, Kimchi & Co hinausgeht.

Sensorik, Anrichten und Komplexität

Ein weiterer in der Hochgastronomie angewandter Trick ist es, Teller kunstvoll anzurichten. Dabei befinden sich feste, mitunter rohe Gemüseelemente, ein kleines Stück Fisch oder Fleisch, aber auch Pürees in einer sehr appetitlich angerichteten Version in Tellern mit großer Vertiefung. Oft haben die Essenden nur kurze Zeit zum Bestaunen, denn der Service gießt nun aus einem Kännchen eine schmackhafte Sauce in den Teller, sodass Teile der Komposition dabei überdeckt werden.

Was vielleicht störend wirkt, hat einen tieferen Sinn. Mithilfe des dazu gereichten Saucenlöffels gelingt es zu Beginn des Genusses noch, die unterschiedlichen Komponenten zu unterscheiden. Die Viskosität der Sauce und die der Cremes sind so gewählt, dass sie sich nicht vermischen. Die Zunge erfasst also Geschmack und Aromen in einer gewissen zeitlichen Distanz. Mit zunehmendem Vortasten in die Komponenten des Tellers, jetzt vielleicht mit Messer und Gabel oder mit Gabel und Saucenlöffel, beginnen sich die Komponenten weiter zu durchmischen. Die Geschmackskomponenten rücken immer mehr zusammen. Saucen und Cremes mischen sich weiter, was die Aroma- und Geschmackswahrnehmung deutlich verändert. Sie wird dichter, Aromen vermengen sich, die Freisetzung ist zeitlich nicht mehr getrennt. Im Laufe des Essens geschieht somit eine Verdichtung.

Beim Anrichten eines Tellers gibt es Allerlei zu berücksichtigen. Denkt man an einen in einer Linie arrangierten Teller, den Rechtshänder normalerweise von rechts abessen, ist mit den eher leichten Noten zu beginnen, die auf den im Zentrum liegenden Hauptprotagonisten zuführen, sozusagen als letzten Bissen, den Abgang, der sich entsprechend lange bis zum nächsten Gang (oder Schluck Wein) hält. Natürlich sind Inversionen, also eine Spiegelung des Tellers (Drehung um 180°) möglich. Dann wirkt das Gericht vollkommen anders.

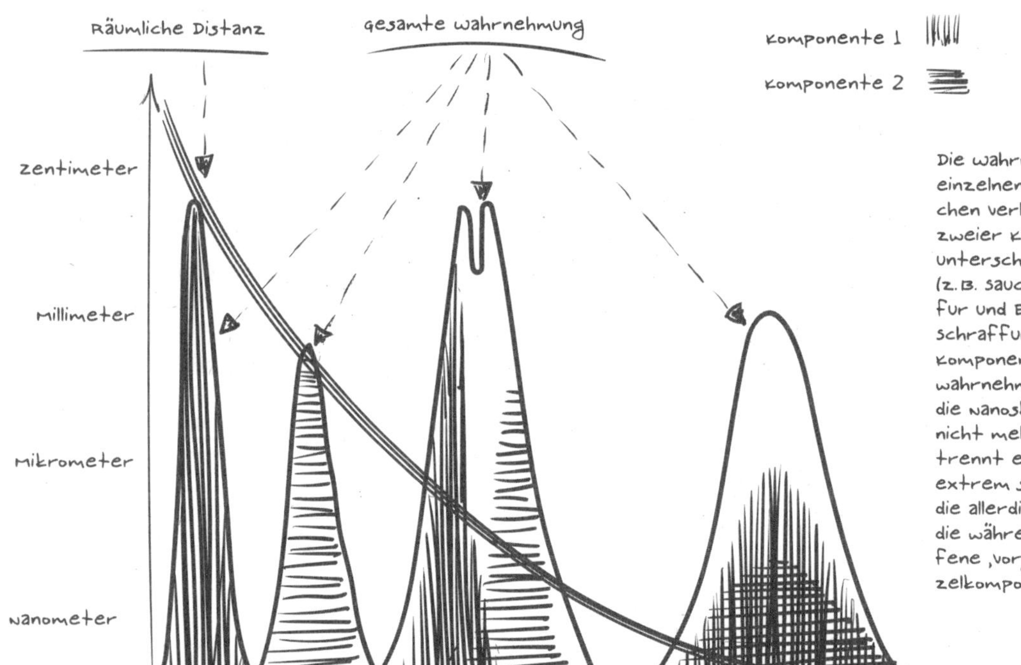

Die wahrnehmung zwischen den einzelnen Komponenten im zeitlichen verlauf bei vermischung zweier Komponenten mit stark unterschiedlicher viskosität (z. B. sauce, senkrechte schraffur und Espuma, horizontale schraffur). zu Beginn sind die Komponenten klar getrennt wahrnehmbar. werden sie bis auf die nanoskala durchmischt, sind nicht mehr die Komponenten getrennt erkennbar, sondern eine extrem schmackhafte mischung, die allerdings sensorisch und durch die während des Essens durchlaufene ‚vorgeschichte' an beide Einzelkomponenten erinnert.

Selbst das Arrangement des vom Essenden individuell zusammenstellten Gourmetlöffels – er bildet lediglich eine Projektion des Tellerarrangements ab – zeigt, wie hier dargestellt, eine stark wechselnde Freigabe im Mundraum.

Die zuvor angesprochene Tellerkomplexität ist nur ein Aspekt der Wahrnehmung, die lediglich die berschriebene Vielfalt der möglichen Kombinationen abbildet, die unterschiedliche orale Sensationen auslösen. Jeder individuelle Löffel hingegen zeigt, wie neue Beiträge zur Komplexität der Sensorik hinzukommen. Sie ist zum einen durch die Anzahl der Komponenten auf dem Löffel geprägt und kann ähnlich wie die Tellerkomplexität beschrieben werden. Zum anderen spielen die dort vorhandenen Texturen, die beim oralen Prozessieren unterschiedliche Wahrnehmungen hervorrufen, eine maßgebliche Rolle. Diese Texturkomplexität muss damit zur Löffelkomplexität addiert werden.

Was steckt dahinter?

Um es gleich vorweg zu sagen: Die richtige Spitzenküche ist ohne professionale Ausstattung, ohne Ausbildung, die intensive Beschäftigung mit Lebensmitteln, Sensorik, häufiges Essengehen und ohne dauernde Kochpraxis zu Hause nicht zu erreichen.

Der Optimist (mit Angeberanspruch) geht aber den Weg der kleinen Schritte und fragt sich: Was kann ich tun, damit ich mit meinen Möglichkeiten auch daheim etwas zaubern kann, was über Spätzle mit Sauce, Gulasch mit Salzkartoffeln oder Ratatouille hinausgeht? (Was nicht heißen soll, dass diese genannten Gerichte nicht das Herz erfreuen.) Dazu gehören auch einfache Techniken, die zwar seit Jahrhunderten Anwendung finden, aber mit dem heutigen Wissen, auf Grundlage der harten Wissenschaften Physik, Chemie und Biologie, besser verstanden und demzufolge verbessert, verfeinert und flavourpotenziert werden können.

Die bereits angesprochenen Ableitungen der Mehlschwitze sind elementare Beispiele dafür, das Reifen von Wurzelgemüse unter einer Salzkruste ein anderes, wie auch das Verholzen der Schwarzwurzel mit hohervalenten Ionen. Es muss nicht nur die Schwarzwurzel sein, auch kleine Topinamburknollen, Möhren, Pastinaken und Petersilienwurzeln folgen ähnlichen Prinzipien, da die Pflanzenzellen sehr ähnlich aufgebaut sind. Auch diese lassen sich, wie Beten und Sellerie, unter Kochsalz reifen, es setzt nur monovalente Ionen Natrium- und Chloridionen frei. Anders dagegen verhalten sich proteinreiche Lebensmittel wie die Rogen der Meeräsche (und anderer Fische), die zu Poutargue werden. Oberflächlich betrachtet sehen die Prozesse sehr ähnlich aus, auf molekularer Skala, wegen der grundsätzlich unterschiedlichen Zusammensetzung und Struktur, völlig anders. Die Flavourbildung ist der sensorisch wahrnehmbare Beweis.

Diese flavourverändernden Techniken geben noch einen weiteren Hinweis: Selbst bei schlichtem Novo-Regio (wenn etwa nur ein oder zwei Elemente auf dem Teller liegen), kann je nach Kochtechnik über die elementaren oralen Sinne – wie taktile und gustative Rezeptoren auf der Zunge – eine trigeminal-sensitive und olfaktorische Wahrnehmung in sehr hoher Komplexität erzielt werden. Dies darf nie unterschätzt werden. So werden scheinbar optisch schlicht angerichtete Teller zu großen Sensationen.

In diesem Sinne unterscheidet sich die „Neue Angeberküche" deutlich von ihrem Vorgänger-Buch. Sie führt zurück zu den Wurzeln des Kochens. Letztlich ist die gegenwärtige Sterneküche eine großartige Symbiose von Geschmack, Aroma und Textur – nach allen Regeln der Kunst und nach allen Künsten der Technik.

Nº 1

Grüne Kräuter passen zu den Rottönen besonders – nennt sich Komplementärkontrast.

Hauchfein gehobelt ein toller Zwischengang.

Fermentieren lassen sich alle Wurzelgemüse, auch Möhren.

Mehr als Back- und Brauhelfer
Gemüse fermentieren mit Malz

Malze, also gekeimte Getreide, bewirken nicht nur im Bier durch Fermentationsprozesse geschmackliche Wunder. Ihre Enzyme verleihen auch Gemüse und Fleisch bei der Fermentation ein Extra an Textur, Geschmack und Aroma.

Brau- und Backmalze sind eine Art aktive Biomaschine, die unter Freisetzung von Enzymen Stärke und Protein abbauen können. Warum diesen Effekt nicht in der Küche nutzen? Denn auch dort leisten die Malzenzyme gute Dienste. Durch diese Fermentationstechnik garen sie sozusagen Lebensmittel, ohne dass dabei Hitze ins Spiel kommt.

Für den Prozess spielt es keine Rolle, welches Malz – etwa Gerste, Roggen oder Weizen – Sie verwenden, denn im Grunde besitzen alle Getreide und Pseudogetreide einen Stärke- und Proteinspeicher sowie einen Keimling, der in diesem Effekt als treibende Biomaschine genutzt wird. Stimmen Temperatur und Feuchtigkeit, nehmen sie Wasser auf, im Keimling wird die Maschinerie angeworfen und es bilden sich Enzyme, die das vorhandene Schutz- und Speichermaterial des Gemüses verdauen.

Heute back ich, morgen brau ich … übermorgen fermentiere ich mein Gemüse!

Die hohe Zahl der Enzyme, die sich beim Mälzen, etwa der Gerste, bilden, lassen sich am Aufbau des Korns bereits erkennen.

Um bei der Keimung möglichst viele Bestandteile zu nutzen, ist das Korn mit einer hohen Anzahl von Genen ausgestattet, die für diese Bandbreite an Enzymen verantwortlich sind. Da die verschiedenen, aus der gekeimten Gerste freigesetzten Enzyme bei unterschiedlichen Temperaturen jeweils ihre maximale Wirkung erzielen, lässt sich, wie beim Bierbrauen bekannt, über eine Zeit-Temperatur-Führung des „Würzekochens“ und „Rastens“ die Hydrolyse der verschiedenen Komponenten, und damit die Geschmacks- und Aromabildung, zusätzlich steuern.

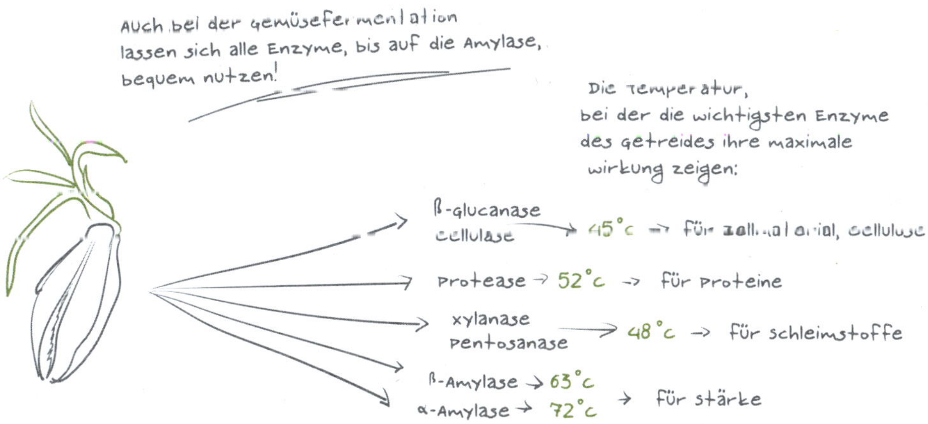

Genau diese Eigenschaften lassen sich auch in der Küche nutzen, wenn Malz auf Lebensmittel „losgelassen" wird. Dabei geben aber die Temperaturabhängigkeit der Enzyme, ihre Zusammensetzung und die molekular relevanten Gartemperaturen der Lebensmittel die Richtung klar und eindeutig vor.

Mittels der Fermentation mit Malzen lassen sich Gemüse in neue Texturen verwandeln. Hier kommt es vor allem auf Mundgefühl, die neuen Aromen und den tiefen, deutlich umamigeren Geschmack der Gemüse an. Und das passiert so:

Durchhalten! All das klingt langwierig und abenteuerlich, aber die Mühe lohnt sich.

Die Proteinspaltung sorgt für Umamigeschmack (freie Glutaminsäure, Umamipeptide aus Membranproteinen), für etwas mehr Kokumi (Gluthadion, Di- und Tri-Glutmayl-Peptide) sowie für einen Bittergeschmack (Bitterpetide). Auch die anderen Stukturpolymere tragen zum Geschmack bei. Stärkespaltung sowie Pentosane-/Xylanasespaltung sorgen für zunehmende Süße und Texturveränderung. Allerdings liefert jede Spaltung auch eine Vielzahl Präkursoren für chemische Reaktionen, sprich für die Aromabildung. Des Weiteren findet im großen Maßstab der Ab- und Umbau von antinutritiven Stoffen statt, etwa Ferulasäuren, Kaffeesäure, Phenole usw.

Hier zeigt sich der Vorteil des Malzes gegenüber dem in Japan üblichen Kojipilz (siehe Effekt Nr. 16), der für ähnliche Effekte genutzt wird. Während der Kojipilz vor allem Proteine (Miso, Sojasauce, Sake) und Fett über die Enzyme Proteasen, Amylasen und Lipasen verdaut, hat Malz deutlich mehr im Marschgepäck. Seine Enzyme können das harte Zellmaterial direkt angreifen und somit die Textur verändern. Gleichzeitig können einige der Molekülketten des Zellmaterials zu zuckerähnlichen Bausteinen umgebaut werden, aus denen neue Aromen und Geschmacksstoffe entstehen.

Bei gekochten Gemüsen werden eher die Stärken von den Amylasen angegriffen, denn vor allem bei den gequollenen und gelantisierten Amylopektinen sind den Enzymen die verschiedenen glycosidischen Verbindungen zugängig. Es entstehen vergärbare Zucker, vor allem Maltose, die Mikroorganismen als Nahrung dienen.

Hefen in freier Wildbahn müssen nicht erst eingefangen werden. Wenn's ums Fermentieren geht, sind sie von ganz allein hoch motiviert mit am Start. Also alles halb so wild!

Bei dieser „wilden" Fermentation entsteht daher immer etwas Alkohol, der aber kaum wahrnehmbar ist. Wilde, aktive Hefen, die vor allem auf den ungekochten Gemüsen zu finden sind, tragen mit typisch hefigen Fruchtaromen zum Flavour der malzfermentierten Gemüse bei.

Sie brauchen außerdem

Aufschnittmaschine oder eine gute Mandoline bzw. guten Gemüsehobel
evtl. Kombidämpfer zum Sous-vide-Garen (oder Brutschrank)

Das Gemüse mit jeweils etwas Pyramidensalz, Mikrokräutern und den Meerrettichspänen dekorieren.

Veganes Antipasti mit Remoulade

4 4 4

1

Gemüse

je 1	Rote Bete, Gelbe Bete, Ringelbete, Steckrübe und Pastinake
	Salz

Echte Angeber garen das Gemüse getrennt eingeschweißt mit etwas Wasser und einer Prise Salz sous-vide im Kombidämpfer bei 91 °C, das macht es noch geschmacksintensiver.

Das Gemüse gründlich unter fließendem kalten Wasser abbürsten und putzen. Die Knollen ungeschält mit Salzwasser bedeckt in einem Topf bei mittlerer Hitze garen, bis sie weich sind. Dabei bedenken, dass sich die Garzeiten, abhängig von der Gemüseart, mehr aber von der Dicke, unterscheiden. Schlankere Knollen entsprechend später ins Kochwasser geben. Die gegarten Knollen aus dem Kochwasser nehmen, den Garsud durch einen Teefilter gießen und als Getränk oder Saucengrundlage aufbewahren. Das gegarte Gemüse abkühlen lassen und schälen.

2

Fermentieren

1	Rote Bete aus dem Salz (Effekt Nr. 4)
ausreichend	Malz (Brau- oder Backmalz), sodass das Gemüse umhüllt werden kann

Alle Gemüse rundherum gut mit Malz und Salz einreiben und in hitzestabilen verschließbaren Plastikboxen fermentieren. Dafür die rohe Rote Bete aus dem Salz zusammen mit der Steckrübe in eine Box geben und bei 35 °C im Backofen mindestens 36 Stunden fermentieren. Die übrigen Beten, die Steckrübe und die Pastinake in verschlossenen Boxen bei Zimmertemperatur 5–6 Tage fermentieren.

Temperatur unbedingt prüfen!

3

Remoulade

etwas	Einlegeflüssigkeit von Cornichons
20 g	Erbsenprotein (Bioladen)
20 g	Sonnenblumenprotein (Bioladen)
	Salz
200–300 ml	Haferdrink
½ TL	fein gemahlener grüner Pfeffer
2 TL	mittelscharfer Senf
2 g	Lecithin
2–3	Cornichons
	Sonnenblumenöl

Etwas Flüssigkeit aus dem Cornichonglas durch ein Sieb passieren. Erbsen- und Sonnenblumenprotein vermischen, salzen und mit so viel Haferdrink mixen, bis eine dickliche, sahneartige Flüssigkeit entsteht. Dabei den grünen Pfeffer mit einmixen. Senf und Lecithin sowie so viel des Cornichonsuds dazumixen, wie für die Säure der Remoulade gewünscht wird. Den Proteinmix über Nacht quellen lassen. Am nächsten Tag die Konsistenz prüfen, evtl. nochmals etwas Haferdrink unterquirlen. Die Cornichons sehr fein würfeln. In einem hohen, schmalen Gefäß oder einem Mixbecher mit dem Stabmixer langsam unter kontinuierlichem Mixen so viel Sonnenblumenöl in die Protein„sahne" einarbeiten, bis eine feste Mayonnaise entsteht. Dabei den Stabmixer immer von unten nach oben bewegen. Dann vorsichtig die Cornichonwürfelchen unterheben und nochmals abschmecken.

4

Anrichten

	Pyramidensalz
	Mikrokräuter (z. B. Sauerklee)
1–2 EL	frisch geriebene Meerrettichspäne

Die fermentierten Gemüse sowie die Salzrübe mit der Aufschnittmaschine in sehr dünne Scheiben schneiden. Die Scheiben auf großen Tellern dachziegelartig anrichten. Die Remoulade ins Zentrum der Gemüsescheiben setzen (oder abhängig von der Tellerform an anderer Stelle).

Alternativ kann auch eine gute Mandoline oder ein guter Gemüsehobel diese Aufgabe übernehmen.

Nº 2

Zum Pfälzer Wurstteller gehört ein Pfälzerwein – ohne Frage, hier mit Biss als Gelwürfel.

Die Fermentationsnoten des Gemüsetabaks bringen Aromen, die an Heu und Pilze erinnern.

Das ist kein Kaviar. Senfkörner geben der Stulle die passende Schärfe.

Erdig, fruchtig, pilzig
Vielseitige Würze von Gemüsetabak

Werden die Blätter von Bärlauch, Kohlrabi, Mangold, Spinat, Grünkohl und Co wie Tabak fermentiert, fördern sie Erstaunliches zutage: ganz neue Geschmackseindrücke und kaum zu fassende Aromabilder.

Wer an Tabak denkt, verbindet damit zunächst vermutlich wenig Kulinarisches. Allerdings wird in diesem Effekt kein echter Tabak eingesetzt, sondern lediglich die für ihn erforderlichen Fermentationsprozesse, die eben Tabakblättern ihre besonderen Aromen verleihen. Der resultierende Gemüsetabak fungiert auch nicht als Zigarre danach, sondern als Gewürz. Inspiriert wurde der Effekt von Spitzenkoch Andreas Rieger, der mit Bärlauchtabak experimentierte und dabei Aromen zauberte, die dem Kraut intensiv erdige, fruchtige und pilzige Eindrücke mit auf den Weg gaben.

Echter Tabak benötigt nach dem Ernten eine ganze Reihe spezieller Präparationen. Zuerst werden die Blätter getrocknet, bis die Pflanzen nur noch eine Restfeuchtigkeit von 10 bis 15 Prozent aufweisen. Dabei entsteht das perfekte Milieu für Mikroorganismen, die für die anschließende Fermentation gebraucht werden. Dafür werden die Blätter traditionell dicht gepackt zu Ballen gebunden, sodass kaum Sauerstoff ins Innere gelangen kann. Da sich Milchsäurebakterien und wilde Hefen aller Art schon auf den Blättern befinden, startet die Fermentation spontan. Innerhalb der Ballen steigt die Temperatur und beschleunigt den Fermentationsprozess weiter.

Das funktioniert auch mit Blättern von Baum und Strauch – aber essbar müssen sie sein!

Dieses Tabakverfahren lässt sich für viele Gemüseblätter adaptieren und beschleunigen – spannende Ergebnisse sind garantiert! Es eignen sich etwa Bärlauch, Spinat, Mangold und die Blätter von Kohlrabi. Auch essbare Blätter, wie Weinblätter, lassen sich damit behandeln. Denn alle Blätter, egal, ob vom Baum oder von Gemüsepflanzen, beruhen auf einer ähnlichen Pflanzenphysiologie und können daher wie Tabak behandelt werden.

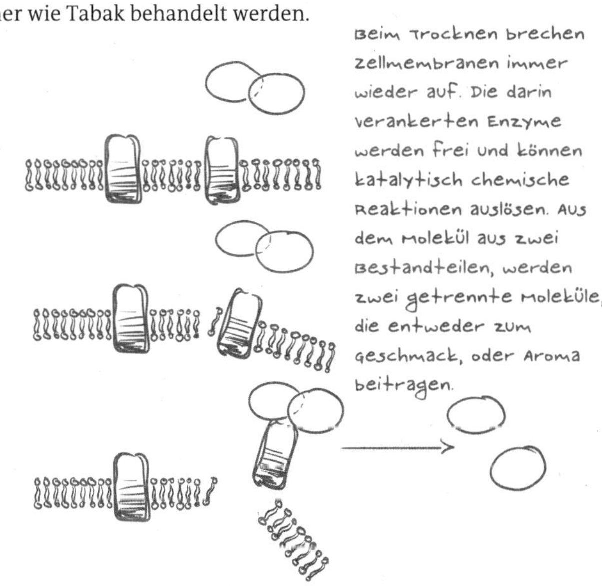

Für Gemüse- oder Kräutertabake gibt es vielfältige Anwendungsmöglichkeiten, die stets aufs Neue zum Experimentieren anregen. Zunächst sind sie kalt und dezent eingesetzt in Blattsalaten mehr als überraschende Komponenten. Sie heben den Gesamteindruck der Salate und boostern beim Zerbeißen der Zutaten stark den Geschmack und die retronasale Wahrnehmung. Gemeinsam sind den bereits genannten Variationen fermentierte, tabakartige Gerüche. Sie reichen von käsig über heuartig bis pilzartig und nahezu fleischig. Diese Gerüche werden durch die spezielle Fermentation und die dabei einhergehenden chemischen und enzymatischen Reaktionen der bei Kohlarten gängigen Glucosinolaten erzeugt.

Weitere einfache Anwendungen sind beispielsweise die Zugabe der Gemüsetabake als Flavourverstärker in Risotti oder in Pastagerichten. Auch zu Fischgerichten passen sie hervorragend. Sie geben jedem Fond, jeder Sauce oder auch feingehackt sogar jedem einfachen Leberwurstbrot eine ganz ungewöhnliche Note.

oder einfach mal einen Tee daraus brauen – absolut empfehlenswert.

Auch hier gilt für Angeber, neue Geschmackserlebnisse können nie abgefahren genug sein.

Pfälzer Leberwurstteller mit Bärlauchtabak

4 4 4

1

Bärlauchtabak

500 g frischer Bärlauch

Sie brauchen außerdem

Dörrautomat
Vakuumierer
Pacojet
Sahnesiphon

Den Bärlauch auf den Gittern im Dörrautomaten verteilen und so lange bei 40 °C dörren, bis er nur noch etwa 200 g wiegt. Den Bärlauch in einem Vakuumbeutel (200 mm x 300 mm) vakuumieren. Dann im Beutel 5 Tage (!) ebenfalls bei 40 °C im Dörrautomaten fermentieren. Anschließend den verschlossenen Beutel weitere 5 Tage im Gemüsefach des Kühlschranks (am besten bei 1 °C) reifen lassen. Danach den Beutel aufschneiden und den gepressten Bärlauch entnehmen. Bärlauch wieder im Dörrautomaten trocknen lassen (40 °C), bis er fast vollständig trocken und gummiartig ist. Luftdicht verschlossen und kalt lagern.

2

Leberwurst

200 g Sahne (30 % Fettgehalt)
1 EL frischer Majoran
150 g sehr feine Leberwurst (am besten Geflügel)

Die Sahne erwärmen und den Majoran unterrühren. Über Nacht im Kühlschrank stehen lassen. Dann die Sahne durch ein Sieb abseihen und zusammen mit der Leberwurst mithilfe eines Stabmixers sehr fein pürieren. Die Masse durch ein Haarsieb streichen und in einen Sahnesiphon füllen. Mit 2 Stickstoffpatronen beladen, aber nicht durchkühlen.

3

Pfälzer „Worschteis"

100 g stark geräucherter Schinken
100 g Fleischwurst
150 g Sahne
10 g Isomalt
1,5 g Salz
50 g Schweineschmalz
10 g Bärlauchtabak

Den Schinken und die Fleischwurst würfeln und mit der Sahne in einen Topf geben. Isomalt, Salz und Schweineschmalz dazugeben und bei mittlerer Hitze auf ca. 75 °C erwärmen. Etwa 10 Minuten bei schwacher Hitze ziehen lassen, dann den Topf vom Herd nehmen und abkühlen lassen. Die ganze Präparation in einen Pacojetbehälter geben und bei –20 °C über Nacht durchgefrieren. Vor dem Servieren 2- bis 3-mal pacossieren und auf dem Teller anrichten (oder separat in Schälchen im Gefrierfach gekühlt).

4

Pommes soufflés

2	festkochende Pfälzer Kartoffeln
ausreichend	Frittieröl/Fett (raffiniertes Erdnuss-, Kokos- oder high-oleig Sonnenblumenöl)

sie dürfen nicht dunkel werden.

Für die Ölbäder 2 Töpfe mit dem Öl füllen. Das Öl im ersten Topf auf 140 °C erwärmen, das im zweiten auf 180 °C. Die Kartoffeln schälen und längs in ca. 3 mm dicke Scheiben schneiden. Jeweils 2–3 Kartoffelscheiben im 140 °C heißen Ölbad vorblanchieren, bis sie eine geschlossene helle Verkrustung aufweisen. Danach ins 180 °C heiße Ölbad geben und frittieren, bis sie sich aufblasen und knusprig sind. Mit einem Sieblöffel herausheben und auf Küchenpapier abtropfen lassen.

5

Senfkaviar

4 EL	gelbe Senfkörner
je 1 TL	Zucker und Salz
20–40 ml	Apfelessig (je nach Säurelust)
2 TL	helle Sojasauce

Die Senfkörner mit allen anderen Zutaten 10–15 Minuten in einem kleinen Topf bei mittlerer bis starker Hitze in 200 ml Wasser weichkochen, dann weiter reduzieren, bis das meiste Wasser verdampft ist und die Senfkörner beginnen, aneinanderzukleben.

6

Pfälzer Pickelzwiebel

1	rote Zwiebel
1–2 Prisen	Salz
1 EL	Verjus

Die Zwiebel schälen und in sehr feine Ringe schneiden. Salzen und mit dem Verjus beträufeln. 20–30 Minuten marinieren.

7

Pfälzer Wein mit Biss

500 ml	trockener Pfälzer Riesling (säurebetont)
3 g	Gellan

200 ml Wein in einem kleinen Topf bei mittlerer bis starker Hitze auf 100 ml reduzieren. Die restlichen 300 ml mit dem Gellan verrühren und zu der Weinreduktion geben. Aufkochen lassen und in eine Form gießen, sodass die Füllhöhe etwa 1 cm beträgt. Vollständig gelieren lassen und in gleich große Würfel schneiden.

8

Anrichten

4 Scheiben	sehr kräftiges Sauerteigbrot
4 TL	Bärlauchtabak

Das Brot leicht toasten und mit einem rechteckigen Ausstecher ausstechen. Die Rinden wandern in die nächste Sauce oder werden zu Brotmiso verarbeitet. Die Brotscheiben mit den Ausstechern auf Teller geben (emporte-pièce) und die Leberwurst hineinspritzen. Den Bärlauchtabak sehr fein hacken und gleichmäßig auf den Leberwurstbroten verteilen. Das Eis und alle anderen Pfälzer Zutaten auf einem großen Teller mit etwas Abstand platzieren.

Tipp Brotmiso:
Die Brotreste in Wasser einweichen, 10 g Kojireis auf 500 g Brot dazugeben, in ein Schraubglas füllen und bei Zimmertemperatur 3–8 Monate stehen lassen. Ab und zu riechen und testen. Wenn es maggiartig riecht, die Masse mixen oder die Flüssigkeit als Würzsauce verwenden.

Nº 3

Über die sogenannte Ostwaldreifung bildet sich aus dem Austernwasser und dem Lecithin ein stabiler Polyederschaum.

Der Seetang bringt weiteres salziges Meeraroma in das Rezept.

Die Würze des Meeres
Poutargue, der Caviar Mediterranné

Der salzige, umamige Geschmack und die intensiven Aromen der getrockneten Meeräscheneier sind das Tüpfelchen auf dem i für viele Gerichte. Egal, ob über Toast mit Olivenöl gehobelt oder als Saucenverfeinerer: Poutargue gibt immer einen Extrakick.

Analog zum Nose-to-Tail-Konzept bei Landtieren lautet bei Fischen das Motto: „vom Maul bis zur Schwanzflosse“. Neben den Innereien (siehe Effekt Nr. 9) sowie Kopf, Flossen und Gräten (Verwendung in einem Fond) gehören dazu auch die Eier (der Kaviar). Mit Poutargue bzw. Bottarga besteht eine traditionelle Methode, die Fischeier der Meeräsche für lange Zeit zu konservieren.

Historischen Forschungen zufolge wurde „Batarekh“ bereits von den Ägyptern nach Marseille gebracht. Aus diesem Begriff entwickelte sich im Laufe der Jahrhunderte das französische Poutargue und das italienische Bottarga. Poutargue und Bottarga gehören seither zum mediterranen Flair einfach dazu. Alle Zungen von Italien- und Frankreichreisenden kommen daher irgendwann damit in Berührung. Der überraschende, faszinierend intensive Geschmack des gesalzenen und getrockneten Rogens der Meeräsche lässt kaum jemanden kalt. Egal, ob über Fisch oder feine Pasta gehobelt, in feinen Scheiben über von Olivenöl triefendes getoastetes Baguette gelegt, mit Saucissons zum Apero genossen, Poutargue überzeugt (fast) alle gleichermaßen. Sie ist der ideale „Geschmacksverstärker“ für viele Gerichte. Selbst in Ragouts von weißen Bohnen oder sogar als finales Gewürz in Saucen entfaltet sie ihr großes Potenzial.

Eine Würztradition mit Wumms, Salz und Umami.

Meeräschen, die hier den Kaviar liefern, gehören noch nicht zu den gefährdeten Fischen. Darüber hinaus ist der Fisch köstlich und lässt sich auf vielfältige Art und Weise zubereiten. Der Reiz, dieses uralte kulinarische Konstrukt selbst herzustellen, ist in den letzten Jahren größer geworden. Manchmal bekommt man den rohen Rogen, der übrigens auch aus anderen Meeresfischen stammen darf, auf ausgewählten Märkten oder bei guten Fischhändlern. Dann heißt es, nicht zögern und experimentieren. Besondere Kochtechniken sind nicht notwendig. Dafür ist die kulinarische Belohnung sehr hoch.

Zunächst werden die Rogen in Salzlake eingelegt. Dabei wird ihnen nach und nach Wasser entzogen. Gleichzeitig dringt Salz in den Rogen ein. Dieser Fakt ist für die Konservierung wichtig. Der höhere Salzgehalt verhindert das Wachstum vieler pathogener Keime und Mikroorganismen, wirkt aber gleichzeitig unglaublich geschmacksfördernd. Anschließend wird die Poutargue luftgetrocknet. Dem Produkt wird dabei nochmals Wasser entzogen. Folglich wird die Wasseraktivität gesenkt, ein weiterer Schritt in Richtung Lebensmittelsicherheit.

Wie immer bei Fisch: Hygiene ist ein absolutes Muss.

Bei gekauften Produkten wird die äußere Haut, die Membran, nach dem Salzen entfernt und der Rogen mit einer Wachsschicht überzogen. Wir lösen im Gegensatz dazu in dem folgenden Rezept die den Rogen umgebende Membran nicht ab. Sie dient als Schutz und wird erst beim finalen Verarbeiten gelöst. Dafür benötigt man keine Wachsschicht, die Haltbarkeit ist wegen des Salzgehalts und der niedrigen Wasseraktivität dennoch sichergestellt. Wer möchte, kann jedoch die Membran ablösen und die fertige Poutargue in flüssiges Bienenwachs tauchen. Das kommt dann den Produkten im Handel und auf den Wochenmärkten optisch sehr nahe. Auch die selbst getrocknete Poutargue ist gut haltbar (im Kühlschrank in Plastikboxen gelagert) und sorgt für langen Genuss.

Während der Trocknung bildet sich ein Großteil der Aromen und des intensiven Geschmacks der Poutargue, darunter auch der Umami- und Bitteranteil, der die Salznoten deutlich kontrastiert. Die Aromen stammen aus den Fetten (sehr viele Omega-3-Fettsäuren) und aus den Proteinen, die sich während der Trocknung spalten. Die zerfallenden Proteine sind ebenfalls für den Geschmack verantwortlich, denn manche der Bruchstücke (Peptide) schmecken bitter, manche umami.

Des einen Zerfall, ist des anderen Geschmackserlebnis.

Das sehr angenehm wirkende Aroma erinnert ein wenig an fermentierten und geräucherten Fisch, fast an die in Japan für Dashi verwendeten Bonitoflocken (siehe Effekt Nr. 16). Seine Textur liegt, je nach Trocknung, zwischen cremig, schmelzend und knackig, sein Geschmack ist vom Salz und umami dominiert. Darunter mischen sich leichte, sehr attraktive Bitternoten.

Auch die Poutargue ist ein wunderbares Beispiel, wie Kleinigkeiten die Komplexität und den Flavour von Tellern heben. Oft sind es eben die kleinen Dinge, die große Kulinarik erzeugen.

Queller ist eine Pflanze aus dem Meer. Dickfleischig mit salziger Note ein wunderbarer Begleiter zu Fisch.

Austern unter Queller und Poutargue

4 2 3

1

Poutargue

87 g Meersalz
1 l kaltes Wasser
2 frische Meeräscheneier bzw. -rogen (die Haut um die Segmente sollte intakt sein)

Die Poutargue mindestens 3–4 Tage vorher ansetzen. Eine 8 %ige Salzlake herstellen, dafür das Salz in dem kalten Wasser auflösen. Die Meeräscheneier mit der Lake bedecken und 1 Tag an einem kühlen, aber nicht kalten Ort beizen, zum Beispiel im Keller. Dann aus der Lake nehmen und auf einem Teller ausgebreitet an einem luftigen, warmen, sonnigen Ort 3–4 Tage lufttrocknen. Damit ist die Poutargue fertig. Wenn die klimatischen Verhältnisse das nicht zulassen, die gebeizte Poutargue in den Backofen mit eingeschaltetem Licht 4 Tage „lufttrocknen" (das entspricht je nach Backofen mediterranen 30–35 °C). Im Kühlschrank luftdicht verschlossen aufbewahren und nach Bedarf innerhalb von 3–6 Monaten verbrauchen.

2

Austern

20 Austern

Die Austern mit dem Austernmesser öffnen. Das Muskelfleisch herausnehmen, das Austernwasser in einem Schälchen auffangen und aufbewahren (es wird für die Fertigstellung benötigt).

3

Queller

2–3 EL bestes Olivenöl (nativ extra)
50 g frischer Queller (Salicorne; aus dem Fischfachgeschäft)

Das Olivenöl in einem kleinen Topf bei mittlerer Hitze auf nicht mehr als 100 °C erwärmen. Den Queller darin nur abschwenken und leicht erwärmen, nicht weich garen.

4

Anrichten

1 Blatt frischer oder getrockneter eingelegter Seetang (Kelp)
Austernwasser
0,5 g Locithin

Sie brauchen außerdem

Austernmesser
Trüffelhobel

Getrockneten Seetang 30 Minuten in Wasser einweichen, dann herausnehmen und abtropfen lassen. Den Seetang auf den Tellern verteilen und die Austern auf dem Seetang verteilen. 2, 3 oder 4 „Ästchen" des Quellers auf den Austern anrichten (je nach Größe der Austern). Die Poutargue mit dem Trüffelhobel in sehr dünne Scheiben hobeln und die Poutarguescheiben auf den Queller legen. Austernwasser und Lecithin mit dem Stabmixer aufschäumen. Den Schaum ein paar Minuten stehen lassen. Je 1 TL davon auf jede Auster geben.

Nº 4

Austern gepaart mit dem Kaviar bringen edlen Genuss aus dem Meer.
Feinst gehobelte Rote Bete wird verwendet wie Trüffel und entfaltet einen intensiven Flavour.
Kaviar und Tatar vom Rind – ein absoluter Klassiker.

Gemüsereifung in Salz

Intensive Flavourverstärker herstellen

Aus lange unter Salz gereiftem Wurzelgemüse wird ein exzellentes Würzmittel. Zum Salz gesellt sich etwas Umami und ein Strauß intensiver Aromen, die auf andere Weise nicht zu erzielen sind. Darübergehobelt adelt das Salzgemüse selbst einfachste Gerichte.

Einer der Vorreiter der Methode, Wurzelgemüse lange unter Salz reifen zu lassen, ist der Spitzenkoch Sebastian Frank vom Berliner Restaurant Horvàth. Er modernisierte die klassische österreichische Küche. Dort spielen Wurzelgemüse, insbesondere der an intensiven Aromen reiche Sellerie, eine zentrale Rolle. Frank gelingt es mit seiner Methode, aus den typischen Wurzelgemüsen eine besondere Würzigkeit herauszukitzeln, indem er sie ungeschält im Ganzen kocht und sie dann für mindestens ein Jahr in grobes Salz einlegt. Danach werden sie à la truffe in kleinen Portionen über Gerichte gehobelt oder geraspelt. Dort wirken sie als hochgradig wirksame Flavourverstärker.

ja, bei solch einer gemüsemumifizierung heißt es: geduld haben. Aber das warten wird mit einer sensationell reifen würze belohnt!

Die Zubereitung an sich ist denkbar einfach: Das gründlich unter fließendem Wasser abgebürstete Wurzelgemüse wird zunächst in Wasser und am besten ungeschält als Ganzes gargekocht. Nachdem es trocken getupft und abgekühlt wurde, wird es im Ganzen in reichlich grobem Meersalz vergraben. Durch das komplette Bedecken mit Salz trocknet das Wurzelgemüse stark aus. Die Restfeuchte der Knolle beträgt nach etwa einem Jahr nur noch 10 bis 15 Prozent. Damit erhält das Gemüse eine lange Haltbarkeit bis zu einem Jahr.

Für dieses Verfahren eignen sich neben Sellerieknollen und Rote Bete auch andere Wurzelgemüse wie Möhren, Petersilienwurzeln oder Pastinaken. Dabei ist es von Vorteil, dickere Exemplare zu verwenden, denn durch den hohen Wasserverlust schrumpft das Gemüse stark zusammen und kleinere Stücke würden auf eine winzige Größe reduziert. Diese Reifungsmethode funktioniert genau so auch bei Rohgemüse, dann allerdings mit einer schwächeren Flavourbildung.

Wurzeln sind im Grunde der Nährstoffspeicher für die Pflanzen, die über der Erde steht. In ihrer Funktion als Speicher enthält die Wurzel unter anderem Stärke und verschiedene Pflanzenzucker, die jeder Sorte ihren leicht süßlichen Geschmack verleiht. Bei der Reifung bilden sich indes leicht säuerliche und Umami-Geschmacksnoten aus. Das bestätigt auch der Blick in den Fernen Osten. Dort gibt es zahlreiche Verfahren, bei denen Lebensmittel unter hohen Salzkonzentrationen fermentieren. Beispiele sind das koreanische „Jeotgal" (traditionell fermentierte Meeresfrüchte), das japanische „fugunoko nukazuke" (gesalzene Kugelfisch-Ovarien in Reiskleie und Salz fermentiert) und „nam-pla", eine thailändische Fischsauce. Bei all diesen proteinreichen Lebensmitteln spielen salztolerante Mikroorganismen, auch Halophile (also Salzliebende) genannt, eine besondere Rolle bei der Aromabildung. Auch bei

Die in der Erde versteckten schätzchen müssen sich gegen allerlei gewürm wehren. Das schaffen sie mit chemie, und damit intensivsten Aromen.

Gemüse, etwa dem koreanischen Kimchi, sind weitgehend überall präsente salztolerante Mikroorganismen an der sehr kimchitypischen Flavourbildung mit seinen schwefligen und würzig-fleischigen Noten beteiligt.

Obwohl Wurzelgemüse selbst nicht besonders proteinreich sind, befinden sich doch eine ganze Reihe an Enzymen und Proteinen in den Membranen der Pflanzenzellen, an denen die Mikroorganismen ansetzen können. Das Salz – das aus Natrium- und Cloridionen besteht – wirkt aus diesem Grund zweifach: Salzkristalle lösen sich zunächst leicht an der feuchten Oberfläche der Gemüse, dadurch bilden sich zu gleichen Teilen positiv geladene Natriumionen und negativ geladene Chloridionen. Die freigewordenen Ionen wirken osmotisch, die Zellen platzen und Zellsäfte werden frei. Diese wiederum sorgen dafür, dass sich weiteres Salz lösen kann. Beim Platzen der Zellen werden die ursprünglich in den Zellmembranen verankerten Proteine und Enzyme frei. Da zu Beginn nur wenig kristallines Salz gelöst ist, beginnt die Milchsäurefermentation bei relativ niedrigen Salzkonzentrationen. Mit fortgeschrittener Osmose können Salzionen bis zum Zentrum in das Gemüse vordringen. An dieser Stelle kommt der Unterschied zwischen gekochtem und rohem Gemüse zum Tragen. Rohes Gemüse weist auf seiner Oberfläche eine deutlich höhere Konzentration des Bodenmikrobioms auf als gekochtes – auch wenn es gründlich gewaschen ist. Diese können ihre Enzyme freisetzen und zur Fermentation beitragen. Im rohen Gemüse sind allerdings die nativen Stärkebestandteile (Amylose und Amylopektin) den Enzymen der Milchsäurebakterien nicht vollumfänglich zugängig. Somit nimmt die Flavourbildung unterschiedliche Wege und ist selbst nach einem Jahr Fermentationsdauer noch zu schmecken. Im gekochten Gemüse hingegen werden die direkt nach dem Kochen sterilen Oberflächen erst nach und nach mit Mikroorganismen besiedelt.

gibt man dem salz die zeit, tut es sein werk, die Fermentation beginnt und entlockt dem gemüse neue genüsse.

Das gemüse trägt zwar noch ein wenig seines ursprünglichen Flavours, es bilden sich aber unbeschreibliche Aromen, die erdigen, intensiven Trüffeln ähneln.

Natürlich scheint die lange Wartezeit abwegig und abenteuerlich, aber dennoch, das Ergebnis flutet alle Zweifel von Ihrer speichelgefluteten Zunge.

Wurzelgemüse in Salz

1 Rote Bete
ausreichend grobes Meersalz (noch leicht feucht) zum Bedecken
2 große Gläser
Alufolie

Außerdem
einen kühlen Keller
1 Jahr Zeit

1. Die Rote Bete unter fließendem Wasser abbürsten.
2. In ein Glas etwas Salz geben, die Knolle auf den Salzboden legen und mit weiterem Salz bedecken. Das Glas locker mit einem Stück Alufolie bedecken, damit das langsam verdunstende Wasser entweichen kann. Rote Bete im Keller 1 Jahr fermentieren und reifen lassen.
3. Danach herausnehmen, vom Salz befreien und zur Verwendung über angerichtete Teller raspeln.

Tatar mit Kaviar und salzgereifter Roter Bete

1

Austern

4	frische Austern

Die Austern mit dem Austernmesser öffnen. Das Austernwasser in ein Schälchen abgießen und für das Tatar aufbewahren. Die Austern aus den Schalen herauslösen, mit einem scharfen Messer in kleine Stücke schneiden und beiseitestellen. Wichtig: Bei den Austern unbedingt auf Hygiene achten und nur die beste Qualität verwenden! Austern werden gerne von Noroviren befallen, deshalb haben Frische und Hygiene oberste Priorität.

2

Tatar

1	Frühlingszwiebel
30 g	Kapern
2	Cornichons
400 g	Rindersteaks, ganz frisch
2–3 EL	Walnussöl
	Austernwasser
	Salz
	frisch gemahlener schwarzer Pfeffer

Die Frühlingszwiebel waschen und in dünne Ringe schneiden. Kapern und Cornichons gut abtropfen lassen und in kleine Würfel schneiden. Das Rindfleisch mit Küchenpapier trocken tupfen und mit einem scharfen Messer ebenfalls in kleine Würfel schneiden. Frühlingszwiebel, Kapern, Cornichons und Rindfleisch mit dem Walnussöl und dem aufbewahrten Austernwasser in einer Schüssel gründlich vermengen. Mit Salz und Pfeffer würzen.

3

Anrichten

100 g	Kaviar
	Rote Bete in Salz
	Mikrokräuter zum Dekorieren, wenn gewünscht

Das Tatar mithilfe von Dessertringen anrichten. Dafür die Dessertringe jeweils auf einen Teller stellen, das Tatar gleichmäßig in den Ringen verteilen und andrücken. Nicht zu dick mit Kaviar bedecken und die Stücke von je einer Auster auf jedem Tatar verteilen. Dann die Dessertringe vorsichtig nach oben abziehen. Etwas Rote Bete über jedes Tatar raspeln. Alles nach Wunsch mit Mikrokräutern dekorieren.

Sie brauchen außerdem

Austernmesser

Dessertringe (die auch rechteckig oder dreieckig sein können)

Das Salz nicht wegwerfen, es kann noch zum Würzen weiterverwendet werden – wie diese hochwissenschaftliche Formel beweist:

Gemüse + Salz + 1 Jahr
= aromatisches Gemüsesalz.

Nº 5

Piment d'Espelette ist eine französische Variation des Paprikapulvers mit leicht-fruchtigen Noten.

Die Ascorbinsäure für das Artischockenpüree ist wichtig, sonst bräunt das Gemüse unschön.

Die Artischocke bietet ein dominant grünes Aroma mit pilzig, erdigen Düften, verfeinert mit einem trockenen Weißwein.

Avantgardistische Küchenbastelei
Würzen mit Proteinkleber und Saucenlack

Lacke in Form intensiver, dicklicher Saucen auf andere Zutaten gepinselt, ergeben völlig neue Würzideen. Die mit einem Enzym zusammengeklebte Bachforelle erweckt einen außergewöhnlichen Eindruck: Sie wirkt intakt, ist grätenfrei und lässt sich hervorragend zubereiten.

Der Fleischkleber Transglutaminase wurde in der Gastronomie von der spanischen Avantgarde entdeckt und bereits auf vielfältige Weise in Szene gesetzt. In diesem Beispiel erlaubt sie die deutlich bessere Zubereitung eines Fisches, der nicht nur wunderbar schmeckt, sondern auch von seiner Konsistenz und Garung überzeugt. Der zweite wichtige Punkt ist hier die verbrannte Grapefruit für den Lack. Es geht nicht nur um Aromen, sondern auch um Saucenbindung abseits der Reduktion.

Der französische Koch Guillaume Veyssière brachte diese Idee ins Spiel.

Es mag eigentümlich klingen, wenn ein Fisch filetiert und wieder zusammengeklebt wird – aber genau das erlaubt mehrere kulinarisch relevante Eingriffe: Zum Einen kann die Schnittfläche exklusiv vor dem Zusammenkleben gewürzt werden, zum Zweiten ist der zusammengeklebte Fisch grätenfrei, zum Dritten ist seine Garung à point unfallfrei hinzubekommen. Geschmack, Aroma und Textur überzeugen.

Seltsam klingt die Zutat der verbrannten Grapefruit. Das für die Sauce verwendete Fruchtfleisch wird von außergewöhnlichen Aromen durchdrungen: Terpene für Zitrusgerüche, aber auch kräuterartige und holzige Anklänge. Vor allem der Aromastoff Nootkaton steht alleinig bei der Grapefruit im Vordergrund. Er liefert einen Hauch Orange, süßlich wirkendes Zitrusaroma mit einer deutlich holzigen Nuance. Im Mund lässt es Bittertöne anklingen. Durch das Verbrennen der Schale entstehen vor allem stark verbrannte Aromen über die Bildung von allerlei Furanen aus den freien Zuckern, aber auch aus Zuckerresten, die sich in den Nicht-Stärke-Kohlenhydraten der Schalenzellwände unter Hitze freisetzen. Diese tragen für den Saucenlack erheblich zum Flavour sowie durch das Zellmaterial Pektin zur Bindung bei. Folglich sorgt das Fruchtfleisch der Grapefruit auch für den hohen Halt des Lackes auf der Fischoberfläche. Die Würzung ist homogen verteilt, macht ein oft diffiziles Rösten überflüssig und verleiht den Protagonisten flavourreichen Glanz.

Transglutaminase ist ein exzellenter Katalysator für die Vernetzung von Proteinen bei verhaltenen Temperaturen, zusätzlich zu den Disulfid-Doppelbindungen, die in der Küche über höhere Temperaturen geschlossen werden. Dieser Prozess dient vielen biologischen Vorgängen, die Enzyme sind für alle Organismen unverzichtbar, um Barrieren und stabile Strukturen zu schaffen. In Küche und Lebensmitteltechnologie lassen sich daher Proteine miteinander fest verbinden.

Ab jetzt auch unverzichtbar für die Angeberküche.

Transglutaminase hat eine hohe Aktivität im Temperaturbereich zwischen 30 und 60 °C. Will man Fleisch aus Gründen der Lebensmittelsicherheit im Kühlschrank zusammenkleben, dauert es entsprechend länger.

Das Prinzip ist einfach: Das aktive Zentrum der Aminosäure Glutamin bindet sich an die Transglutaminase. Dies ermöglicht eine chemische Reaktion mit der Aminosäure Lysin eines Nachbarproteins. Die Proteine sind fest miteinander verbunden und können auch beim Anbraten nicht mehr gelöst werden.

Saucen sind ein unendliches Experimentierfeld. Selbst Zutaten, die nicht zusammenzupassen scheinen, ergeben eine stimmige Sauce. Hier werden Rotwein, Rinderfond, Grapefruit und Schinken kombiniert und zum Fisch gereicht. Mit dem Prinzip aus Effekt Nr. 15 ermöglichen die höheren Temperaturen beim Anrösten und die langen Zeiten des Reduzierens unzählige chemische Reaktionen zur Flavourbildung.

Manche Köche kennen das: Am Herd brodelt in einem Saucenschiffchen ein Saucenansatz, in den neben Wasser und Weinresten alles landet, das flavour- und farbtauglich war. Daraus wurde der Fond geschöpft, die Grundlage für viele dunkle Saucen. Komplette Resteverwertung und ansprechende Flavours sind also keine disjunkten Geschichten.

Bachforelle, geklebt, lackiert und Art-I-Schock

4 3 4

1

Bachforelle

250 g	Salz
1 l	Wasser
4	ganze Bachforelle
1 TL	Piment d'Espelette
½ TL	Transglutaminase

Das Salz im Wasser auflösen. Die Bachforelle köpfen, ausnehmen und filettieren, dabei die Schwanzflosse dranlassen. Gräten und Abschnitte für die Lack-Sauce verwenden. Die Filets im Salzwasser 3 Minuten marinieren. Transglutaminase und Piment d'Espelette vermengen. Die Filets auf der Fleischseite damit einpudern. Die zusammengehörigen Fleischseiten je zu einem Fisch formen, eng in Frischhaltefolie wickeln und bei Zimmertemperatur etwa 30 Minuten liegen lassen, dann in den Kühlschrank stellen.

2

Lack-Sauce

1	Grapefruit
200 g	roher Schinken
	Gräten, Fischköpfe und Seitenflossen der Bachforelle
6	Knoblauchzehen
	Bouquet Garni
750 ml	Rotwein
1 Bund	Zitronenthymian
1 Bund	Basilikum
600 ml	Rinderfond
	Piment d'Espelette
	Safran

Den Ofengrill vorheizen. Die ungeschälte ganze Grapefruit in eine ofenfeste Schale legen und bei starker Hitze so lange grillen, bis die Haut schwarz ist, dazu öfter wenden. Dann abkühlen lassen.

Das funktioniert natürlich auch im Kugelgrill.

Rohschinken, Fischgräten, -köpfe und -seitenflossen in einem nicht haftenden, gusseisernen Topf ohne weiteres Fett erhitzen und leicht anbraten. Die Knoblauchzehen schälen und zusammen mit dem Bouquet dazugeben. Den Rotwein angießen. Auf die Hälfte reduzieren, dabei aber nicht sprudelnd kochen lassen. Thymian und Basilikum waschen, trocken schütteln und mit Rinderfond und dem Fruchtfleisch der verbrannten Grapefruit dazugeben. Wieder bei schwacher Hitze reduzieren, bis die Sauce dicklich wird und als Lack taugt. Dann mit Piment d'Espelette und Safran final würzen.

3

Artischockenpüree

5	Zwiebeln
	Olivenöl zum Andünsten
4	Artischockenböden und Stielansätze von gekochten Artischocken
100 ml	trockener Weißwein
200 ml	heller Hühnerfond
100 g	Sahne
	frisch gepresster Saft von 1 Zitrone
	Salz
	frisch gemahlener schwarzer Pfeffer
	bestes Trüffelöl

Die Zwiebeln schälen, sehr fein würfeln und in etwas Olivenöl glasig dünsten. Die Artischocken zugeben und weiterdünsten, mit Weißwein ablöschen und einkochen lassen. Hühnerfond, Sahne und Zitronensaft angießen. In der Küchenmaschine sehr fein pürieren, dann durch ein Sieb streichen. Mit Salz und Pfeffer abschmecken und mit so viel Trüffelöl aufschlagen, bis ein sattes, cremiges Püree entsteht.

4

Artischocken

1 TL	Ascorbinsäure
etwas	Wasser
4	kleine Artischocken (la violets en France)
	Olivenöl
	Salz

Die Ascorbinsäure in etwas Wasser auflösen. Die spitzen Blätter der Artischocke abschneiden und den Stiel und den Boden parieren. Der Stiel wird mitgegessen. Die harten Blätter der Artischocken direkt am Boden entfernen, die Artischocken halbieren und als Oxidationsschutz in das Ascorbinsäurewasser geben. Halbierte Artischocken im heißen Olivenöl auf der Schnittfläche garen, bis sie weich sind, dann salzen.

5

Artischockenchips

1–2	kleine Artischocken
	Öl zum Frittieren

Die sehr harten Blätter der Artischocken entfernen. Mit der Aufschnittmaschine dünne Scheiben längs aus den Artischocken schneiden und sofort im 160 °C heißen Öl knusprig frittieren. Auf Küchenpapier abkühlen lassen.

6

Anrichten

Die zusammengeklebten Bachforellen langsam auf Zimmertemperatur bringen. Den Kombidämpfer auf 100 °C einstellen und die Fische 3–4 Minuten garen, herausnehmen, auf eine Unterlage setzen und mehrmals mit der heißen Lack-Sauce bestreichen, bis sie gut eingepinselt sind. Gebratene Artischockenhälften mit der runden Seite auf Teller und das Püree darauf geben. Die Artischocken mit den Chips garnieren. Artischockenpüree-Punkte auf Teller setzen und mit einem Mini-Mikrokraut bestücken. Mit einem Dosierfläschchen feine Querstreifen des Artischockenpürees quer auf die lackierten Fische zeichnen.

Sie brauchen außerdem

- Küchenmaschine mit Kochfunktion
- Aufschnittmaschine
- Kombidämpfer
- Dosierfläschchen

№ 6

Der Rhabarberschaum hilft, das CO_2 im Erdbeersekt an der Oberfläche etwas länger zu halten und lässt es länger prickeln.

Die Petersilienbutter ist ein Bindeglied, das die leicht bitteren Spargelnoten mit den fermentierten Erdbeeren bestens verbindet.

Die Zitronensorte Buddhas Hand betört durch einen Duft, der an Kölnisch Wasser denken lässt.

Fermentieren auf Französisch
Milchsauervergorenes Fruchtvergnügen

Frische Erdbeeren lassen sich hervorragend fermentieren – das zeigt bereits ein Blick auf ihre Zusammensetzung: Zucker und fruchtige Säuren machen sie dessert- und konfitürentauglich. Nimmt man ihnen etwas Zucker, paaren sich Milch- und Fruchtsäuren.

Dass diese Rezeptidee aus Frankreich stammt, ist ein kleines Wunder. Denn starke Fermentationsnoten waren im Kanon der klassischen französischen Küche lange verpönt. Doch keine andere Küchentechnik erlaubt eine derartig vielschichtige und komplexe Flavourbildung, die weit über Sauerkraut, Kimchi & Co hinausgeht. Es bedurfte zweier Küchenrevolutionen: die Spanische Avantgarde um Ferran Adrià sowie die Nordique Cuisine um René Redzepi, die dieses Gebot aus den Angeln hoben. Der französische Ausnahmekoch Yannick Alléno verfasste daher ein neues Manifest, bei dem unter anderem die Fermentation den Stellenwert bekam, der ihr zusteht.

Der bittere Geschmack des Spargels geht auch mit den süß-sauren Grundgeschmacksrichtungen der Erdbeeren wunderbar zusammen. Mit einer Vorlaufzeit von zwei bis drei Wochen ist noch mehr möglich, denn die zuckerreichen Erdbeeren lassen sich bestens milchsauer fermentieren, dann ist ein Großteil des Zuckers weg, und die dabei entstehende Milchsäure gesellt sich spielend zu deren Fruchtsäuren. Es passieren ganz wundersame Konkurrenzkämpfe um die Sauerrezeptoren auf der Zunge.

Der Spargel hingegen bleibt fast roh, er wird nur leicht in Butter geschwenkt, damit seine Knackig- und Bitterkeit erhalten bleiben. Die Spargelbutter ist die beste Montage für eine Sauce, die nur aus Erdbeerextrakt, etwas Zitronenabrieb und ein paar salzigen Spritzern aus dem Sud der fermentierten Erdbeeren besteht.

Der Star des Arrangements steht allerdings neben dem Teller. Der Erdbeersekt ist als flüssige Komponente zu verstehen, die zu diesem Gericht gehört. Er verwendet den Saft der fermentierten Erdbeeren, wird aber mit trockenem Riesling verfeinert und mit geschmacksneutralen Pektinfasern kaum merklich angedickt. Die anschließende Carbonisierung im Sahnesiphon ergibt das sektartige Prickeln.

Spargel ruft gern nach einer Prise Zucker und gewaltiger Säure, beides liefern Erdbeeren. Hier werden diese klassisch mit Salz fermentiert. Daraus leiten sich zwei wesentliche Fermentationswege ab: Erstens ist die Erdbeere schon ordentlich sauer, ergo ist der pH-Wert niedrig. Die Milchsäuregärung startet etwas später und lässt manchen Hefen, die sich natürlicherweise auf der Schale befinden, den Vortritt. Die Hefen treffen auf viel Zucker, woraus sie etwas Alkohol brauen und ebenfalls leicht fruchtweinartige Flavours entwickeln. Dennoch setzt eine Milchsäuregärung ein und fügt den bereits vorhandenen Fruchtsäuren etwas Milchsäure dazu, die für das

Kein Wunder, dass Erdbeeren und Spargel oft zusammenfinden, werden sie doch beinahe zur selben Zeit geerntet.

überaus spannende Säurespiel verantwortlich ist. Der Alkoholgehalt der fermentierten Erdbeeren ist gering und spielt nur eine untergeordnete Rolle.

Für frischen Erdbeerflavour sorgt auch der Erdbeerextrakt, der nach der Methode von Alléno gewonnen wird. Die Extraktion bei 65 °C hat zwei Gründe. Zum einen ist man von der Gärung und der Zerstörung der Zellen noch weit entfernt, dies passiert erst um 90 °C. Zum anderen weichen die Zellmembranen bei 65 °C auf, die darin verankerten Enzyme werden frei. Damit sie keinen Schaden anrichten (zum Beispiel Proteinabbau und Erzeugung von Off-Flavours), müssen die Enzyme inaktiviert werden, wie es bei 65 °C weitgehend geschieht. Daher schmeckt und riecht der Extrakt voll nach Erdbeeren. Der Duft der saftlosen Edelzitrone namens Buddhas Hand unterscheidet sich deutlich von dem der „herkömmlichen" Zitrone und ist perfekt für die Kombination der frischen und fermentierten Erdbeerflavours.

Buddhas Hand hat eine recht exzentrische Erscheinungsform. Die Frucht sieht so aus, als hätten sich ein Octopus und eine Zitrone ineinander verliebt und sich allen Naturgesetzen zum Trotz fleißig in die Familienplanung gestürzt.

Die Herausforderung in diesem Rezept ist das Speichern des Kohlendioxids in Wasser, was nicht so einfach ist. Der kalte Rote-Bete-Saft wird dazu lediglich am Tag zuvor in den Sahnesiphon gefüllt, anschließend mit zwei CO_2-Kapseln begast und über Nacht in den Kühlschrank gestellt. Zum Servieren wird das Gas vorsichtig abgelassen und der Saft in auf Eis gesetzte, gekühlte Gläser gefüllt. Beim Nippen stellt sich ein erfrischendes, sektartiges Prickeln ein.

Genau dieses sollte möglichst lang dort verbleiben. Beim Ausgießen sollte nicht viel davon verpuffen, sondern irgendwann die taktilen und trigeminalen Rezeptoren der Zunge reizen. Also muss das Wandern der Bläschen gebremst werden. Die leichte Erhöhung der Viskosität hilft. Pektin ist ideal, da geschmacksneutral, gut löslich und es verändert das Fließverhalten im Mund im Gegensatz zu Xanthan, Guarkernmehl und Carrageenanen nur wenig.

Das Ergebnis ist im Grunde perfekt. Frische Säuren aller Art, tiefe Fermentationsnoten, ein Hauch Süße und Salzigkeit inklusive – jede Menge Jugenderinnerung an den ersten Erdbeersekt ganz ohne Alkohol.

Fermentierte Erdbeeren

200 g	Erdbeeren
8 g	Salz
60 ml	Wasser

Außerdem
Inkubator
3–4 Wochen Zeit

1 Die Erdbeeren vom Blütenansatz befreien, aber ganz lassen
2 Möglichst vorsichtig nach und nach dicht in ein Schraubdeckelglas packen, dabei die Erdbeeren nicht zerquetschen und immer wieder etwas Salz einrieseln lassen. Mit Wasser auffüllen, das Glas verschließen.
3 An einem mäßig warmen Ort (für Angeber mit Inkubator: 20 °C) 3–4 Wochen fermentieren lassen.

Spargel mit Erdbeeren und einem Glas Erdbeersekt

4 3 4

1

Erdbeerextrakt
200 g Erdbeeren
120 ml Wasser

Die Erdbeeren von den Blütenansätzen befreien und waschen. Zusammen mit dem Wasser vakuumieren. Anschließend sous-vide bei 65 °C für 2 Stunden extrahieren. Den Beutel öffnen und den Inhalt durchfiltern. Den erhaltenen flüssigen Erdbeerextrakt noch einmal passieren, auffangen und den Erdbeertrester für spätere Verwendung (Konfitüre, Püree etc.) aufbewahren.

2

Erdbeersekt mit Schaumhäubchen
150 ml Erdbeerextrakt
2 TL Flüssigkeit der fermentierten Erdbeeren
250 ml trockener Riesling
2–3 g Pektinfasern (Gourmetfachhandel)
30 g Albumin (sprühgetrocknetes Eiklar, Gourmetfachhandel)
100 ml Rhabarbersaft

Erdbeerextrakt, Flüssigkeit der fermentierten Erdbeeren, Riesling und Pektinfasern mischen und so lange rühren, bis die Pektinfasern vollständig gelöst sind. In einen Sahnesiphon füllen, mit zwei Sodakapseln beladen und in einem Eisbad sehr kalt stellen. Albumin und Rhabarbersaft mit einem Handmixer zu Schaum schlagen.

3

Petersilienbutter
1 Bund Petersilie
50 ml Olivenöl
1 TL Salz
100 g Süßrahmbutter

Petersilie waschen, trocken schütteln, fein hacken, mit dem Salz in einen Pacojetbecher geben, mit dem Öl übergießen und einfrieren. Am nächsten Tag pacossieren und 1–2 EL der Masse mit der Butter verkneten. Die Butter sollte leuchtend grün sein. Die wachsartige Butter in einen Spritzbeutel mit Garnierspitze geben und in kleine Häufchen auf kalte Teller spritzen. Sofort kühlen, damit die Butter ihre Form behält.

4

Spargelbutter
500 g weißer Spargel
100 g gesalzene Butter
1–2 TL der Flüssigkeit der fermentierten Erdbeeren

Spargel schälen und in ca. 2 cm lange Stücke schneiden. Die Butter bei mittlerer Hitze erhitzen und den Spargel darin 3–5 Minuten schwenken. Spargel über einem Sieb abtropfen lassen, dabei die Spargelbutter auffangen.Mit der Flüssigkeit der fermentierten Erdbeeren abschmecken.

5

Anrichten
Buddhas Hand (Zitronatzitrone)

Sie brauchen außerdem
Vakuumierer
Pacojet
Spritzbeutel mit Garnierspitze
Sahnesiphon
Sodakapseln

Erdbeerextrakt in einen Saucentopf geben und bei schwacher Hitze mit der Spargelbutter montieren, bis eine dickliche Sauce entsteht.Die Sauce auf tiefere Teller mit großem Rand verteilen, Spargel darauf anrichten und auf jeden Teller 3–4 fermentierte Erdbeeren darübergeben. Weitere fermentierte Erdbeeren auf dem Tellerrand anrichten und dazwischen immer wieder kalte Petersilienbutter legen. Buddhas Hand frisch über den Spargel reiben, nicht auf den Tellerrand. Für den Erdbeersekt erst kurz vor dem Servieren das CO_2 aus dem Siphon vorsichtig ablassen und den sprudelnden Sekt auf Champagnerschalen verteilen. Sofort nach dem Eingießen mit einem Löffel das Schaumhäubchen daraufgeben.

№ 7

Sanddorn spielt in diesem Rezept eine gewichtige Doppelrolle.

Entenhaut deluxe! Als crunchige Chips.

Die Buttermilch ist hier nicht nur Stabilisator, sondern gibt dem Kartoffelpüree die perfekte Säure mit.

Alles bleibt anders
Traditionelle Küche revisited

Universelle Kombinationen, die zur Geschmacksprägung erheblich beitragen, lassen sich durchaus verbessern, aufpeppen und modern arrangieren, ohne ihren Grundcharakter zu verändern. Hier einmal Parmentier oder Shephard's Pie – Fleisch unter Kartoffelpüree.

Was in Frankreich der Parmentier, ist in Irland der Shepherd's Pie: Stark gewürztes und gebratenes oder geschmortes Fleisch wird unter oder zwischen Kartoffelpüree beziehungsweise -stampf gesteckt: umami, salzig, süß, mundfüllend.

Unser Parmentier verwendet nicht irgendein Fleisch sondern Ente, verkapselt die Sauce in einer Sphäre, nimmt ein paar Knusperelemente, gewürzt mit Sanddorn und macht das Kartoffelpüree sogar low carb.

Moderne Interpretationen der klassischen Küche sind oft Gegenstand großer französischer Kochschulen wie l'ecole Ferrandi. Der dortige Lehrer und Koch Benoît Nicolas nimmt etwa Kalb als Grundlage und legt über das Püree dünne, knusprige Kartoffelchips. Für unser luftiges Püree standen gleich zwei Dreisterneköche Pate: der Schweizer Andreas Caminada und der Deutsche Thomas Bühner, die Kartoffelpüree und dessen Ableitungen über Espumas zum kulinarischen Blühen bringen.

Das Geniale: Die Säure des Sanddorns bleibt wunderbar erhalten.

In diesem Effekt fließen physikalisch-chemisch inspirierte Fakten ein, die es in sich haben. Das beginnt beim Sanddorn, der hier gleich zweimal auftritt: als getrocknete Beere beim Konfieren der Ente und als intensiver Saft als Würze. Es entstehen karamellartig duftende Furane, die dem Entenfleisch bestens entgegenkommen. Die Sauce in Sphären zu verkapseln ist ratsam, denn mit flüssiger Sauce würde das Fleisch zwar besser benetzt, aber der Crunch würde fehlen und das wäre ein bitterer Verlust.

Um das gesamte kulinarische Potenzial des Parmentiers zu erfassen, sollte man von jeder Zutat etwas auf den Löffel geben. Dies ist auch nötig, denn das luftige Kartoffelpüree ist mit der Säure der Buttermilch in Kombination mit dem intensiv aromatisierten Entenfett für sich allein schon eine kleine Sensation. Der Buttermilchkartoffelschaum gibt wegen seiner unglaublichen Luftigkeit seine Aromen schlagartig im Mund über die Gasbläschen frei.

Das hier hat nichts mit dem Kartoffelstampf aus der Alltagsküche gemein. Der Buttermilchkartoffelschaum – ein filigranes, aber flavourintensives Luftschloss.

Der Sahnebläser leistet hier wieder gute Dienste, obwohl dies bei Kartoffelpürees zunächst nicht offensichtlich ist. Bei Joel Robuchon bereits musste reichlich Fett, er bevorzugte Butter, hinein, zwischen ¼ bis ½ des Kartoffelgewichts. Yannik Alléno verlangte sogar ein Verhältnis von 1:1. Aber alles hat seine physikalischen Grenzen, rasch trennen sich wässerige und Fettphase auf den Tellern bereits beim Ausstreichen. Dies hängt stark mit dem Proteinanteil der Kartoffel zusammen, denn die Proteine wirken grenzflächenaktiv und binden Fette und Öle. Festkochende Sorten haben ein besseres Protein-Stärke-Verhältnis zugunsten des Proteins.

In diesem Rezept greift man aber noch tiefer in die Trickkiste. Zum einen wird ein Protein-Emulgator in Form von Buttermilch zugegeben. Entenfett und Crème fraîche übersteigen den Kartoffelanteil deutlich. Die Gefahr einer Entmischung wäre eine sensorische Katastrophe, wird aber über den Sahnebläser verhindert. Das eingeblasene Gas quetscht den Brei zwischen den Bläschen zusammen, die Beweglichkeit der Komponenten nimmt durch dieses Einsperren ab, eine Trennung zwischen hydrophilen und hydrophoben Komponenten ist deutlich eingeschränkt. Das hält das Püree stabil.

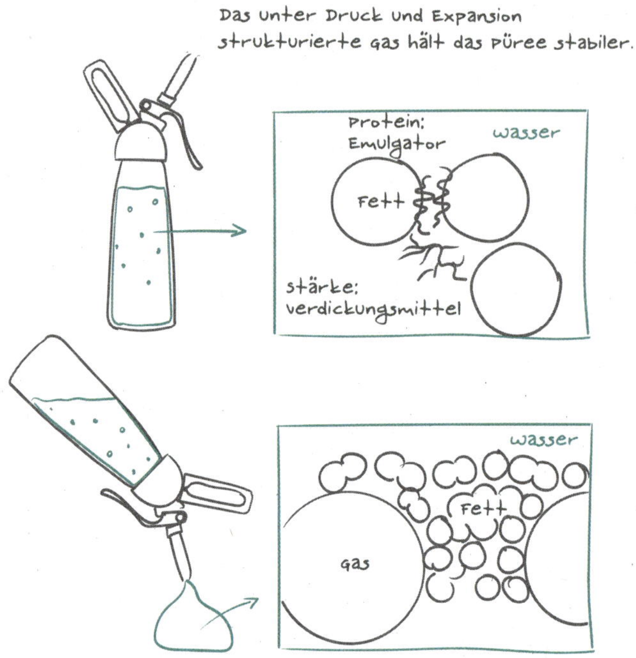

Parmentier de Canard

1

Konfiertes Entenfleisch

2	Entenschlegel
300 g	Gänse- oder Entenschmalz
2 EL	getrockneter Sanddorn
1	Langpfeffer
1 TL	Salz

Den Ofen auf 110 °C vorheizen. Die Haut von den Entenschlegeln lösen und für die Hautchips aufbewahren. Die Schlegel mit dem Salz einreiben. Schmalz in einen passenden Bräter geben und die Schlegel hineinlegen, sie sollten von Fett fast komplett umgeben sein. Den Pfeffer grob zerstoßen und zusammen mit den getrockneten Sanddornbeeren in den Topf geben. Im vorgeheizten Ofen etwa 4 Stunden konfieren. Die Schlegel herausnehmen und das köstliche Fett für andere Zubereitungen weiterverwenden. Das Fleisch vom Knochen lösen und klein zupfen.

2

Entensauce

	Abschnitte von dem Entenfleisch, Entenleber, Knochen
	Öl zum Braten
etwas	Sellerie, Zwiebel und weitere Rumfortelemente, die noch irgendwo zu finden sind und sich für Saucen und Fonds eignen
500 ml	Rotwein aus dem Perigord
500 ml	Entenfond
	Salz

Fleisch und Knochen nach Bedarf etwas zerkleinern. Etwas Öl in einem Topf erhitzen und Fleisch und Knochen darin kräftig anbraten und bräunen. Das Gemüse auch etwas zerkleinern, zugeben und ebenfalls bräunen. Nach und nach den Rotwein zugießen und zwischendurch immer wieder einkochen lassen. Dann auch den Entenfond zugeben, salzen und alles 2 Stunden kochen. Entstehenden Schaum zwischendurch hin und wieder. abschöpfen. Die Sauce passieren, über Nacht kalt stellen und am nächsten Tag das Fett abschöpfen.

3

sicherstellen, dass keine Lufteinschlüsse vorhanden sind, andernfalls solange ruhen lassen, bis alle Lufteinschlüsse aufgelöst sind.

Sphären
- 1 l destilliertes Wasser
- 5 g Alginat
- 200 ml Entensauce (siehe Schritt 2)
- 5 g Calciumlaktatgluconat
- 0,5 g Xanthan
- eine große Schüssel kaltes Leitungswasser

Destilliertes Wasser mit Alginat in einer Schüssel mit dem Stabmixer sehr gut verrühren und über Nacht im Kühlschrank vollständig lösen lassen, bis die Lösung klar ist und keine Lufteinschlüsse mehr enthält.
Von der Entensauce 200 ml abmessen und Calciumlaktatgluconat und Xanthan einrühren. Mit einem tiefen Teelöffel oder dem Sphärenlöffel aus dem Molekularkit etwas von der Sauce aufnehmen und in das Alginatbad halten, ohne den Löffel zu kippen. Warten, bis sich oben eine Haut gebildet hat, dann aus dem Löffel vollständig hineingleiten lassen und die Sphäre ausbilden lassen. Danach in die Wasserschüssel geben, um das überschüssige Alginat abzuspülen. So verfahren, bis mindestens acht Sphären gebildet sind.

4

Entenhautchips
- Haut der Entenschlegel oder einer Entenbrust (s. o.)
- Salz

Den Backofen auf 140 °C vorheizen. Die Haut vorsichtig von der Entenbrust ziehen und platt auf eine Silpatmatte legen, die auf einem Backblech liegt, salzen, mit einer zweiten Silpatmatte bedecken und mit einem Gewicht (feuerfester Topf) beschweren, damit sich die Haut nicht wellen kann. Im vorgeheizten Ofen braten, bis sie knusprig ist. Das dauert je nach Dicke 30–40 Minuten. Herausnehmen, auf Küchenpapier erkalten lassen und in Stücke brechen.

5

Luftiges Bumikapü
- 100 g Zwiebeln
- 150 g Enten-/Gänseschmalz
- 50 g Crème fraîche
- 50 ml heller Entenfond
- 150 g gekochte Kartoffeln
- 200 ml Buttermilch
- Salz
- frisch gemahlener weißer Pfeffer
- ½ TL Majoranpulver
- ½ TL fein geriebene Muskatnuss

Die Zwiebeln schälen und fein hacken. Das Schmalz in einer Pfanne erhitzen und die Zwiebeln darin bei schwacher bis mittlerer Hitze zu knusprigen Röstzwiebeln braten. Dabei die Hitze nicht zu stark werden lassen, lieber etwas länger garen. Dann die Zwiebeln durch ein Sieb geben, das aromatisierte Fett auffangen und die Zwiebeln auf Küchenpapier abtropfen lassen. Crème fraîche und Entenfond zusammen in einem kleinen Topf aufkochen und zusammen mit den Kartoffeln in die Küchenmaschine geben. Grob zerkleinern und die Buttermilch sowie das aufgefangene Zwiebel-Entenfett zugeben. Alles zu einer homogenen Creme mixen, mit Salz, Pfeffer, Majoran und Muskat abschmecken und durch ein feines Sieb passieren. In einen Sahnesiphon geben mit einer Stickstoffpatrone beladen, bis zum Servieren in einem Wasserbad bei etwa 55 °C warmhalten.

6

Anrichten
- heißes Entenschmalz vom Konfieren
- 3–4 EL knusprige Croûtons
- einige TL dicker Sanddornsaft
- grobes Salz

Das klein gezupfte Entenfleisch verteilen und leicht salzen. Je 1 TL von dem Entenschmalz über das Fleisch geben. Die Croûtons daraufstreuen und darüber vorsichtig eine Saucensphäre legen. Je etwa 1 EL Sanddornsaft aufträufeln. Den warmen Bumikapü aufsprühen und ein paar Fetzen der Knusperhaut hineinstecken. Mit etwas Röstzwiebeln garnieren. Noch genialer wird es in einem Glas geschichtet!

Sie brauchen außerdem
2 Silpatmatten, Küchengerät mit Kochfunktion, Sahnesiphon

Nº 8

Die Wachsmethode ist für Jakobsmuscheln ideal, so bleiben diese innen zart glasig.

Hier trumpft das Meer auf und gibt was es kann: Umami und ganz viel Aroma.

Zwar nicht unter Wachs gegart, aber allerlei Gemüse bringt Biss auf diesen Teller und sieht gut aus.

Latentes Garen unter Wachs
Die Wärme der Kristalle

Kristallisationswärme kann zum Garen bestimmter Lebensmittel genutzt werden. Besonders Fisch und Meeresgetier gelingen unter Bienenwachs optimal und mit sehr speziellem Aromagewinn.

Die Methode, Lebensmittel unter Wachs zu garen, hat der Wiener Sternekoch Heinz Reitbauer in die Küche getragen. Er wollte die Aromatik und den Geschmack des Honigs sowie des Bienenwachses nutzen. Er stellte fest, dass das Wachs auch als Kochmedium und Hitzequelle funktioniert. Bis heute gehört die Kreation „Saibling im Bienenwachs mit gelber Rübe, Pollen und Rahm" zu Reitbauers Signaturen.

Wenn Materialien vom flüssigen in einen festen, kristallinen Zustand übergehen (etwa Öl in Schmalz), wird Wärme frei, die zum Garen genutzt werden kann. Die Hitzezufuhr-Methode wirkt zweifach. Zum einen muss geeignetes Gargut mit flüssigem Wachs übergossen werden. Bienenwachs hat einen Schmelzpunkt über 70 °C und ist damit bereits so warm, dass schon beim Übergießen eine Garung stattfinden kann. Aber nicht nur die Wärme des flüssigen Wachses, die die Garung verursacht, erzeugt auch den für den Garprozess entscheidenden Kick, sondern ebenfalls die bei seinem Kristallisieren freiwerdende Energie. Genau das ist der physikalische Trick: Die Temperatur beim Kristallisieren des Wachses fällt nicht rasch ab, sondern wird hoch gehalten. Eine beachtliche Kerntemperatur kann somit erreicht werden.

superidee, funktioniert aber nicht mit einem dicken steak oder gemüse.

Bei Meeresfrüchten und Fischen funktioniert das sehr gut. Diese sind eher klein und dünn, haben weniger Kollagen als die Landtiere, daher kürzere Garzeiten und niedrige Proteindenaturierungstemperaturen. Fische beginnen ihre Garung mit der Denaturierung des Muskelproteins Myosin bereits zwischen 35 und 39 °C mit spürbarer, sehr angenehm wirkender Textur zwischen roh und gar.

Der Vorteil und das Spannende der Bienenwachsmethode ist die Nutzung der Kristallisationswärme. Diese Schmelztemperaturen und Schmelzwärmen sind beachtlich und können, fast wie im Schul-Physikpraktikum gemessen werden.

genau das ist der coole Effekt: Die kristallisationswärme wird also bis 35 °C stetig an das gargut unter dem festwerdenden Bienenwachs abgegeben. Das dauert etwas, und der Fisch hat genügend zeit zur garung!

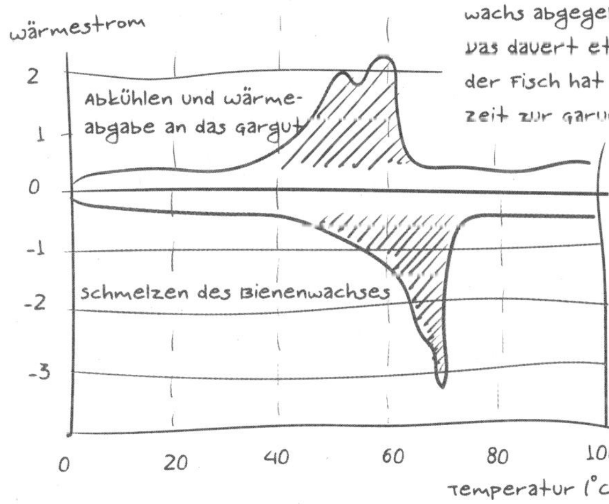

In der Abbildung auf der Seite vorher ist zu sehen, dass sich bei Bienenwachs das Schmelzen als breiter Ausschlag nach unten zeigt, wenn es von 0 auf 100 °C aufgeheizt wird (lila Kurve). Das Wachs beginnt bereits bei 40 °C zu schmelzen, aber erst bei 70 bis 75 °C ist es vollständig flüssig. Die Wärmemenge, die dafür gebraucht wird, zeigt sich in der grau eingefärbten Fläche unter der Kurve. Beim Abkühlen von 100 auf 0 °C beginnt die Kristallisation etwa bei 65 °C und ist erst bei etwa 35 °C abgeschlossen. Die Kristallisationswärme wird also bis 35 °C stetig an das Gargut unter dem festwerdenden Bienenwachs abgegeben. Das dauert, aber der Fisch hat genug Zeit fertig zu werden.

Alles eine Sache der genauen Temperatur. Einfach zurücklehnen. Das Wachs macht den Rest im Alleingang.

Für das Garen mit Wachs sind zwei Fakten interessant: zum einen die hohen Schmelztemperaturen, zum anderen die große Fläche unter den Schmelzpeaks. Dies ist ein Maß für die Energie, also die Wärmemenge, die aufgebracht werden muss, um das Wachs zu schmelzen. Umgekehrt, beim Abkühlen, wenn das Wachs wieder kristallisiert, entspricht die Fläche der Wärmemenge, die dadurch wieder frei wird.

Unter dem Wachs ist eine sanfte Aromatisierung möglich. Der Fisch wird nicht trocken, sondern bleibt zart und saftig. Das Bienenwachs würzt auf eine ganz neue Art und Weise und steuert typische Aromen bei. Darunter sind, neben fettigen, wachsigen Aromen wie Decanal, Nonenal und Decan, auch etwa Geranylacetat mit seinem floralen Blütenduft. Ebenso finden sich verschiedene Derivate des floralen Linalol und dessen Oxide, das aromatische Anethol, das an Sternanis und Anis erinnert, wie auch das aromatische Vanillin sowie aromatische Ester und der aromatisch-würzig, honigtypisch duftende Phenylalkohol. In manchen Wachsen finden sich das teerige Naphtalin, das rauchige, moderige Guaiacol, die holzig-kräuterigen Terpene *p*-Cymen oder α-Terpineol. Bienenwachs bietet also einen sehr ungewöhnlichen Aromakasten, der weder mit Honig noch mit anderen trickreichen Gewürzmischungen nachzuahmen ist.

Es gehen auch hauchdünne Filets von Wild, vom Schwein oder eben von was anderem. Muss nur dünn genug sein, dass es perfekt gegart werden kann.

Der Schmelzbereich von Bienenhonig ist sehr breit, er startet bei ca 40 °C und endet je nach Wachs und Bienenart zwischen 65 und 75 °C.

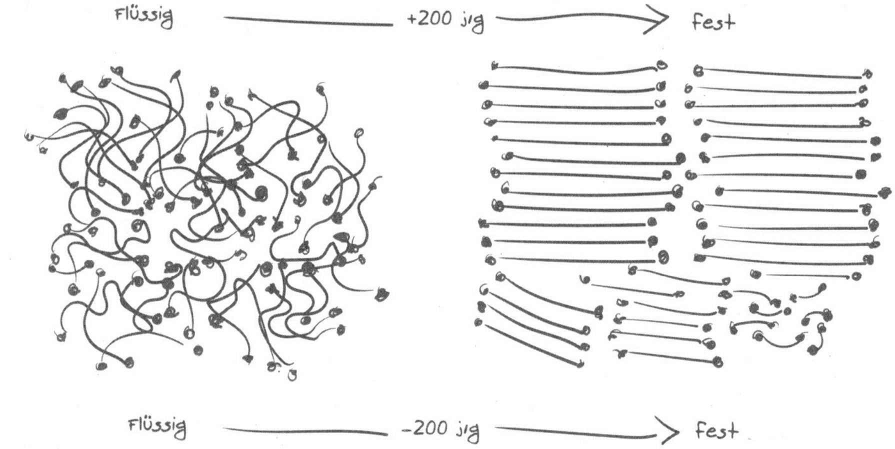

Die Kristallisationsenergie von Bienenwachs liegt sortenabhängig zwischen 160 und 230 J/g (Joule/Gramm).

Terre, Mer, Air und mehr

4 3 5

1

Getier
- 4 Jakobsmuscheln
- 2 Lachsforellen oder Saiblinge
- 4 dünne Scheiben Wildfilet (z. B. Hirsch, Reh, Wildschwein-Rücken)
- 500 g Bienenwachs (vom Bio-Imker)

Drei passende flache Gratinformen auf 30 °C vorwärmen und das Getier artenspezifisch darauf verteilen (also Muscheln, Fische und Wildfilet jeweils in eine Form). Das Bienenwachs in einem Topf im Wasserbad auf 80 °C erwärmen, bis es vollständig geschmolzen ist. Dann gleichmäßig über das Getier in die Schalen gießen.

2

Gemüse
- 1 Kohlrabi
- 2 weiße Spargelstangen
- 1 Möhre
- 30–50 g Butter
- Salz
- etwas frisch gemahlener weißer Pfeffer

Kohlrabi und Spargel schälen, die Möhre unter fließendem kalten Wasser gründlich abbürsten. Das Gemüse in Brunoise schneiden. Die Butter in einem kleinen Topf klären – nicht zu heiß werden lassen, damit es keine Nussbutter gibt. Das Gemüse getrennt in der geklärten Butter abschwenken, dabei salzen und mit der Prise weißem Pfeffer würzen.

3

Algen
- 30 g getrocknete Wakamealgen

Die Algen etwas zerzupfen und in Wasser einweichen. Anschließend abgießen, gut abtropfen lassen und das Einweichwasser aufbewahren.

4

Anrichten
- Blütenpollen
- 1 g Lecithin
- Fleur de Sel
- 1 Prise grob zerkleinerte Fichtennadeln

Das Getier aus den Schalen lösen und das Bienenwachs aufbrechen. Getier abtupfen und auf die vier Teller verteilen. Das Gemüse und die Wakamealgen darum herum verteilen. Nur das Gemüse und die Algen mit den Pollen bestreuen. 100 ml des Einweichwassers der Algen und das Lecithin mit dem Stabmixer zu einer badeschaumartigen Konsistenz mixen. Fisch und Jakobsmuschel mit Fleur de Sel bestreuen. Wildscheiben mit den grob zerkleinerten Fichtennadeln und ebenfalls etwas Fleur de Sel bestreuen. Je 1 TL Wakameschaum zwischen Fisch und Jakobsmuscheln platzieren.

Die Jakobsmuscheln und das andere Getier müssen vollständig mit dem heißen Wachs bedeckt sein.

Sie brauchen außerdem

3 passende Schalen für das Getier. Es muss hineinpassen und komplett mit dem Bienenwachs zu bedecken sein.

Nº 9

Durch die Paste aus Sardellen, Tomaten und Zwiebeln gesellt sich eine gehörige Portion Umami dazu.

Feine Späne von Poutargue bringen noch mehr Flavour.

Die musigen Bohnen werden mit den platzenden Forelleneiern zum sensorischen Spektakel.

Platzende Träume
Foodpairing mit Forellenrogen

Kaviar und andere Fischeier bestechen vor allem durch ihre Konsistenz: Sie platzen im Mund zwischen Zunge und Gaumen, wodurch sich sinnliche Geschmäcker und die typischen Aromen ergießen. Mit einem Plopp ein einfach einzigartiges Mundgefühl.

Echter Kaviar – da schwingt immer ein gewisser Hauch von Dekadenz mit. Dennoch kommt Fischeiern eine ganz besondere Würzfunktion zu. Überraschenderweise spricht aber einiges gegen echten Kaviar: nicht nur sein sündhafter Preis, sondern auch sein geringer Durchmesser.

So darf sich nur der Rogen vom Stör nennen!

Die rosafarbenen bis roten Forelleneier sind deutlich günstiger und können auf einem Teller dezent zum Einsatz gebracht werden. Zudem haben sie einen größeren Durchmesser als Kaviar und daher kulinarisch sogar einen deutlich ausgeprägten Texturreiz. Das geschmackvolle Platzen, zusammen mit einem Glas bestem trockenen Winzersekt – der Forellenrogen stellt hier schon den halben Aperitif.

Abgesehen von ihrer Exklusivität zeichnen sich Kaviar und andere Fischeier durch ihre außergewöhnliche Textur aus. Glatte Oberflächen, taktile Empfindungen, die Geschmacksrichtungen salzig, bitter, umami und sehr charakteristische Aromen, die hauptsächlich ihren Ursprung in den Fischfetten haben, tragen stark zum Alleinstellungsmerkmal des Kaviars bei. Das besondere Geschmackserlebnis muss aber herausgekitzelt werden: Erst, wenn die Fischeier zwischen Zunge und Gaumen zerdrückt werden, platzen sie auf und geben ihren flüssigen Inhalt, ein Gemisch aus Wasser, Proteinen und darin emulgierten Fetttröpfchen, frei. Geschmack und Aroma ergießen sich dann genussvoll im Mund. Kaviar und andere Fischeier fördern damit jede Menge kulinarische Sensationen zutage.

Das Aroma von Fischeier ist sehr außergewöhnlich. Das Aroma und die Geruchsattribute von Forelleneiern haben wir mit seinen Geruchsattributen mal aufgezeichnet. Wie man dort sieht, deckt Rogen einen schmalen, aber deutlich dominanten Teil des wichtigsten Aromaspektrums ab. Kein Wunder also, dass er vielfältig kombinierbar ist! Forellenkaviar dient auch als „multisensorisches Gewürz" in warmen Gerichten: Zum einen liefert er Umamigeschmack, wegen der Konservierung kommt der Salzgeschmack hinzu. Außerdem besitzt er tolle fettabgeleitete Aromen und wirkt wegen des Platzens sogar als spannender „Texturauslöser", quasi als taktiles Gewürz.

Dafür einmal umblättern bitte!

Die herausragende Eigenschaft des Rogens liegt aber in seiner Textur. Dazu wurden in einem Laborexperiment Forelleneier zerdrückt und die dabei auftretenden Kräfte gemessen. Drückt man also einen Happen Kaviar im Mund zwischen Zunge und Gaumen zusammen, offenbart sich ein Kräftespiel. Zunächst werden die Kügelchen einfach gegeneinander verschoben, bis dann das ein oder andere bereits platzt. Schon dann beginnt die erste Freigabe der Aromen. Ist der Spalt zwischen Zunge und Gaumen nur noch so schmal, dass alle Eier nebeneinanderliegen, dann passiert's: Die Rogen platzen auf. Das Platzgewitter im Mund hat seinen Höhepunkt erreicht. Dies steht dann auch noch im wundersamen Kontrast zur Textur der Bohnen, die sich eher als ein weiches, plastisches Zerdrücken beschreiben lässt.

Nach der Theorie des Foodpairings bzw. -completings fügt sich das alles sehr gut zusammen. In der oberen grünen, grasigen Gruppe gibt es ohnehin triviale Paarungen, da diese Aromatypen in allen Lebensmitteln vorkommen. Nicht trival ist die Paarung in den Schwefelgruppen und der würzigen Abteilung über tonkabohnenartige Phenylpropanoide seitens des Wodkas und würzig-aromatischen Karamellaromen über aromatische Aminosäuren des Kaviars. Allerdings ist Wodka stark trigeminal, er brennt auf der Zunge wegen seines hohen Alkoholgehalts. Selbstverständlich bleibt russischer Wodka außen vor. Viel zu aggressiv und unfein auf der Zunge. Dann lieber hochwertige Wodka skandinavischen Ursprungs. Franzosen greifen zu Schampus. Dieser prickelt trigeminal und taktil, hat weniger Alkohol und schöne weinige Terpene. Tatsächlich ist leicht gekühlter Sake aber die beste, wunderbare wie extravagante Begleitung zu diesem Teller, selbst die einfachen weißen Bohnen passen sich freudig dem Getränk an.

Wodka gehört zu Kaviar wie eine Maß Bier zur Weißwurst. Exzellente Wodkas kommen aus Polen, Dänemark oder Finnland!

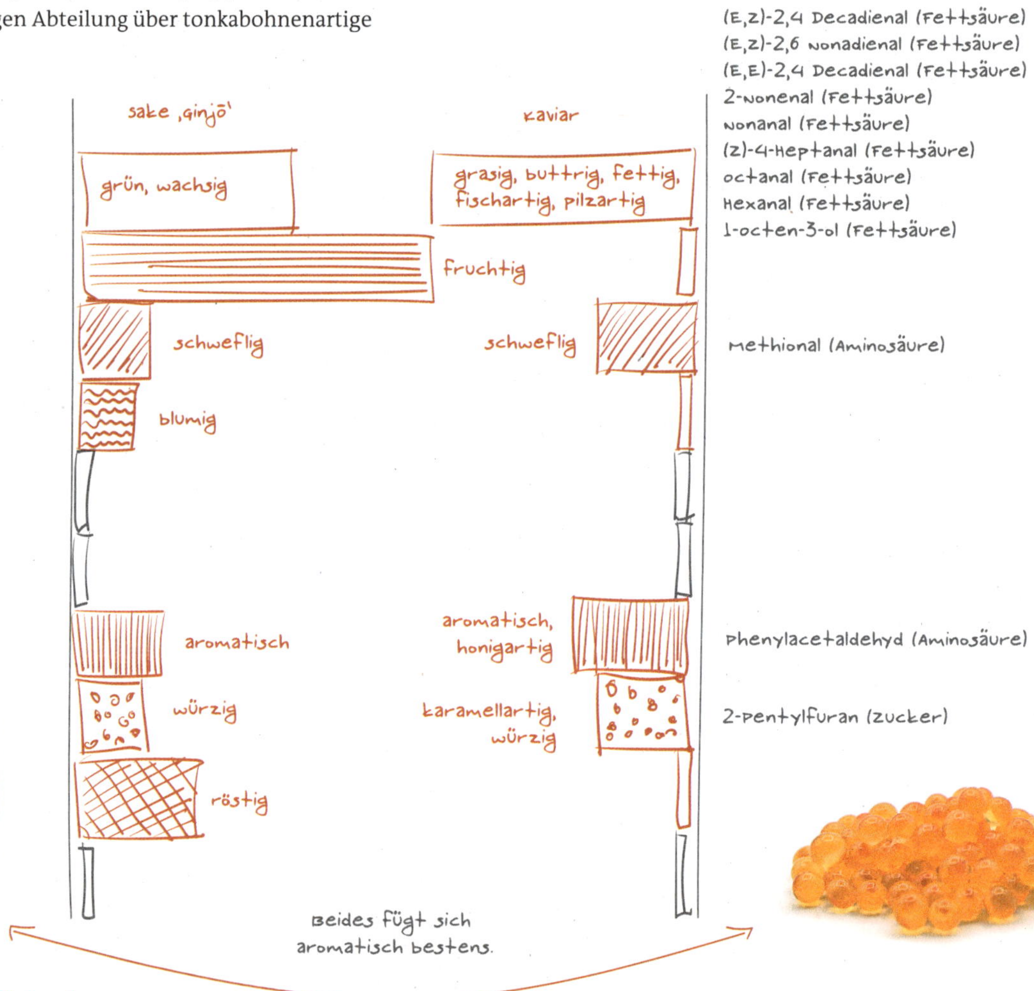

Versnobte Bohnen an Lachsforelle

4 3 3

1

Bohnen

800 g	frische weiße Bohnen, alternativ 400 g getrocknete weiße Bohnen
	Salz
200 ml	Fischfond
2 EL	Olivenöl

Die frischen Bohnen aus den Schalen lösen. In einem großen Topf in gesalzenem Wasser etwa 15 Minuten bissfest garen. Wenn getrocknete Bohnen verwendet werden, diese über Nacht in reichlich Wasser einweichen. Am nächsten Tag nach Packungsanleitung weichgaren. In einem Schnellkochtopf dauert das weniger als 30 Minuten. Fischfond und Olivenöl in einen kleinen Topf geben und bei mittlerer bis starker Hitze auf etwa ⅓ reduzieren. Die gegarten Bohnen in der Reduktion schwenken und warmhalten.

2

Lachsforelle

1	Lachsforelle (aus heimischer Zucht)
	Öl oder Fett zum Braten
	Rauchsalz

Die Forelle parieren, also Kopf und Flossen entfernen, und ausnehmen. Dazu den Bauch mit einem scharfen Messer von hinten nach vorne aufschlitzen und die Innereien entfernen. Die Haut dranlassen. Den Fisch filetieren. (Aus Kopf, Gräten und Flossen einen Fond ziehen.) Öl oder Fett in einer Pfanne erhitzen und den Fisch auf der Hautseite unter starker Hitze anbraten. Fisch nicht wenden, sondern die Hitze reduzieren und nach oben steigen lassen, dann die Oberseite mit Rauchsalz bestreuen.

3

Umamicreme

1	kleine Zwiebel
100 g	Sardellen (aus dem Glas oder der Dose)
2 TL	selbst gemachtes Tomatencoulis oder 1 TL Tomatenmark
1 TL	Paprikamark
20 g	Umeboshibirne (japanisches Lebensmittelgeschäft)

Die Zwiebel ungeschält in reichlich Wasser in einem kleinen Topf 15–20 Minuten sehr weich kochen. Dann herausnehmen, die Schale entfernen und mit den anderen Zutaten mit einem leistungsstarken Stabmixer sehr fein pürieren. Die Paste soll fest, aber pastös sein. Die Paste durch ein Sieb streichen und in eine feine Spritze oder ein Dosierfläschchen geben.

4

Anrichten

4 EL	Forelleneier/-rogen
10 g	Poutargue (Effekt Nr. 3)

Die Forelleneier zu den Bohnen geben, damit vermischen und auf vorgewärmten Tellern anrichten. Den Fisch mit der Hautseite nach oben dazulegen. Die Bohnen mit etwas frisch geriebener Poutargue bestreuen. Die Umamicreme in feinen Tupfen auf der Fischhaut sowie sporadisch auf dem Tellerrand verteilen.

← Das Aroma vieler Fischeier ist außergewöhnlich und deckt (für Freunde des Aromabuchs) einen schmalen, aber deutlichen dominanten Teil des wichtigsten Aromaspektrums ab. Kein Wunder also, dass er vielfältig kombinierbar ist.

Nº 10

Beste Öle aus Oliven, Haselnuss oder Kürbiskern schmeicheln dem Käse.

Mit Distellab bekommt der Frischkäse eine ganz besondere, süßliche Note.

Mit richtig gutem Sauerteigbrot: ein Genuss mit dem Frischkäse!

Dicklegen mit einer Distelblüte
Vegetarischer Frischkäse

Die Milch wird mit einem Enzym aus der Artischockenblüte dickgelegt. Verblüffend einfach und hier in der simpelsten Form als aromatisch eingelegter Frischkäse.

Käse herstellen ist ziemlich leicht und sollte sich jeder zutrauen. Der erste Schritt bei der üblichen Käseherstellung ist die Versetzung von Milch mit Kälberlab. Dabei separiert sich die Molke vom Casein, die Milch legt sich dick, es entsteht der Käsebruch. Diese sogenannte Fällung gelingt aber ebenso mit „Pflanzenlab“. In unserem Fall werden ähnliche Enzyme aus der Artischockenblüte gewonnen. Auch Labkraut und sogar Waldmeister eignen sich für die Dicklegung der Milch mit pflanzlichen Enzymen.

Für Fortgeschrittene: Ab hier kann man mit der Käseherstellung gerne weitermachen. Käse etwa mit Asche und getrockneten Kräutern veredeln oder mit anderen Methoden reifen Hartkäse produzieren.

Der entstehende Käse kann direkt als Frischkäse verzehrt werden. Aufmerksam gemacht auf diese Methode hatte mich der ehemalige Schweizer Spitzenkoch Markus Arnold des Berner Restaurants Meridiano. Aber was nach Avantgarde klingen mag, ist in Spanien wahrscheinlich schon über 1000 Jahre, seit dem Mittelalter, bekannt: Die Milch für den spanischen Schafskäse Torta del Casar wird ausschließlich mit Enzymen der Wilddistel dickgelegt.

Milch besteht aus Wasser, den darin gelösten Molkenproteinen sowie Fett und dem sogenannten Casein. Dieses setzt sich wiederum aus mehreren Komponenten zusammen und bündelt sich in sogenannten Mizellen. Um die Milch nun dicklegen zu können, muss man das stabile Verhältnis mehrerer konkurrierender Strukturen aufbrechen, etwa die physikalische Unverträglichkeit von Fett und Wasser, die über ein ausgeklügeltes molekulares Zusammen-

Das Protein k-Casein besteht aus über 200 Aminosäuren. Enzyme (die Schere), darunter Chymosin aus Kälberlab, trennen den hydrophilen Teil ab. Schon stoßen sich die Mizellen nicht mehr ab, aus Milch wird Käse.

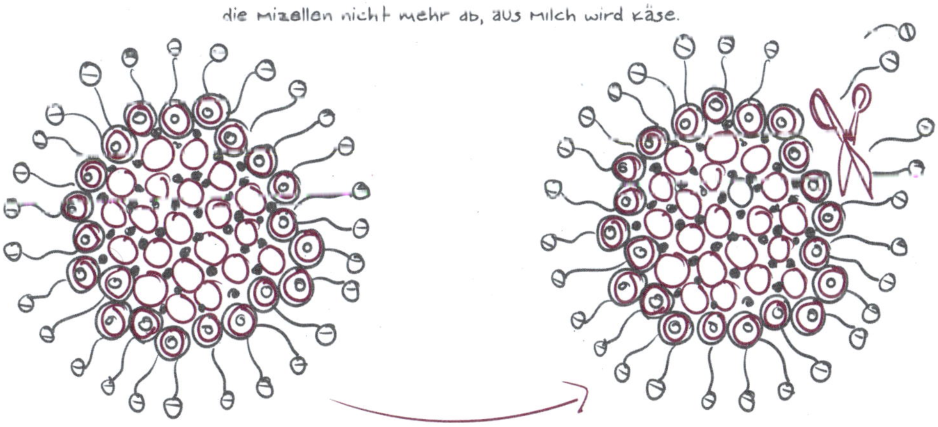

spiel auf der Nanoskala geregelt wird. Kuh und Co liefern hochwirksame Stabilisierungsmechanismen für die Milch mit, sodass alle Komponenten fein säuberlich voneinander getrennt sind. Wie gut diese Trennung funktioniert, lässt sich in der Küche erkennen: Selbst Kochen bringt die Milch nicht zum Dicklegen, lediglich ein paar der Molkenproteine bilden etwas Milchhaut, wenn sie thermisch denaturieren, und für das Gewinnen von Butter muss der Rahm geschlagen werden, bis sich Fett und wasserlösliche Bestandteile trennen. Die Molkenproteine lösen sich als Globule im Wasser der Milch, während für das Casein wiederum Tricks notwendig sind. α-, β- und γ-Casein enthalten viele der essenziellen Fettsäuren, die in den meisten Fällen nicht wasserlöslich sind und daher speziell verpackt werden müssen, damit sie überhaupt im Wasser stabil löslich bleiben. Daher betreiben Milchdrüsen ein faszinierendes molekulares Management zum Zusammenbau der Caseinmizellen: Die Caseinmizellen bestehen aus Caseinsubmizellen, die über Calciumbrücken bzw. kolloidales Calciumphosphat zusammengehalten werden. In den rot dargestellten Submizellen verpacken sich das eher hydrophob ausgeprägte α-, β- und γ-Casein. Die äußere Schicht der Mizellen besteht vorwiegend aus κ-Casein (lila), dessen hydrophiler (wasserliebender) Teil des Moleküls in die Molke ragt. Diese hydrophilen Härchen, die jede Caseinmizelle umgeben, sind sogar noch elektrisch schwach negativ geladen, denn dort befinden sich mehr elektrisch negativ geladene Aminosäuren (Glutamin- und Asparaginsäure) als positiv geladene (Arginin, Histidin, Lysin). Genau deswegen können Caseinmizellen nicht zusammenklumpen: Erstens stehen sich die Härchen im Weg (sterische Stabilisierung in der Fachsprache), zweitens stoßen sich die negativen Ladungen stark ab (elektrostatische Stabilisierung).

Man muss kein Physiker sein, das funktioniert am Ende von ganz allein! Ein routinierter Angeber weiß stets, welche Arbeit er an die Moleküle seines Vertrauens delegieren kann.

Will man die Milch zum Käsebruch dicklegen, gibt es genau zwei Möglichkeiten: Erstens: Man schaltet die negativen Ladungen ab (siehe Effekt Nr. 20). Oder zweitens: Die Mizellen bestellen den „Friseur", der ihnen die Härchen abrasiert. Genau hier kommen die Enzyme ins Spiel. Dabei ist es physikalisch einerlei, ob sie von Kälberlab, Labkraut oder Distelblüten stammen. Sie schneiden κ-Casein ab, die Härchen und somit die Abstoßung fehlen, die schutzlosen Caseinmizellen beginnen, sich anzuhäufen, und bilden den Käsebruch, der nun als süßlicher Frischkäse auf den Tellern landet.

Ein super spannender Prozess und ein radikales Makeover für die Mizellen.

Der rein mit Distellab erzeugte Käsebruch überzeugt durch seine leichte Süße, die von der eingelagerten Laktose stammt. Alles Weitere hängt davon ab, was damit gemacht wird. Wird der Käsebruch frisch verarbeitet, kann von Kräuteranreicherung bis hin zu einer Quarksphäre alles damit angestellt werden. In diesem Rezept wird er zum Frischkäse veredelt und anschließend in einer Salzlake eingelegt. Er besticht dann zwar immer noch mit seiner Frische, zeigt aber dezente Reifenoten und einen feinen Salzgeschmack.

Reifer Distelkäse mit besten Ölen

4 | 3 | 4

1

Käse im Glas

- 2 l pasteurisierte Milch
- 1 Bio-Distelblüte oder Bio-Artischockenblüte (vom Markt, Feld oder aus dem Garten)
- 1 TL grobes Salz als Mahlhilfe

Die Milch in einen Topf gießen und auf dem Herd auf 32 °C erwärmen. Dann in den auf 35 °C gewärmten Backofen stellen (für diese Temperatur reicht es in der Regel, das Backofenlicht einzuschalten). Von der Distel- oder Artischockenblüte etwa ⅓ abschneiden und zusammen mit dem groben Salz mörsern. Das Pulver in einen Teebeutel geben, diesen mit einem Faden zubinden und in die Milch hängen. Die Milch 2–4 Stunden dicklegen. Dieser Vorgang geschieht ohne weiteres Zutun von selbst. Wenn die Milch dick geworden ist, den Teebeutel aus der Milch nehmen. Den Käsebruch mit einer Gabel sanft an der Oberfläche durcharbeiten und damit in Stücke teilen. Käsebruch durch ein Käsetuch seihen und so von der Molke trennen, die Molke dabei in einer Schüssel auffangen. Den gewonnenen Käse sehr gut abtropfen lassen und immer wieder im Käsetuch auspressen. Dann Stücke entnehmen und diese so vorformen, dass sie später in die Gläser passen.

2

Salzlake

- Salz

Eine 18 %ige Salzlake herstellen (Verhältnis 1 l Wasser zu 220 g Salz). In einem Topf bei starker Hitze aufkochen, Topf vom Herd nehmen, vollständig abkühlen lassen, die Käsestücke hineingeben und darin mindestens 10, besser 18 Stunden einlegen. Dann die Käsestücke wieder herausnehmen, gut mit Küchenpapier abtupfen und an der Luft weiter abtrocknen lassen, bis sie kein Wasser mehr verlieren. Die Gläser im Backofen bei 120 °C Ober-/Unterhitze 20 Minuten sterilisieren. Die Käsestücke mit Gummihandschuhen in die Gläser drücken, Gläser schließen und im Profivakuumierer vollvakuumieren. Im Kühlschrank mindestens 1 Woche reifen lassen.

3

Anrichten

- diverse Öle (Oliven-, Kürbiskern-, Haselnuss- oder Walnussöl – je nach Lust und Vorlieben)
- bestes Sauerteigbrot
- 1 Flasche Jurawein (Savagnin)

Beim Käsegang die Öle bereitstellen. Den Käse aus den Gläsern holen und den Gästen mit den Ölen, dem Brot und dem auf 10–12 °C gekühlten Savagnin servieren.

Sie brauchen außerdem

- 1 Käsetuch
- Profivakuumiergerät
- Gläser mit Schraubdeckelverschluss
- Gummihandschuhe

Nº 11

Der Zwiebelschaum:
eine Reminiszenz an den
Klassiker Zwiebelrostbraten.

Die Pommes Soufflés sind zwar eine
Herausforderung, hat man die Technik
aber raus, bekommt man eine klassische
Kartoffelbeilage auf Sterneniveau.

Winzig kleine Geschmackspunkte, aber mit
der Pilzcreme aus Champignons, Shiitake und
Morcheln unfassbar viel umami.

Das Beste aus beiden Welten
Update für traditionelle Klassiker

Es gibt Rezepte, die sind aus der klassischen Kochkultur nicht wegzudenken. Da wäre etwa der Zwiebelrostbraten: Roastbeef mit dickem Fettrand, reichlich mit Zwiebeln belegt und Bratkartoffeln, daneben die Halbe Fassbier. Solche „grobschlächtige" Gerichte lassen sich wunderbar verfeinern, ohne dass der taditionelle Geschmack leidet.

Optik und Textur werden hochgradig verfeinert, ohne den ursprünglichen Geschmack zu vernachlässigen: Aus Roastbeef wird feines Dry Aged Rip Eye, aus Zwiebeln ein Schaum, aus Bratkartoffeln werden Pommes Soufflés.

Die knusprigen Pommes Soufflés ersetzen die Bratkartoffeln. Sie haben in der französischen Hochküche schon seit Jahrhunderten einen hohen Stellenwert und werden bis heute in der Sterneküche, etwa bei Joachim Wissler, serviert. Kontrastiert wird diese historische Methode über die modernen Schäume. Pommes Soufflés sind eine Herausforderung, denn durch das Frittieren sollen sich die Kartoffelscheiben wie Kissen aufblasen und dabei vollkommen knusprig werden.

Das Dry Aged Rip Eye wird bis auf die Salzflocken nicht gewürzt. Der über die Reifung erzeugte Umamigeschmack ist bereits so einzigartig, dass die Röstung an der Oberfläche ausreicht, um den Flavour vollständig zum Ausdruck zu bringen.

und wenn dann noch die Butter im Mund schmilzt! Ein Traum! Denn dann wird deren Flavour freigegeben, während das Umami von Sauce und Fleisch sofort auf der Zunge landet.

In der Sauce sorgen Milchproteine aus Milchpulver für köstliche Röstaromen, die Fleisch kaum liefert, die sich aber bestens zu dem Traubenkernmehlpulver für die Flavourbildung fügen. Die Pilzpunkte sind kleine Umamibömbchen, die auf den ersten Blick unsinnig erscheinen, denn Fleisch und Sauce sind bereits umamistark. Doch sie kommen mit den Knusperkartoffeln, also dann, wenn weder Fleisch noch Sauce gekostet wird, und sind pastös.

Erstaunlich ist der Zwiebelschaum mit seiner Intensität, der tatsächlich an Röstzwiebeln erinnert, auch wenn er sich im Mund taktil nach einem „Nichts" anfühlt. Dafür sorgt ebenfalls der Essig, denn die Säure lässt die wenige Flüssigkeit in den Wasserstegen zwischen den Bläschen kräftiger wirken. Derartige Tricks werden oft unterschätzt. Die Flüssigkeiten, aus denen Schäume produziert werden, müssen ordentlich aufgemotzt, fast schon überwürzt werden.

Der Schaum besteht aus vielen Luftbläschen, darin sind die Aromen gefangen, sowie wenig Wasser, ergo weniger Geschmack.

Das Aufblähen der Kartoffelscheiben, das klassische „Puffing", beruht auf dem Verdampfen des Wassers in den Kartoffelzellen. Außen gart die Kartoffelscheibe bereits an der Oberfläche, dort verdampft das Wasser zuerst und entweicht. Im Inneren verdampft es nach und nach. Dort sammelt es sich, dehnt sich unter der steigenden Temperatur aus und bläht die Kartoffel auf – wenn es gut geht, denn oft sind die Kartoffeln von der Wasserverteilung heterogen und es bilden sich nur jene chipsartigen Bläschen. Daher das Zusammenkleben, denn es gibt den Riss und seine Richtung vor. Wasser- und Wasserdampf entweichen an den Enden zuerst, dort bilden sich heiße Zonen. Dabei wird auch der Klebstoff heiß und klebt die beiden Scheiben an den Rändern zuerst fest zusammen. Der Wasserdampf sammelt sich im Zentrum, dort ist der Klebstoff noch nicht wirksam, außen sind die Scheiben zu hart, und schon bläht der sich ausdehnende Wasserdampf die Kartoffel auf. Entlang der vorgegebenen Richtung breitet sich der Riss mit hoher Wahrscheinlichkeit aus, die Pommes sind bestens soufﬂiert.

Zwiebelrostbraten: Die Details machen das Konzert

1

Rip Eye-„Rostbraten“

320–400 g	Dry aged Rip Eye
	Pyramidensalz

Das Fleisch in exakte kleine Quader mit 4–5 cm Kantenlänge schneiden. Den Ofen auf 80 °C vorheizen. Das Fleisch ohne Fett auf einer sehr heißen gusseisernen Pfanne auf allen Seiten kurz und kräftig anbraten. Im Ofen noch etwa 1 Stunde 40 Minuten nachgaren lassen.

2

Pommes Soufflés

4	große (vorwiegend festkochende) Kartoffeln
1	Eiklar
1 TL	Kartoffelstärke
50 ml	Wasser
1 l	Frittieröl

Die Kartoffeln schälen, aber nicht waschen. Mit einer Mandoline in 1,5 mm dicke Scheiben hobeln, sodass daraus noch mit einem kreisförmigen Ausstecher Scheiben herausgestochen werden können. Die Kartoffelscheiben auf der Arbeitsplatte auslegen. Das Eiklar mit einer Gabel leicht verquirlen. Die Kartoffelstärke klumpenfrei in dem Wasser verrühren, gut mit dem Eiklar verrühren und die Kartoffelscheiben damit bestreichen. Anschließend jeweils zwei Kartoffelscheiben zusammenkleben und mit dem Ausstecher kreisrunde Doppelscheiben ausstechen. Das Frittieröl auf 180 °C erhitzen und jeweils nur wenige Kartoffelscheiben pro Frittiergang frittieren. Dabei gut umrühren, bis die Scheiben aufgeblasen sind und leichte Bräunungen zeigen. Auf Küchenpapier abtropfen lassen.

3

Sauce

20 g	Knollensellerie
30 g	Möhre
300 g	Schalotten
80 g	Räucherspeck
500 g	Fleischabschnitte, Häute und Knochen
	Rapsöl zum Braten
30 g	Shiitakepilzpulver
20 g	Steinpilzpulver
20 g	Milchpulver
10 g	Traubenkernmehl
200 ml	tanninarmer, junger Rotwein
300 ml	dunkler Kalbsfond
etwa 100 g	Butter

Die Gemüse putzen und in Brunoise schneiden. Den Speck ebenfalls in kleine Würfel schneiden. Das Fleisch und die Knochen auf allen Seiten in einem Bräter mit dem Rapsöl langsam anrösten, bis es eine dunkle Bräunung aufweist, dann herausnehmen. Gemüse und Speck in den Bräter geben und ebenfalls anrösten. Anschließend alle Pulver zugeben, leicht anrösten und mit Rotwein nach und nach ablöschen. Den Wein zwischendurch immer wieder verdampfen lassen, bis er nahezu aufgebraucht ist. Mit dem Fond auffüllen und bei 100 °C im Backofen 4 Stunden garen. Den Fond dann passieren und bereitstellen. Den Saucenansatz kurz vor dem Servieren reduzieren, bis er sehr dicklich ist, eventuell noch leicht salzen und mit der Butter montieren.

4

Pilzcreme

5	Champignons
5	Shiitakepilze
3	Morcheln
100 ml	Fond
1 EL	Misopaste
	Salz, frisch gemahlener schwarzer Pfeffer
2–3 EL	Butter

Pilze gründlich putzen und klein schneiden. In einem kleinen Topf mit dem Fond und der Misopaste bei mittlerer Hitze sehr weich kochen. Salzen, pfeffern und mit einem guten Stabmixer sehr fein pürieren. Abkühlen lassen und dann die Butter unterrühren. Es sollte eine pastöse, dunkle Masse ergeben. In einen Spritzbeutel geben und kühl stellen.

5

Röstzwiebelschaum

2	gelbe Zwiebeln
1 EL	Butter zum Anbraten
300 ml	heller Fond
1–2 EL	klarer Apfelessig
100 g	vollfette Sahne
50 g	Butter zum Montieren
	Salz, etwas weißer Pfeffer

Die Zwiebeln schälen, fein würfeln und in der Butter in einem Topf hell anrösten. Mit dem Fond ablöschen und bei schwacher Hitze garen, bis die Zwiebeln sehr weich sind. Zuerst den Essig, dann die Sahne unterrühren. Die Sauce durch ein Sieb passieren und in einen etwas breiteren Saucentopf geben. Die Butter in den passierten Fond rühren und einmal mit einem Stabmixer durchmixen. Mit Salz und Pfeffer abschmecken. Vor dem Anrichten den Zwiebelschaum bei schräg gehaltenem Saucenpfännchen zu einem lockeren Schaum schlagen.

6

Anrichten
Mikrokräuter

Sie brauchen außerdem
Mandoline (präziser Gemüsehobel)
Ausstecher (oder Dessertring) mit etwa 3 cm Durchmesser

Das Fleisch abtupfen und nicht ganz in der Mitte der Teller anrichten. Etwas Pyramidensalz darübergeben und 3–4 Pommes Soufflés danebensetzen. Etwas von der Sauce sehr eng um das Fleisch legen, sie darf nicht in der Gegend herumfließen. Den Zwiebelschaum halb über das Fleisch geben. Auf je eine Pommes Soufflés mit der Pilzcreme einen Punkt setzen, ein paar auf dem Teller verteilen und noch ein Mikrokräutchen anlehnen.

Nº 12

Toller Name, tolle Optik – mehr geht nicht auf den Desserttellern von Angebern.
Die dunkle Schokolade bringt süß-säuerliche Gegenpunkte zum süßen Zuckercrunch.

Luftige Hochstapelei
Millefeuille mit krachenden Gelblättern

Hauchdünne Blätter aus gelierten und getrockneten Zuckerplatten mit Schokoladentropfen: So entsteht eine süße, luftige und leichte Version eines Schokoladen-Millefeuille.

Ein Dessert aus Zuckerkruste und Schokolade? Ein Traum – wenn da nicht das schlechte Gewissen wegen der hohen Kalorienzahl wäre. Aber Rettung naht! Hier wird eine luftig-leichte Version vorgestellt: Aus Zucker werden rechteckige Blätter übereinandergeschichtet zu einem Millefeuille (= tausend Blatt). Schokoladentupfer agieren als Stützpunkte.

Dieses Rezept ist ein Paradestück der einfachen Avantgardeküche. Es verwendet Techniken, die relativ simpel sind, aber erst im Zuge der Molekularküche in dieser Kombination möglich wurden: gelieren, trocknen, neu arrangieren. Es hat den Vorteil, dass es wirklich luftig leicht ist, aber sehr effektvoll daherkommt. Das Rezept lehnt sich an Stéphane Bureaux an, einen französischen Food-Designer.

Diese minimalistische Konstruktion zeigt, was mit einfachen Zutaten und simplen Techniken möglich ist, wenn die Regeln der Physik und Chemie eingehalten werden. Zuckersirup wird mit Agar-Agar aufgekocht, auf Backmatten ausgegossen, zu „Papier" getrocknet, geschnitten und geschichtet. Die weitgehende Trocknung ist wichtig, sonst bleibt die Gelplatte zu elastisch und würde sehr unschön durchhängen. Die Trocknung beschreibt physikalisch einen „Glasübergang", denn die Gelplatten wechseln von einer elastischen in eine extrem brüchige Textur. Daher ist beim Umgang und Schichten mit den Zucker-Agar-Platten äußerste Vorsicht geboten. Auch beim Aufbringen der Schokostützpunkte ist ein hohes Maß an Feinmotorik gefragt.

Hier heißt es: vorsicht! Die Platten sind fragil und brechen leicht.

Das Dessert lebt vor allem durch die Optik und die leichte Brüchigkeit. Und das, was im Mund passiert, ist sensationell. Das Wasser des Speichels hydriert die Plättchen zügig, die Elastizität des Agars wird wieder spürbar, während die Wahrnehmung der Süße des Zuckers stark verzögert wird und es dadurch nicht einfach nur „banal süß" erscheint. Beim Essen der Ecken dominiert die bittere Schokolade mit ihrem Schmelz und erzeugt so einen wunderbaren Kontrast zur Süße. Aufmerksame Oralprozessierer spüren im Mund die Konkurrenz zwischen den geligen Agarnetzwerkchen und den schmelzenden Fetten. Simpel, aber spannend.

Bei dem Rezept fällt auf, dass zunächst ein Zuckersirup mit den Angaben in Gramm (Gewicht) hergestellt wird, der dann mit einem bestimmten Volumen aufgefüllt wird. Dies hat durchaus physikalische Gründe, denn es gibt immer einen Unterschied zu Gewichts- und Volumenangaben. So ergeben etwa 50 ml Wasser und 50 ml Ethanol zusammengeschüttet nicht etwa 100 ml. Der Grund ist auf der molekularen Ebene zu suchen, denn Moleküle haben unterschiedliche chemische Strukturen und treten mit unterschiedlichen Eigenschaften in

Von den Angaben im Rezept nicht verwirren lassen.

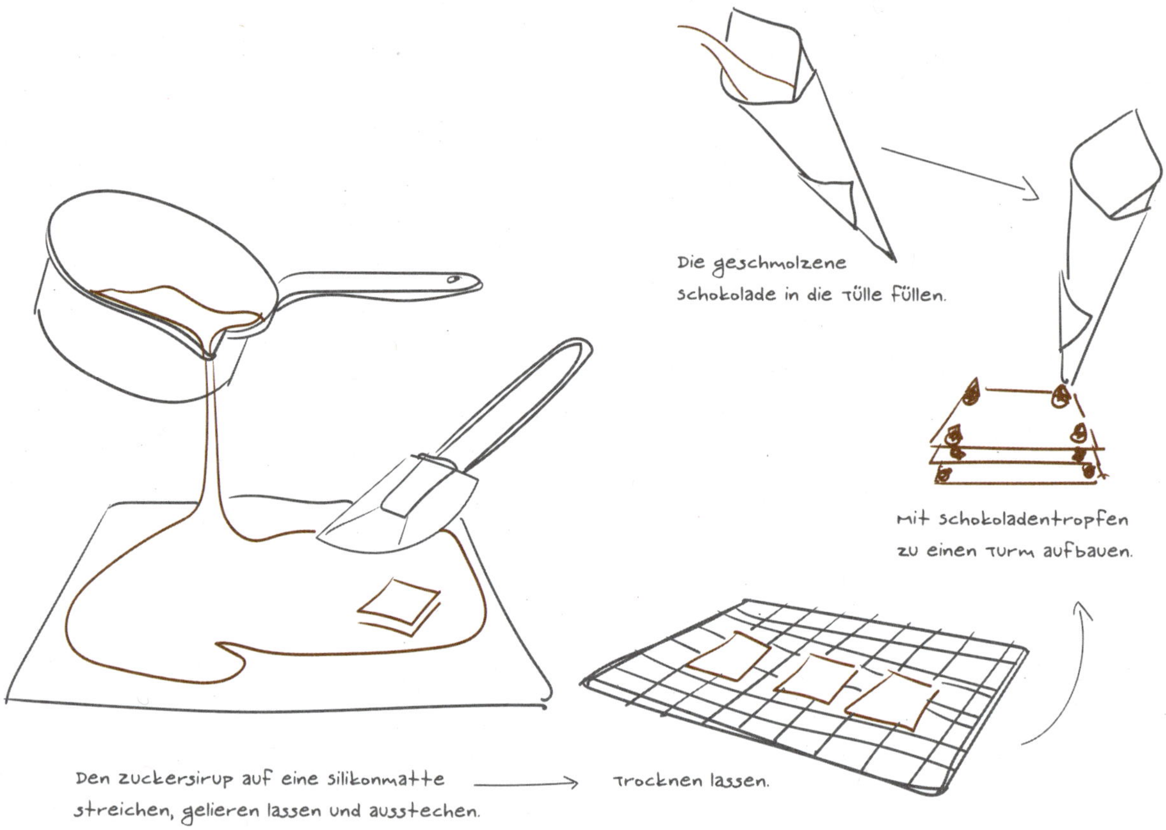

Wechselwirkung. Ihre Abstände zueinander müssen gemäß dieser Regeln angepasst werden, also verändert sich die Dichte und damit das Volumen in der Mischung. Ähnlich verhält es sich mit Zucker und Wasser. Puderzucker besteht, wie Haushaltszucker, aus Saccharose, einem Disaccharid aus Glucose und Fructose. Beide Bestandteile strecken eine beachtliche Anzahl an polaren Hydroxylgruppen (OH) nach außen, die allesamt nach ebenfalls polaren Wassermolekülen gieren.

Jetzt kommt das Agar-Agar ins Spiel. Denn auch dieses giert nach Wasser. Agarose, die gelierenden Moleküle in Agar-Agar, sind nämlich lange Molekülketten, die Wasser brauchen, um überhaupt gelieren zu können. Reißen diese Molekülketten erst einmal viele Wassermoleküle an sich, bleibt dem Zucker weniger. Er löst sich nicht vollständig und könnte in kleinen Kriställchen kristallisieren. Dann knirscht es im Mund.

never forget the molecules, the real music in life.

Daher muss erst der Zucker mit Wasser perfekt zu einem Sirup gebunden werden, bevor Agar-Agar zugegeben wird. Aber es muss eine genau ausgewogene Menge an Wasser sein, das zum einen das Gleichgewicht des Sirups nicht stört und zum anderen das Agar perfekt gelieren lässt. Bei zu wenig Wasser würde Agar vielen Zuckermolekülen „ihr“ Wasser entreißen, ein Zuviel davon würde die Gelierung erschweren. Also muss das Wasservolumen dem Agar-Agar exakt angepasst werden. Schwierig? Schon, aber so ist das eben nun mal. Der Rest kommt über das Trocknen. Also langsam und gemächlich, nur dann werden die Gelplatten fragil glasig.

Obwohl diese Minimalkonstruktion schon freudige Gefühle auslöst, kann sie noch getoppt werden. Einfach den Zuckersirup mit Zimt, Vanille, Tonkabohne oder Liebstöckel herstellen und vor dem Aufkochen mit dem Agar durch ein feines Sieb passieren. Höchst effektvoll!

Leichtes Schoko-Millefeuille

4 5 5

1

Blätter

40 ml Wasser plus mehr zum Auffüllen
30 g Puderzucker
2,8 g Agar-Agar

Das Wasser und den Puderzucker zusammen in einem kleinen Topf verrühren. Unter Rühren bei starker Hitze aufkochen. Dann die Hitze reduzieren und die Flüssigkeit zu einem Sirup einkochen. Diesen Sirup abwiegen und wieder so viel Wasser zugeben, dass die Flüssigkeit 140 g wiegt. Das Agar-Agar in diese Präparation rühren und aufkochen lassen, bis die Flüssigkeit homogen ist. Das Agar-Agar sollte sich komplett aufgelöst haben. Den Sirup auf eine ganz waagerecht liegende Silikon-Backmatte gießen, dünn ausstreichen und bei Zimmertemperatur gelieren lassen. Anschließend in gleich große Rechtecke schneiden oder mit einem Dessertförmchen ausstechen. Die Rechtecke in einem Dehydrator bei 65 °C 30–40 Minuten trocknen, bis sie eine papierartige Konsistenz haben.

2

Schokoladenpunkte

Wasser für das Wasserbad
100 g Schokolade (70 % Kakaogehalt)

Die Schokolade über einem Wasserbad schmelzen. Sie sollte nicht zu flüssig werden und die Temperatur nicht zu hoch sein (36–38 °C). Schokolade in eine Spritztülle füllen.

3

Anrichten

Die Rechtecke aufeinanderschichten. Dafür an jeder der vier Ecken je einen Schokopunkt mit einer Spritze (Durchmesser 5 mm) als Abstandhalter setzen, dann das nächste Rechteck aufsetzen, wieder vier Schokopunkte aufsetzen usw., bis alle Rechtecke verbraucht sind.

Sie brauchen außerdem

glatte Silikon
Backmatte
Dessertförmchen
Spritztülle
Dehydrator

Nº 13

Die nicht feste, aber auch nicht flüssige Konsistenz des Puddings mag erst einmal irritieren. Aber lassen Sie sich unbedingt darauf ein.

Die Chaisahne ergänzt den Teller mit warm-zimtigen und Honigaromen.

Warme, frittierte Teigbällchen – lecker buttrig.

Geschmeidiger geht es kaum
Eine Puddingspeise wie Samt und Seide

Aus heißer, frischer Milch, einem Stück Ingwer und etwas Zucker lässt sich durch Nichtstun ein stichfester Pudding mit seidiger, mundfüllender Konsistenz zaubern.

Dieses Dessert hat in der chinesischen Kochkultur eine sehr lange Tradition und ist dort tatsächlich ein alter Hut. Vor allem in der chinesischen Provinz Guangdong (um Hongkong) zählt es zum Küchenstandard. Der Pudding gehört zu den klassischen kantonesischen Nachspeisen aus dem südlichen Teil Chinas. Die Konsistenz erinnert ein wenig an Seidentofu, ist aber noch sehr viel feiner und seidiger. Überlieferungen nach wurde diese Süßspeise in der Stadt Shawan in Panyu erfunden, einer Stadt, „in der Milch und Honig fließen".

Das Originalrezept verwendet übrigens die Milch von Wasserbüffeln, die einen hohen Protein- und Fettanteil aufweist.

Das proteinspaltende Enzymgemisch aus dem frischen Ingwer, das sogenannte Zingibain, destabilisiert und geliert die Milch in weniger als 30 Minuten. Dazu wird frischer Ingwer gerieben, dessen Saft in Portionsförmchen verteilt und sofort mit 70 °C heißer, nach Geschmack gezuckerter Milch übergossen. Auf 100 ml Milch sollten 4 bis 10 ml Ingwersaft verwendet werden, dann „geliert" die Milch während des Abkühlens zu einem weichen Festkörper. Der Ingwersaft muss zwingend frisch sein, denn das Enzymgemisch oxidiert leicht an der Luft, wobei die Enzyme inaktiviert werden und die Gelierung dann nicht mehr gelingt.

Wie Milch stockt und was hinter diesem Prozess steckt, haben wir ganz ausführlich in Effekt Nr. 10 gezeigt. In diesem Rezept verändert das im Ingwersaft enthaltenen Enzymgemisch Zingibain die Situation grundlegend. Es trennt die uns bekannten hydrophilen Bürsten von den Caseinmizellen ab, wie das auch beim Labenzym, bei Distellab und Labkraut der Fall ist. Die Oberflächendichte der Bürstenmoleküle nimmt nach und nach ab, in Folge wird die Abstoßung zwischen den Mizellen kleiner, sie häufen sich an und es entstehen große, locker gebundene Caseincluster. Auf diese

Hier kommen gleich zwei Friseurinnen: zwei Enzyme schneiden den Caseinmizellen das Kappa-Casein ab, und schon wird die Ingwermilch zum (sehr) weichen Festkörper.

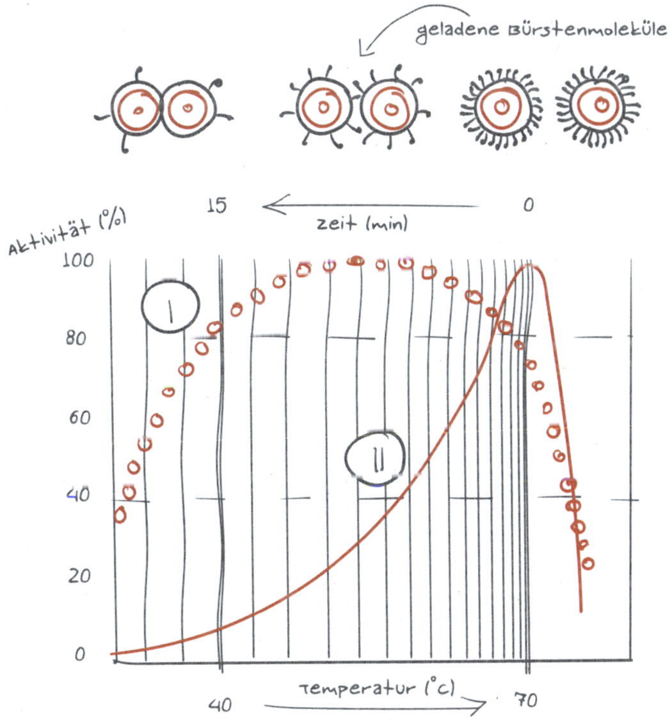

Weise wird die Milch dickgelegt. Dabei hilft der breite Temperaturwirkungsbereich.

Auf der Abbildung ist zu sehen, dass zwei Enzyme (I und II) beim Ingwerpudding in unterschiedlichen Temperaturbereichen zusammenwirken. Enzym I (gestrichelte Linie) zeigt ein breites Maximum und eine hohe Aktivität zwischen 40 und 70 °C, während Enzym II (gepunktete Linie) seine höchste Aktivität zwischen 65 und 70 °C entfaltet. Während des Abkühlens der 70 °C heißen Milch wird dieser Temperaturbereich langsam durchquert. Dank des Zusammenwirkens der beiden verschiedenen Proteasen wird daher aus Milch zügig Pudding. Oben sind die Caseinmizellen gezeigt. Bei noch hohen Temperaturen (70 °C) sind die Mizellen noch intakt, sie haben viele abstoßende Haare. Nach und nach rasieren die Enyzme die Haare ab, bis es beim Abkühlen (30 °C) nur noch wenige sind. Die Caseine aggregieren und bilden ein loses Netzwerk aus Aggregaten. Der Pudding ist ein weicher Festkörper.

Na, die kennen wir doch! Einfach bei Effekt Nr. 10 auf Seite 52 nachlesen.

Die Vorgänge sind spannend zu beobachten, das Dessert lässt sich somit vor den Augen der Gäste am Tisch zubereiten. Ingwerpudding (auch Ingwermilch genannt) taucht tief in die Biophysik der Enzyme ein.

Der chinesische Pudding lebt von seiner weichen Gelartigkeit. Es fühlt sich tatsächlich ein wenig wie ein flüssiges Gel an, weder fest noch flüssig. Die Süße, die Milcharomen, der Hauch des Ingwers wirkten sehr exotisch und für unsere Zungen eher ungewohnt. Aber es ist einfach genial.

soft matter at it's best!

Unserem Rezept geben wir zusätzlich zum Originalrezept noch einen (von Hongkong aus gesehen) südwestlichen Twist mit: Die Gulab Jamun und die Kardamom-Zimt-Darjeeling-Aromen in der Chaisahne erweitern das Gericht zu einem indischen Puddingtraum.

Indischer Puddingtraum

4 2 3

1

Ingwerpudding

30 ml	Ingwersaft (aus ca. 100 g Ingwer)
600 ml	fettreiche Milch (z. B. von Jersey-Kühen, oder, wenn möglich, von der Boufflonne)
60 g	Zucker
1 Prise	Salz

Zunächst den Ingwersaft herstellen. Dafür den Ingwer reiben und den Saft auffangen oder den Ingwer in einer Saftpresse auspressen. Es sollten 30 ml Ingwersaft entstehen. Den frischen Ingwersaft auf Dessertschälchen verteilen. Milch, Zucker und Salz in einen Topf geben und auf 70 °C erhitzen. Die heiße Milch in die Schälchen gießen, damit sich Milch und Ingwersaft gut vermischen. Die Schälchen 15–20 Minuten stehen lassen, ohne sie zu bewegen.

2

Gulab Jamun (frittierte Teigbällchen)

20 g	Butter
40 g	Weizenmehl (Type 405)
150 g	Vollmilchpulver
10 g	Backpulver
1	Ei
20 ml	Milch
200 g	Butterschmalz (geklärte Butter, Ghee)

Die Butter in einen kleinen Topf geben und bei geringer Hitze unter Rühren zerlassen. Mehl, Vollmilchpulver und Backpulver in einer Schüssel vermischen. Das Ei verquirlen und zusammen mit der zerlassenen Butter und der Milch zu dem Mehl zugeben. Die Masse zu einem weichen, glatten Teig verrühren. Den Teig in etwa 12 kleine Portionen teilen und daraus kleine Bällchen formen. Das Butterschmalz in einem Topf auf 160 °C erhitzen und die Bällchen darin portionsweise unter ständigem Wenden goldbraun frittieren. Auf Küchenpapier abtropfen lassen.

3

Rosensirup

500 ml	Wasser
250 g	Zucker
5 g	Kardamomsamen
40 ml	Rosenwasser

Wasser und Zucker zusammen in einem Topf aufkochen und etwa 10 Minuten bei mittlerer bis starker Hitze sirupartig einkochen lassen. Die Kardamomsamen zum Sirup geben und etwa1 Stunde aromatisieren lassen. Dann durch ein feines Sieb abseihen und das Rosenwasser unterziehen.

4

Chaisahne

10 g	Ingwer
½	Tonkabohne
200 ml	Wasser
100 ml	Vollmilch
4	Kardamomsamen
2 cm	Ceylon-Zimt
2 EL	Darjeeling-Tee
1 EL	Honig
30 g	Pro Espuma

Ingwer schälen und vierteln, Tonkabohne reiben. Wasser, Milch, Kardamom, Zimt, Ingwer und Tonkabohne in einem kleinen Topf zum Köcheln bringen. Die Hitze reduzieren, den Darjeeling hinzugeben und 10 Minuten bei schwacher Hitze stehen lassen, nicht mehr kochen. Den Chai durch ein feines Sieb in eine Tasse geben, mit Honig abschmecken und abkühlen lassen. Pro Espuma mit dem Schneebesen klumpenfrei einrühren und in einen Sahnesiphon geben. Mit einer Stickstoffpatrone beladen und über Nacht im Kühlschrank lassen.

5

Anrichten

Silberfolie

Die frittierten Gulab Jamun etwa 15 Minuten im Sirup ziehen lassen. Den Ingwerpudding in die Mitte eines großen Tellers geben und die Gulab Jamun herumlegen. Chaisahne auf den Tellern verteilen. Die Gulab Jamun mit Silberfolie verzieren.

Nº 14

Dip 1: Rauchiges Aroma von süß-herbem Paprikapulver und vollreifen Tomaten.

Dip 2: Coole Farbe und ein Hauch fischiges Meeresaroma.

Dip 3: Gründuftende Schärfe durch den japanischen Wasser-Meerrettich.

Perfekt panieren
Knuspermantelkracher aus Garnelenchips

Asiatische Läden sind unverzichtbar für exzellente Zutaten, an die sonst kaum heranzukommen ist. Sicher, im Netz gibt es alles, aber das Herumstöbern im Laden lohnt allemal. So entdeckt man etwa hervorragende, knusprig-krachende Garnelenchips, aus denen sich luftige, soufflierte Garnelen herstellen lassen. Begleitet von köstlichen Dips ist das ein amüsanter Start in ein Menü. Gelingt garantiert auch Einsteigern.

Grundlage dieser Idee ist das japanische Paniermehl Panko, das aus gröberen und sehr stark getrockneten (aber nicht gerösteten) Weißbrotstücken besteht. Die Allzweckwaffe Panko steht für viele Köche auf dem Plan, wenn es um widerstandsfähige Knusperhüllen geht. Wird noch eine leichte Süße gewünscht, etwa bei Gerichten mit Huhn, greift der eine oder die andere schon mal in die Cornflakesschachtel. Auch Kartoffel- oder Reischips ergeben gute Knusperhüllen. Konsequenterweise also auch Schrimps- und Garnelenchips.

Wichtig ist vor allem die Qualität der Chips. Sie müssen gut trocken sein, sodass sie während der Präparation und auch zu Beginn des Frittierens kein Wasser aus den Garnelen oder dem Eischnee ziehen können. Dann bleibt es knusprig und die Bläschen des Eischnees können sich problemlos unter der Hitze aufblasen. Dies führt dann zu dem erwünschten krachenden Knuspern, aber auch zu der Luftigkeit des Mantels um die Garnele.

Frittiertes Knusperzeug: so soll es sein!

Es ist schon cool, wenn die Zähne auf den luftigen Knuspermantel treffen, diesen brechen und dann auf die weichen, gerade angegarten Garnelen stoßen. Dabei zeigt sich, wie die Aromaverstärkung wirkt: Der Eigengeschmack und das Aroma der Garnelen wird durch den Garnelenchipknuspermantel perfekt verstärkt. Die Dips müssen nicht so gewählt werden, es sind lediglich Vorschläge, die auch ein Farbenspiel ermöglichen. Die Tinte kann natürlich durch Lebensmittelkohle ersetzt werden, dann wäre aber eine weitere Würzung notwendig, denn die Tinte bringt durchaus ansprechende Aromen in den Dip ein.

Der Trocknungsgrad der Chips und des daraus gemixten Pulvers ist ein wichtiger Punkt, denn je trockener sie sind, desto weniger Wasser kann aufgenommen werden. Dies erscheint logisch, denn Wasser fungiert in Lebensmitteln auch als Weichmacher. Wassermoleküle stemmen sich zwischen Kohlenhydrate und Proteine und sorgen für mehr Abstand. Mehr Abstand bedeutet aber auch mehr Bewegung. Mehr Bewegung bedeutet, noch mehr Wassermoleküle können in die temporären Lücken springen.

Ganz wie bei den Fans eines Rockkonzerts. Stehen sie dicht an dicht, geht nichts, höchstens eine kollektive Laolawelle.

Wenn aber beim Präparieren und beim Frittieren kein Wasser von den Chips auf-

und wieder wie beim Konzert: Alle stehen eng zusammen, kein Platz. Bei größerem Abstand und mehr Bewegung haben weitere Fans Platz!

genommen werden kann, ist das ein Vorteil für das Mundgefühl – auch während der Erwärmung der schaumigen Panierung, denn Schaum leitet Wärme schlecht, er isoliert. Gleichzeitig steigt die Temperatur aber von Raumtemperatur nach und nach auf 100 °C und darüber. Eiweiß-Wasser-Moleküle und die Proteine in den Chipstrümmern bewegen sich schneller, folglich könnten die Chips weiter Wasser dem Schaum entziehen, wären sie nicht so trocken! Also bleibt das Wasser im Schaum, die Bläschen vergrößern sich unter Wärmeausdehnung, werden größer, das Cystein der Eiweiße im Schaum vernetzt zu festen Schwefelbrücken, und schon umschließt eine luftig, knusperige, feste, schaumige Panierung die Garnelen.

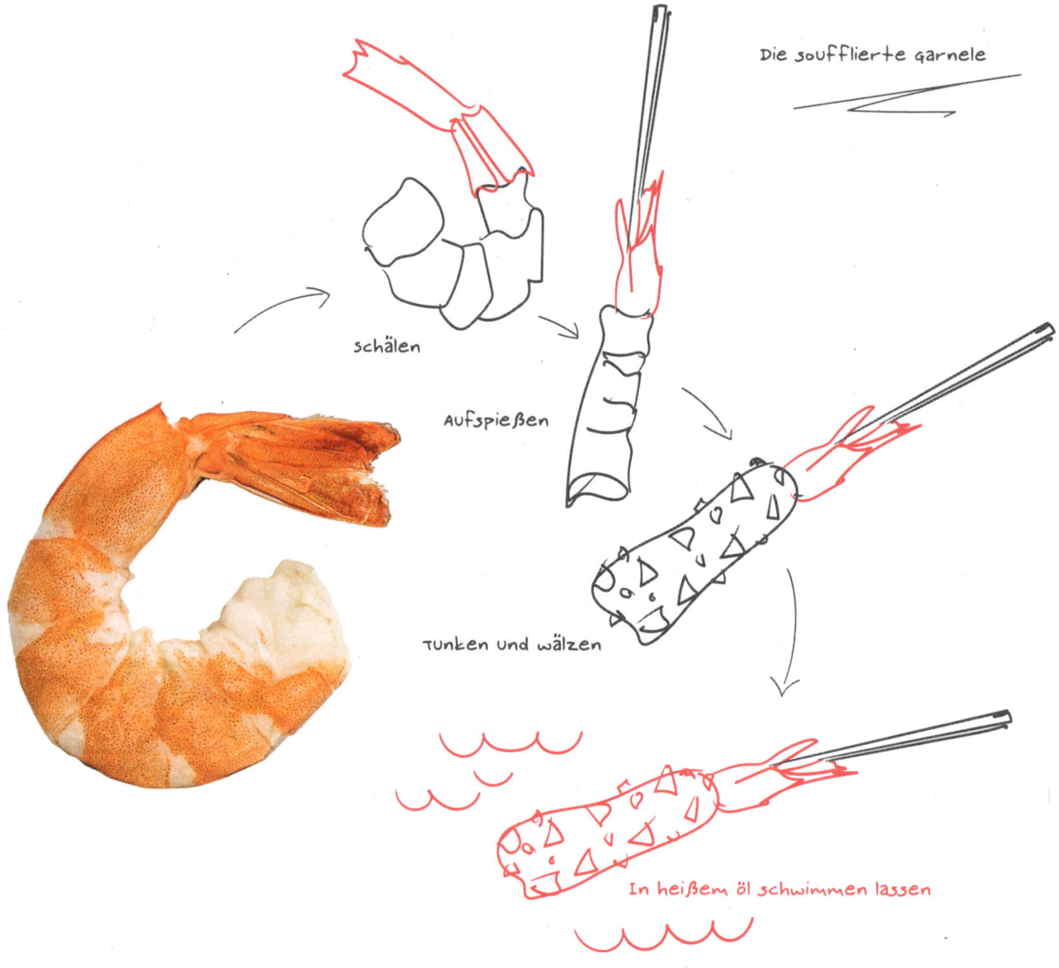

Soufflierte Garnelen und dreierlei Dip

1

Garnelen

	Öl zum Frittieren
6	frische Garnelen (aus heimischer Bio-Zucht)
1 Pck.	asiatische Garnelenchips
2 EL	Albumin (Hühnereiweißpulver)
6–9 EL	Wasser für das Albumin (Manegenangabe)
	Salz
	frisch gemahlener schwarzer Pfeffer

Das Frittieröl auf 170 °C erhitzen. Die Garnelen aus der Schale brechen und den Darm entfernen. Garnelen kurz abspülen und quer in der Mitte teilen. Jedes Stück der Länge nach auf einen Holzspieß stecken.
Die Chips im Mixer zerkleinern. Es müssen sichtbare Trümmer übrig bleiben, also kein feines Pulver. Albumin mit Wasser, Salz und etwas Pfeffer zu einem steifen Eischnee schlagen. Die Garnelen mehrmals durch den Eischnee ziehen, dann in den gemahlenen Chips wälzen. Nach und nach in dem heißen Öl frittieren, ohne dass sie stark bräunen. Auf Küchenpapier abtropfen lassen.

2

Dreierlei Dips

240 g	Joghurt
2 EL	fruchtiges grünes Olivenöl
½ TL	Bouillabaissesalz
1 EL	Wasabipulver
1 EL	Tomatenpulver
1 TL	Pimentòn de la Vera
1 EL	Tintenfischtinte (gute Fischhändler, Gourmetfachhandel)

Joghurt, Olivenöl und Bouillabaissesalz vermischen und zu gleichen Teilen in drei Schälchen geben. Einen Teil mit Wasabipulver vermischen, einen Teil mit Tomatenpulver und Paprikapulver, den dritten Teil mit Tintenfischtinte.

3

Anrichten

Auf einem langen, flachen Teller mit einem Teelöffel je einen Klecks der Dips setzen und ausstreichen. Drei Garnelenspieße in Richtung der Dips anlehnen.

Sie brauchen außerdem

Holzspieße

№ 15

Gedämpftes Brot begleitet
das aromaintensive Gulasch.

Die Fermentationsaromen der Molke
dringen tief ins Fleisch und bringen
ungewöhnliche Geschmacksnoten.

Retroküche deluxe
Die Mehlschwitze als Flavourfabrik

Die Geschmacksintensivierung in Richtung umami ist eines der Hauptziele jedes Kochs. Gezielte Geschmacksverstärker sind daher hochwillkommen – besonders, wenn man das Umamiziel und das begleitende Aromaspektrum praktisch „von Hand" steuern kann.

Zu Unrecht wurde die Mehlschwitze von Wolfram Siebeck, dem großen Analysten der Deutschen Kochkultur, systematisch als schlechtes Beispiel der plumpen Küche verbannt. Denn was Siebeck nicht berücksichtigte, sind ihre unbestrittenen Vorzüge: die wohldefinierte Aromabildung und die dabei entstehende Geschmacksintensivierung, die der „plumpen" Grundlage Weizenmehl zugrunde liegt. Der Effekt hebt diesen verborgenen Schatz und rehabilitiert die Mehlschwitze als Flavourfabrik.

Plump? Im gegenteil! Mehlschwitze bringt ganz viel Flavour.

Wird Mehl in Butter angeschwitzt, lassen sich nach kurzer Zeit sehr intensive und für die Zutaten typische Gerüche erkennen, erst fettig, wachsig, dann karamellartig, dann röstig und brotkrustenartig. Nach längerer Zeit des Anschwitzens unter Umrühren und Temperaturkontrolle zeigt sich eine zunehmende Bräunung. Nach dem Ablöschen und einer längeren Kochzeit macht sich in der entstandenen Flüssigkeit ein deutlicher Umamigeschmack breit, der mit weiterer Kochzeit zunimmt. Das Ergebnis ist jetzt zwar noch keine Sauce, aber ein Geschmacksverstärker, denn aus dem Gluten des Mehls entsteht Geschmack. Die Proteine Gliadin und Glutenin, aus denen sich das Gluten zusammensetzt, spalten sich teilweise auf und zerbrechen beim Anschwitzen und Kochen in Bruchstücke, die Peptide. Proteine hydrolisieren partiell zu Peptiden, dabei werden einzelne Aminosäuren frei – darunter auch die Glutaminsäure – die wie manche andere Peptide auch – stark umami schmeckt (Glutamat).

Freie Aminosäuren reagieren wiederum mit der Glucose aus der Stärke zu sogenannten Maillardprodukten, die für den charakteristischen Geruch der Mehlschwitze verantwortlich sind. Schlicht und ergreifend ist die Mehlschwitze ein Beispiel für die Aroma- und Geschmacksproduktion. So lassen sich „Aromen" in der eigenen Küche produzieren.

Mehlschwitzen sind zwar aus Mehl. Ist die verdickende Wirkung von Weizenmehlen und deren Stärke aber nicht gewünscht, dann eignen sich stärkearme oder stärkefreie, aber proteinreiche Pulver weitaus besser – heißt dann nicht mehr Mehlschwitze sondern Pulverschwitze.

Jede Pulverschwitze funktioniert wie die gute alte Mehlschwitze. Warum also nicht stärkeärmere Pulver wie Milchpulver oder Bananenmehl, warum nicht geschmacklich passendes Proteinpulver für die Flavourbildung verwenden? Der einfachste Versuch ist das Anrösten und Köcheln von reinem Gluten, geschmacksverstärkend ist der Ein-

Wie wär's zum Beispiel mit Kichererbsenmehl? Der Flavour der gerösteten Hülsenfrüchte fügt einen ganzen Aromastrauß hinzu.

satz von Milchpulver. Variationen an Fett- oder Ölsorten lassen eine ganze Reihe an Flavoursteuerung zu. Fette wie Butter (Nordique Cuisine), Margarine (vegane Küche), Olivenöl (mediterran), Mohnöl (aus dem österreichischen Waldviertel), Arganöl (aus den Magreb-Staaten), Kokosöl (aus der südindischen Küche) heiß werden lassen und Pulver (Mehl oder Pulver aus Joghurt, Milch, Shiitakepilzen, Früchten etc.) darin anschwitzen. Nach und nach mit der passenden Flüssigkeit ablöschen.

Dabei wird eines klar: Jedes Fett oder Öl trägt individuell, je nach Anzahl der ungesättigten Fettsäuren, über die hitzeunterstützte beschleunigte Fettoxidation zum Aroma bei. Den Löwenanteil macht das Pulver: Fruchtpulver liefern karamellige Furane, Proteinpulver „verbrannt riechende" Aminosäurenderivate oder Mehle mit Stärke und Protein Maillard-Produkte. Die Steuerung der Aromen ist also fast grenzenlos.

Milchpulver besteht aus Molkenproteinen und Caseinen sowie Fett. Die Flavourbildung lässt sich noch genauer vorhersagen, wenn, wie hier, reines Molkenpulver verwendet wird. Der Grund für die mögliche Flavourvorhersage verbirgt sich in dem hohen Anteil an der Aminosäure Leucin, die ganz besonders intensive Geruchsstoffe bildet. Auch das verwendete Joghurtpulver zeigt mit deutlichen Fermentationsnoten in diese Richtung. Die damit ins Gericht gebrachte Milchsäurenote macht diese Präparation für geschmorte Gerichte durchaus ungewöhnlich. Der Vorteil, Joghurtpulver statt normalen Joghurt zu verwenden, liegt auf der Hand: Joghurt flockt beim Schmoren aus, eine intensive Flavourbildung ist daher nicht möglich.

Fermentiertes riecht zu streng? Nicht rumjammern, Angebernasen halten so was locker aus!

Mit diesen Ideen lassen sich selbst die einfachsten Gerichte ordentlich aufpeppen, wie an einem scheinbar einfachen Gulasch gleich demonstriert wird.

Gulasch – powered by powders

1

Molkensauce

je 2 TL Joghurtpulver, Zwiebelpulver, Möhrenpulver
1 TL Liebstöckelpulver
30 g Shiitakepulver oder -würfel
750 ml Molke

Joghurt-, Zwiebel-, Möhren-, Liebstöckel- und Shiitakepulver bzw. -würfel mit einigen Esslöffeln der Molke in einer Pfanne unter Rühren erhitzen. Das Pulver sollte komplett benetzt sein. Nach Bedarf weitere Molke dazugeben. 100 ml Molkensauce beiseitestellen (siehe Schritt 3). Die restliche Molke wird für das Fleisch benötigt.

2

Fleisch

1 kg Rindfleisch
Butterschmalz zum Braten
Salz
1 EL Molkepulver
500 ml Rinderbrühe

Das Rindfleisch in grobe Stücke schneiden und in einer ofenfesten Pfanne auf allen Seiten im Butterschmalz anbraten, bis es eine leicht braune Farbe annimmt. Dann herausnehmen, leicht salzen und beiseitestellen. Anschließend das Molkepulver unter Rühren in die Flüssigkeit geben und regelmäßig umrühren. Mit der Molkensauce und der restlichen Molke ablöschen und mit Rinderbrühe auffüllen.

3

Sauce

100 ml Molkensauce
½ Stück Handkäse
20 g getrocknete Rinderleber (siehe Effekt Nr. 10)
1 EL Butter
1 EL gemahlene Mandeln
½ TL gemahlener Kardamom
½ TL getrockneter Thymian
1 Prise gemahlene Vanille
½ TL Erdnusspulver
1 Prise frisch gemahlener weißer Pfeffer
Salz

Die Molkensauce in eine Pfanne geben. Den Handkäse kleinschneiden und zusammen mit der getrockneten Leber und so viel Butter in die Molkensauce rühren, bis die Sauce in einer Emulsion bindet. Die gemahlenen Mandeln in einer Pfanne ohne Fett rösten, bis sie zu duften beginnen. Zusammen mit Kardamom, Thymian, Vanille, Erdnusspulver und Pfeffer ebenfalls in die Sauce geben, verrühren, das Fleisch wieder in die Pfanne legen und salzen.

4

Mit Rauch aromatisieren

1 Tropfen Flüssigrauch
einige frische Thymianblättchen

Das Fleisch mit der Sauce im auf 100 °C vorgeheizten Ofen 4 Stunden garen, dann im Ofen über Nacht auskühlen lassen. Am nächsten Tag das Fleisch herausnehmen, die Flüssigkeit durch ein Sieb passieren und in der Pfanne bei mittlerer bis starker Hitze zu einer sämigen Konsistenz reduzieren. Die Sauce mit 1 Tropfen Flüssigrauch und frischem Thymian in der Pfanne schwenken, danach nochmals passieren.

5

Gedämpftes Brot

1 ganzes Toastbrot (beim Bäcker vorbestellen)

Für das gedämpfte Brot aus dem ganzen Toastbrot 12 gleich große Quader (ohne Rinde) schneiden. (Den Rest toasten, trocknen und als Toastbrotpulver für weitere Gerichte als Gewürz oder Saucenverdicker verwenden.) Die Quader der Länge nach auf kleine Grillspieße stecken und vorsichtig in einem Kombi- oder Bambusdämpfer oder in einem großen Topf mit Dämpfeinsatz dämpfen.

6

Anrichten

Sie brauchen außerdem
Kombi- oder Bambusdämpfer oder einen großen Topf mit Dämpfeinsatz
Grillspieße

Durch das schlichte Anrichten wirkt die Aromaintensität umso überraschender: Fleischstücke eng im Zentrum der Teller anrichten und die sehr dicke Sauce vorsichtig angießen. Je 2–3 Brotspieße auf den Rand der Teller legen.

Nº 16

In diesem Sahneschaum treffen sich Europa und Japan zu einem Umamigipfel.
Das Fischfilet ist auf der Hautseite knusprig, aber auf der anderen Seite perfekt saftig gegart.
Fermentierte Salzzitronen bringen würzig, süß-säuerliche, vollmundige und salzige Noten.

Interkultureller Trick 17
Dashi – aber bitte mit Sahne

Japanisches Dashi ist das, was bei uns der Fleischbrühe am nächsten kommt. Es strotzt vor umami und muss, im Gegensatz zur Brühe, nicht stundenlang gekocht werden. Etwas dieses würzigen „Wassers" gibt einen ganz besonders runden und vollmundigen Geschmack.

Die Kombualge ist der zentrale Baustein für diesen Effekt. Auf ihren wahren Wert und ihre Bedeutung für Dashis hat der deutsch-japanische Sternekoch Tohru Nakamura mehrfach hingewiesen.

Dashi ist tief in der japanischen Esskultur verankert und lässt sich leicht selbst herstellen: Geben Sie eine getrocknete Kombualge aus dem japanischen Feinkosthandel in klares Wasser, das keinesfalls eine Temperatur von mehr als 50 °C haben darf, und warten Sie eine Nacht. Nehmen Sie die Alge anschließend heraus und geben Sie etwas Katsuobushi (jap. 鰹節 Bonitoflocken) dazu, um die Brühe zu aromatisieren. Nach einer Stunde filtern Sie diese Brühe, erwärmen sie und gießen sie in Schälchen.

Die Kombualge liefert Glutamat, Salz (inklusive Jod) sowie einen Hauch von Meeresaromen. Die mehrfach fermentierten, getrockneten und geräucherten Bonitoflocken steuern den Geschmacksverstärker und weitere Aromen bei.

Es gibt nicht die eine richtige Kombualge. Die Auswahl wird zu einer Kennerfrage.

Tatsächlich spielt bei Kombualgen die Herkunft eine große Rolle. Denn geringe Unterschiede in der Wassertemperatur, die Wasserzusammensetzung und das Klima entlang der japanischen Küste sind nur einige der verschiedenen Aspekten, die Geschmack und Aroma des Seetangs beeinflussen. Kein Wunder also, wenn Seetang aus der Bretagne oder von deutschen Nordseeküsten andere Dashis ergibt als Kombu aus Japan. Und nicht nur das, denn die Art der Trocknung, die Temperaturverläufe und selbst die Jahrgänge spielen eine Rolle.

Kombualgen haben unter japanischen Köchen einen ähnlichen Stellenwert wie die besten Jahrgänge von Weinen für unsere Sommeliers. Folglich lagern japanische Köche viele verschiedene Kombualgen im Keller, die nur bei ganz bestimmten Dashis zum Einsatz kommen.

Erstklassiger Seetang wird im kalten Meereswasser gewonnen, das die Insel Hokkaido und das nördliche Honshu umgibt. In den Tiefen des Meeres absorbieren die Algen Nährstoffe und werden bei stürmischem Wetter an Land gespült. Ihre Ernte unterliegt strengen Schutzvorschriften mit festgelegten Zeiten. Nach dem Trocknen auf dem Strandsand werden die Algen wieder und wieder zusammengefaltet und zu kleinen Paketen in Verkaufsgröße geschrumpft. Diese reifen bis zur Verwendung bis zu fünf Jahre nach! Der Vergleich mit Wein ist daher gar nicht so verkehrt.

Auch bei den Bonitoflocken gibt es riesige Unterschiede, die sensorisch wahrgenommen werden können. Bonito wird sowohl getrocknet als auch geräuchert, womit die-

Bonito gehört zu den gefährdeten Fischarten, man sollte also unbedingt auf nachhaltig produzierte Flocken achten.

ganz am Rande*:

was Holzrauch alles an Aromen zu bieten hat! Auch das zeigt, warum der süßlich duftende Rauch so gut zu Desserts passt.

Aromastoffe aus Cellulose und Hemicellulose

Ethanal, Ameisensäure, Formaldehyd, Maltol, Furan, Butyrolactone

stechend säuerlich, fruchtig, beißend, karamellartig, süßlich, röstig, aromatisch, nussig, erdig

Aromastoffe aus Lignin

Kresole, Vanillin, Guajacol, Syringol, 4-Methylguajacol, Isoeugenol, Phenylpropanoid, Naphtalin

teerartig, aromatisch, rauchig, vanilleartig süßlich, röstig, kaffeeartig, würzig, holzartig, erdig, torfartig, nelkenartig

*was bei den Bonitoflocken funktioniert, funktioniert auch beim geräucherten Gemüse aus Effekt Nr. 17.

ser über Jahre haltbar gemacht wird. Durch einmonatiges Räuchern und anschließende Lagerung in einem feuchten Raum, wo er mit dem Kojipilz geimpft und fermentiert wird, setzt er langsam Edelschimmel an. Proteine werden gespalten, Fette verändert, die Geschmacks- und Aromabildung beginnt ähnlich wie bei schimmelveredeltem Käse. Beim Durchtrocknen unter freiem Himmel unter starker Sonneneinstrahlung trocknet die Sonne nicht nur den Fisch, sondern inaktiviert auch die Kojisporen an der Oberfläche. Zurück in der feuchten Kammer kämpfen sich die Pilze aus den tieferen Gewebeschichten an die Oberfläche. Das Verfahren wird mindestens viermal wiederholt, wodurch der Bonito nach und nach veredelt wird. Erst dann kann er in diese feinen Flocken gehobelt werden.

Die Idee für einen besonderen Umamieffekt ist die Dashisahne – die als schlichte Sauce zu Fischgerichten dient. Und genau das funktioniert nur mit „Instantdashi" und seiner hohen Geschmacksdichte. Es mag eigentümlich klingen, wenn hier getrocknetes Dashi verwendet wird, ist aber sinnvoll: Jedes eigens hergestellte klassische Dashi wäre zu flüssig und würde die Sahne verdünnen. Das würde nicht nur die Schaumbildung, sondern auch die Geschmacksdichte stören. In diesem Rezept spielt die Sahne eine zentrale Rolle. Zum einen bedient der hohe Fettgehalt der geschmacksdichten Sauce ein sehr angenehmes Mundgefühl, zum anderen kann die Sauce vor dem Servieren zu einem luftigen Schaum aufgeschlagen werden. Auch diese lockere Textur bestimmt das Mundgefühl erheblich.

Der überaus starke Umamigeschmack des Dashi stammt aus dem Zusammenspiel mehrerer geschmacklich relevanter Komponenten. Zunächst liefert die Kombualge relativ viel freie Glutaminsäure. Wird Bonito geschlachtet, dann entsteht nach und nach ein Phosphat namens Inosinmonophosphat. Treffen Inosinmonophosphat und Glutaminsäure gemeinsam auf den Umamirezeptor, verstärkt sich der Umamigeschmack um ein Vielfaches. Die Bonitoflocken liefern also das Inosinmonophosphat. Doch damit noch nicht genug, denn die Fermentation des Bonitos mit dem Kojipilz arbeitet gleich mehrfach in Richtung umami. Die proteinspaltenden Enzyme der Pilzsporen zerlegen während der Fermentationszeiten manches Fischprotein. Dabei entstehen zum einen wieder freies Glutamat, zum anderen aber auch Bruchstücke. Diese Peptide sind zwischen zwei und zwölf Aminosäuren lang und somit klein genug, um für die Geschmacksrezeptoren zugänglich zu sein. Eine ganze Reihe dieser tierischen Proteine schmecken intensiv umami.

Dashi gehört, neben Sojasaucen und Misopasten, zu den umamireichsten Würzgrundlagen schlechthin. Die natürliche Glutaminsäure hat übrigens die chemisch identische Struktur wie Glutamat aus dem Asiashop. Im Dashipulver sind diese Geschmackskomponenten hoch konzentriert, für ein vernünftiges Abschmecken ist also nur wenig davon erforderlich. Die Kombination mit Sahne ist sehr willkommen. Deren stark fettige Textur kommt dem Umamigeschmack sehr entgegen, die dickliche Molke der Sahne löst die Geschmacksstoffe sicher auf und hält sie länger auf der Zunge. Das Fett ist ein perfektes Lösungsmittel für die meeresartigen Aromen der Kombualge, wie auch die starken fermentierten, pilzigen und fettigen Gerüche der Bonitoflocken. Die europäische Sahne und das fernöstliche Dashi ergänzen sich damit sensorisch auf beste Weise.

Sahne würde in Japan kaum jemand benutzen. Die meisten Asiaten sind laktoseintolerant. Den meisten fehlt ein Enzym namens Lactase, das den Milchzucker abbaut.

Dashisahne mit Fisch und Bohnen

1

Fisch

1 ganze Dorade
neutrales Öl zum Braten
Salz

Den Fisch gründlich waschen, die Flossen abschneiden und den Fisch mit einem Messer schuppen. Dann an der Bauchseite mit einem scharfen Messer aufschlitzen, den Fisch ausnehmen und unter fließendem Wasser innen ausspülen. Den Kopf abschneiden, oberhalb der Wirbelsäule entlang die Filets abschneiden. Kopf, Gräten und Flossen wandern in einen Fischfond zur separaten Verwendung. Das Öl in einer Pfanne erhitzen und die Filets auf der Hautseite knusprig anbraten. Nur auf der Fleischseite leicht salzen. Kurz vor dem Servieren die Pfanne von der Herdplatte ziehen und die Filets in der Pfanne auf die Fleischseite drehen.

2

Dashisahne

300 g Sahne
½–1 TL lösliches Dashipulver
(Asialaden, Feinkostladen oder Internet)

Einen Teil der Sahne in einem Saucenpfännchen bei nicht zu starker Hitze unter Rühren reduzieren, bis sie beginnt, leicht zu karamellisieren. Dann wieder etwas Sahne angießen und den Vorgang wiederholen. So lange so verfahren, bis die Sahne eine dicklichere Konsistenz bekommt. Anschließend die restliche Sahne angießen, das Dashipulver einrühren und darin auflösen. Die Sahne bis zum Servieren warmhalten.

3

Bohnen

400 g grüne Bohnen
Salz

Die Bohnen waschen, die Enden abschneiden und die Bohnen in 2–3 cm lange Stücke schneiden. Dann in kochendes Salzwasser geben und darin bissfest garen.

4

Schalottenschiffchen

2 kleinere längliche Schalotten
Butterschmalz

Die Schalotten schälen, den Wurzelansatz nicht entfernen und die Schalotten längs halbieren. Das Butterschmalz in einem Pfännchen heiß werden lassen und die Schalottenhälften auf der Schnittfläche darin anrösten, bis sich die Schnittfläche dunkel verfärbt und die Schalotten karamellartig und leicht verbrannt riechen. Dann die Schalotten aus dem Pfännchen nehmen und in einzelne Segmente teilen.

5

Anrichten

etwas helle Sojasauce
einige Tropfen Verjus
fermentierte Salzzitronen

Die Bohnen wie Holzstapel auf Tellern anrichten. Die Fischfilets mit der knusprigen Hautseite nach oben danebenlegen. Die Schalottenschiffchen dekorativ mit der Öffnung nach oben danebensetzen und jedes Schiffchen mit Sojasauce, Verjus und fein gehackten fermentierten Salzzitronen dezent beladen. Die Dashisahne halbwarm mit einem Stabmixer oder einem Milchaufschäumer nur aufschäumen und über einen Teil der Bohnen geben.

№ 17

Volles Raucharoma auch in den Möhrentagliatelle.

Hauchdünnes Raucharoma aus der Tiefe der Sellerieknolle.

Die Selleriebutter erhält durch die Orange ein leichtes Zitrusaroma.

Eine Frage des Fettes
Wie sich Gemüse räuchern lässt

Raucharomen in Gemüse zu platzieren, ist knifflig. Es fehlen weitgehend die Proteine und Fette, die in tierischen Lebensmitteln die intensiven Raucharomen aufnehmen. In Gemüse muss erst Raum dafür geschaffen werden.

Gemüse intensiv zu räuchern, ist vor allem in der vegetarischen und veganen Küche als bereichernde Geschmackskomponente beliebt. Da sich aber die intensivsten Raucharomen vorwiegend in Fett lösen, das in Gemüse kaum vorhanden ist, müssen für das nachhaltige Räuchern desselben einige Kniffe angewandt werden. Dann aber wirkt der Räucherprozess ähnlich durchdringend wie bei tierischen Lebensmitteln. Am besten funktioniert es bei Wurzelgemüse – also Sellerie, Möhre, Pastinake etc. Diese Idee entstand, da es über das übliche Kalträuchern hinausgehen und Gemüse so räuchern sollte, dass es sensorisch Speck & Co standhalten kann.

ganz eindeutig: Fettversteher räuchern intensiver!

Sowohl Fett als auch Protein sind Komponenten, die für die Bindung der über Rauch eingetragenen Geruchsstoffe wichtig sind, denn die Raucharomen sind weitgehend fett- und öllöslich. Auch Proteine können über ihre Aminosäuren Raucharomen binden. Während in tierischen Lebensmitteln wie Schinken, Speck und Fisch diese beiden Komponenten das Gar- und Räuchergeschehen dominieren, ist Gemüse relativ arm an Fett und Protein. Schinken, Fische oder Käse dagegen können vollständig von den Aromen durchdrungen werden. Da tierische Proteine meistens bereits bei sehr geringen Temperaturen weit unter 100 °C denaturieren, geraten sie aus der natürlichen Form und garen sozusagen. Durch warmen und heißen Rauch, der je nach Verfahren selbst eine Temperatur von 40 bis 80 °C hat, garen die tierischen Lebensmittel partiell beim Räuchern mit. Die tierischen Fette schmelzen und können im flüssigen, öligen Aggregatzustand die Raucharomen noch effektiver und rascher aufnehmen. Ebenso die denaturierten Proteine, die sich während der Garung lockern und ihre fettliebenden Aminosäuren den Raucharomen besser entgegenstülpen.

Anders sieht das beim Gemüse aus. Hier sind die Gartemperaturen wegen der harten Zellwände deutlich höher und die Zellen weichen erst oberhalb von 80 °C signifikant auf. Daher sind Garen und Räuchern in einem Schritt nicht möglich und müssen entkoppelt werden. Außerdem muss Fett in das Gemüse eingebracht werden. Dafür ist das reine Einlegen der rohen Gemüse in Fette oder Öle nur wenig hilfreich, denn das Öl kann so nicht eindringen. Fette oder Öle müssen daher unter Garung eingebracht werden. Doch selbst das reine Konfieren, das Garen unter Öl, bringt nur wenig. Wie jeder Hobbykoch weiß, will das Öl einfach nicht ins Gemüse, denn alle Zellmaterialien von Gemüsen, Wurzeln inklusive, sind stark hydrophil. Folglich hassen sie Öle wie die Pest. Das Konfieren in Öl ist daher lediglich ein guter Wärmeübertrag,

Auch Jules Verne hätte erkannt: wenn wir hier was bewegen wollen, ist eine Reise zum Mittelpunkt der Wurzel absolut erforderlich.

aber ermöglicht keinen nennenswerten Fett- oder Aromatransport.

In diesem Rezept wird der Sellerie halbiert und auf der Schnittfläche mit einem nicht zu dicken Grillspieß „gestichelt". Dabei entstehen Zellverletzungen und natürlich tiefere Löcher, in die Fett in tiefere Schichten hineingebracht wird. Die Schnittflächen werden dann dick und reichlich mit Butter (vegetarische Variante, sorgt für einen guten Butterflavour) oder neutralem Kokosöl (vegane Variante) bestrichen. Auch flüssige Öle können verwendet werden. Rapsöl gibt eine tolle Kohlnote, Olivenöl sorgt für einen mediterranen Hauch. Butter eignet sich aus rein physikalischen Gründen sehr. Butterfett hat eine sehr breite Fettsäurenverteilung, so können kleinste Fettmoleküle, die sonst kaum ein anderes Fett mitbringt, noch tiefer in das Pflanzengewebe eindringen.

Hier hat der Fleischliebhaber nix zu meckern, volles Raucharoma auch vegetarisch und vegan.

Das Sous-vide-Dampfgaren ist dann ein großer Vorteil. Durch das Einschweißen des Gemüses und die lange Garzeit von etwa zwei Stunden zwischen 89 und 91 °C lockert das Pflanzengewebe langsam auf und das Fett kann durch die Einstiche eindringen. Danach muss der Garbeutel rasch abgekühlt werden, zum Beispiel in kaltem Eiswasser. Es schadet nichts, den Inhalt des Garbeutels, so wie er ist, ein paar Tage im Kühlschrank „reifen" zu lassen, um die Migration der Fette im Gemüse weiter zu fördern. Erst dann ist das Wurzelgemüse für den Räucherprozess bereit.

Geräuchertes Gemüse wirkt ungewohnt und überraschend auf den Tellern. Es schmeckt einfach unfassbar gut. Räuchern ist bei Gemüse definitiv eine einzigartige Würzung, die durch kein anderes Gewürz nachzuahmen ist. Die Grundlage beim Räuchern bilden Hölzer. Diese bestehen zum einen aus pflanzlichem Zellmaterial, also Cellulose und Hemicellulose. Sie bilden die Zuckerbasis. Zum anderen enthalten sie den Holzstoff Lignin. Dieses Polymer ist aus Grundbausteinen aufgebaut, die zu den Aromaten zählen. Wird also Holz verglimmt, lassen sich über diese Bestandteile Aromen erzeugen, die sowohl aus den Zuckerstoffen stammen (karamellartig, verbrannt) als auch aus den Aromaten. Genau das gibt es sonst nirgends. Ein paar der Karamellnoten lassen sich zwar über ein starkes Angrillen des Gemüses erzeugen, aber nicht die aus Aromaten abgeleiteten Geruchsstoffe. Hier wird aber nicht mit Holz geräuchert, sondern mit gut getrockneten Walnussschalen, die über längere Zeit gesammelt wurden. Sie enthalten ebenfalls einen hohen Anteil des Holzstoffes Lignin und bieten ebenso den Grundgeruch des Rauchs. Ein winzig kleiner Beitrag zur Nachhaltigkeit und der Gesamtverwertung der Lebensmittel in der eigenen Küche.

Im übrigen leisten zum Beispiel auch Haselnussschalen allerbeste Räucherdienste.

Der Walnussschalenrauch verleiht dem eher einfachen Gericht eine ganz besonders außergewöhnliche Note. Dessen süßliche Aromatik nimmt dem herb-bitteren Wurzelgemüse seine erdige Schwere. Die ätherischen Ölen der Orangenschale beflügeln die unglaubliche Leichtigkeit, bei vollem Genuss. Der begleitende Wein muss hier exzellent und gereift sein.

Knollengemüse im Walnussrauch

4 3 5

1

Mit Walnussschalen geräucherter Sellerie

1 Sellerieknolle
gesalzene Butter (alternativ anderes Fett bzw. Öl sowie Salz)
eine Handvoll Walnussschalen

Sellerieknolle gründlich waschen, dann halbieren. Mit einer Stricknadel oder einem dünnen Grillspieß mehrmals einstechen. Die Schnittflächen mit reichlich gesalzener Butter bestreichen (wenn anderes Fett oder Öl verwendet wird, die Schnittflächen zusätzlich noch salzen). Die halbierten Sellerieknollen mit dem Vakuumierer einschweißen und bei 90 °C etwa 2 Stunden dämpfen. Den Sellerie vollständig in dem Garbeutel abkühlen lassen. Die Butter wird dann wieder fest. Sellerie etwa 1 Woche im Kühlschrank lagern. Die Walnussschalen in einen Räuchertopf geben und darin erhitzen. Den Sellerie aus dem Garbeutel nehmen, die ausgetretene Flüssigkeit dabei auffangen (sie wird für die Selleriebutter gebraucht). Die Schnittflächen nochmals mit Butter bestreichen. Sellerie in den Räuchertopf geben und 20–30 Minuten bei 60–70 °C heiß räuchern.

Tipp:
Übrig gebliebenen Sellerie fein pürieren und nach Wunsch mit Milch (vegan: Pflanzendrink) und Butter (vegane Butter) zu einem feinen, sehr rauchigen Selleriepüree ziehen. Es passt hervorragend zu Wildgerichten, fermentierten Roten Beten oder zu gegrilltem Halloumi.

2

Gebeizte Möhrenstreifen

2–3 Möhren
2 EL Räuchersalz
1 EL Zucker

Die Möhren mit einem Sparschäler zuerst schälen, dann in dünne „Tagliatelle" schneiden. Möhren zusammen mit dem Räuchersalz und dem Zucker in eine verschließbare Plastikbox geben und 1 Stunde beizen. Die Box hin und wieder vorsichtig schütteln. Vor dem Servieren unter fließendem kalten Wasser abspülen und leicht erwärmen (mit der Wärmelampe oder in der Wärmeschublade).

3

Selleriebutter

Flüssigkeit des Selleries aus dem Garbeutel
2–3 EL kalte Butter
abgeriebene Schale von 1 Bio-Orange

Die Flüssigkeit in einem kleinen Topf erwärmen. Die Butter in Stückchen mit dem Schneebesen einrühren und alles zu einer Sauce montieren. Die abgeriebene Orangenschale unterrühren. Tipp: Für eine vegane Version die Butter durch eine sehr gute „vegane Butter" ersetzen (oder mit entaromatisiertem Kokosfett und entaromatisierten Ölen plus beigefügten Butteraromen).

4

Anrichten

Den mit den Walnussschalen geräucherten Sellerie in etwa 0,5 mm dicke Scheiben schneiden. Auf Tellern anrichten. Die Möhrentagliatelle dazulegen und die Sauce angießen.

Sie brauchen außerdem

Stricknadel oder dünnen Grillspieß
Vakuumierer
evtl. Dampfgarer
Räuchertopf
Wärmelampe oder Wärmeschublade

№ 18

Die zitrusartigen Gerüche des Trockenfleisches harmonieren perfekt mit den harzigen Noten des kräftigen Käse-Espuma.
Das Kartoffelrösti bringt die perfekte Süße in das Trio süß, bitter und umami.
Die bitteren Geschmacksnoten des flüssigen Salates werden vor allem durch den Friséesalat beigetragen.

Dry aged beef
Fleisch im Trockenvakuum reifen

Wenn selbst gemachtes und gewürztes Trockenfleisch, kaum unterscheidbar von wohlschmeckendem Bündnerfleisch, scheibchenweise im knusprigen Rösti steckt, ist das Bodenständigkeit pur. Wunderbar kontrastiert wird das mit einem flüssigen Salat und Käse-Espuma.

Das Rösti in dieser Form zu servieren, wurde durch den französischen Sternekoch Stephane Polly inspiriert. Das Bündnerfleisch wird seit über 100 Jahren nach genauen Regeln hergestellt, damit es seine geniale Konsistenz und seinen Geschmack erhält. Abseits dieser Pfade sorgen einige Abweichungen allerdings für kleine Überraschungen.

Übrigens: Anstelle von Nitritpökelsalz geht auch Meersalz. Die grauschwarze Farbe kann mithilfe von Natriumcitrat abgemildert werden.

Der heimliche Star dieses Gangs ist das Do-it-yourself-Trockenfleisch, das hier über Trockenvakuumreifung hergestellt wird, aber im Gegensatz zum Dry aged beef für die typische rötliche Farbe zuvor gepökelt wird. Die Würzung mit Wacholder, Timutpfeffer und Tannennadeln zielt auf die waldige Gegend in Graubünden, aus der das Bündnerfleisch stammt, und schafft so die Verbindung zu den typischen Aromen des Käses. Die Trocknung erfolgt also zweifach: Erst sorgt die Osmose für Wasserentzug und Aromatransport, dann die Reifung in den speziellen Beuteln für eine weitere Trocknung und Aromabildung. Erst beides zusammen schafft die starke Ähnlichkeit zur Konsistenz des Bündnerfleisches.

Der Käse sollte reif, geruchsintensiv und cremig sein, sprich fähig, fast schon „von selbst aufs Brot zu laufen“. Dann werden für die Sprühfähigkeit im Sahnesiphon keine weiteren Zusätze notwendig.

Das essenzielle Zedernholzöl wurde wegen des Mont d'Or gewählt. Dieser Weichkäse ist mit Fichtenholzstreifen umhüllt, die einen vergleichsweise hohen Harzanteil haben. Folglich würzen die harzig-holzigen Terpene und Sesquiterpene den Käse auf ganz außergewöhnliche Weise. Genau diese Aromentypen verstärkt das Zedernholzöl, denn durch die „Verdünnung“ des Käses mit dem Joghurt schwächen sie sich etwas ab. Das Trockenfleisch hingegen bringt über Pfeffer, Wacholder und Tannennadeln eher in Richtung Zitrus weisende Gerüche hinzu, die sich perfekt zu dem harzigen Käse fügen. Der Biss des Konstrukts ist perfekt. Außen knusprig, innen weich, mit schinkenartiger Textur.

Sprich: Ein Aroma von Kartoffel mit reifem Schinken und Käse. Da werden ruckzuck Kindheitserinnerungen wach!

Da fehlt nur noch der grüne Salat, der eher flüssig als knackig gereicht wird. Auch das hat einen tieferen Sinn, denn die über gereiftes Fleisch und Käse eingetragene Umaminote und die Süße der Kartoffel wirken auf die Bitternoten des Salates wohltuend. Diese werden in der flüssigen Form eher betont als in der frisch-knackigen.

Der Trick der Fleischreifung und -trocknung ist der Gebrauch spezieller Membranreifungsbeutel. Sie haben eine maximale Wasserdampfdurchlässigkeit von etwa 8 g in 24 Stunden und eine Sauerstoffdurchlässigkeit von 2,3 ml pro Tag, beides aber nur

Die Verwendung dieser Reifebeutel ist durchaus eine Alternative zur traditionellen Trockenreifung in Reifeschränken. Der Feuchtigkeitsverlust ist vergleichbar, auch sinkt der pH-Wert auf ein ähnliches Niveau.

von innen nach außen. Dies wird durch mehrschichtige Hightech-Folien mit semipermeabler Membran erreicht. Das Fleisch reift dann im Kühlschrank.

Der Sauerstoffausschluss beim Vakuumieren und die Sauerstoffbarriere für das Eindringen von Luftsauerstoff hat den Vorteil, dass sich messbar weniger Keime auf dem Fleisch niederlassen. In diesem Fall spielt diese Mikrobiologie ohnehin eine untergeordnete Rolle, denn durch Vorsalzen und Pökeln können sich zum einen salzintolerante Keime ohnehin kaum ausbreiten, zum anderen ist die Wasseraktivität bereits stark gesenkt. Das Vakuumieren im Reifebeutel trocknet damit das über Salz „vorgetrocknete" Fleisch noch weiter und kontrolliert ab.

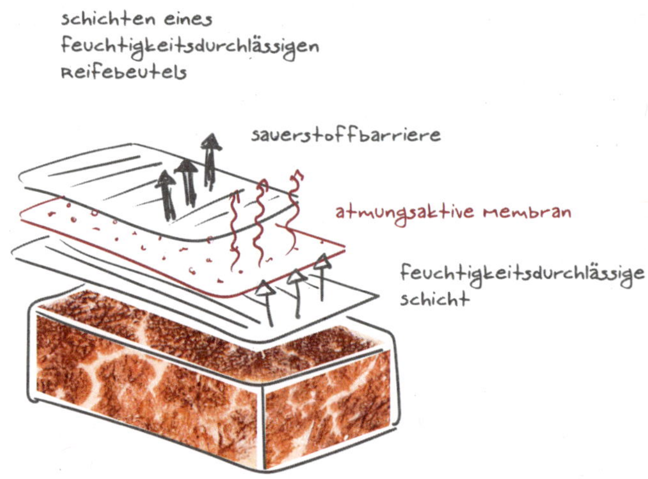

Die bei allen Reifungsvorgängen ablaufenden enzymatischen Prozesse, die das Fleisch zart machen, geschehen auch hier, ebenso bilden sich über freie Aminosäuren entsprechende Aromen für den nussigen Geruch und Geschmacksvorläufer für den Umamigeschmack.

Röhrenrösti (zwischen Züri, Graubünden und Lyon)

4 5 4

1

„Bündnerfleisch" aus dem Membranreifungsbeutel

500 g	Rinderlende, ganz frisch
4 g	Timutpfeffer
2 g	Wacholderbeeren
2 g	Tannennadeln
14 g	Nitritpökelsalz

Das Fleisch von Fett und (falls vorhanden) Sehnen befreien und in eine rechteckige Form schneiden. Die Abschnitte für ein beliebiges anderes Gericht verwenden. Die Gewürze mörsern und mit dem Salz vermischen. Das Fleisch damit einreiben, in eine passende Form legen. Mindestens 3, besser 7 Tage in Kühlschrank pökeln. Danach die Oberflächen abreiben und abtupfen. In einem Reifebeutel einschweißen und im Kühlschrank mindestens 28, besser 45 Tage reifen lassen.

2

Frische Gurke

1	Salatgurke
1 g	Salz
3 EL	heller Balsamicoessig

Die Gurke waschen, nach Wunsch schälen und in lange, dünne Streifen hobeln. Weiches Inneres und Kerne nicht verwenden. Die Gurkenstreifen salzen und mit Essig bestreichen.

3

Sahne-Käseschaum-Espuma

- 100 g reifer Mont d'Or (Käse aus dem Jura)
- 150 g Joghurt
- 2–3 Tropfen Bio-Zedernholzöl (essentiell)

Käse und Joghurt gut miteinander vermischen. Damit dies gelingt und eine homogene Masse entsteht, beides langsam auf dem Herd auf Temperatur bringen. Zum Schluss das Zedernholzöl unterschlagen.
In einen auf 50 °C vorgewärmten Sahnesiphon geben, Siphon mit zwei Stickstoffpatronen beladen und im Wasserbad bei 50 °C warmhalten.

4

Flüssiger Salat

- 200 g Friséesalat
- 200 g heller Blattsalat (nach Angebot)
- 50 ml klare Fleischbrühe
- 2–3 TL Einlegeflüssigkeit der Cornichons
- 50 ml Olivenöl
- 2 kleine Cornichons
- 1 Prise Zucker
- 1 Prise Salz
- 10 g Basic Textur
- 1 g Xanthan

Die Salate waschen, trocken schleudern und die Blätter etwas klein schneiden. Brühe, Cornichonsaft und Öl in einem Topf zum Kochen bringen und die Salate darin zusammenfallen lassen. Die Cornichons beifügen. Alles im Mixer sehr fein pürieren. Basic Textur und Xanthan einrühren. Mit der Prise Zucker und Salz abschmecken, bei Bedarf nachsalzen und noch etwas Cornichonbrühe zugeben.

5

Röstiröhren

- Öl (besser Rindertalg) zum Frittieren
- 2 große festkochende Kartoffeln

Öl oder Rindertalg in der Fritteuse oder einem Topf auf 160 °C erhitzen. Die Kartoffeln schälen und mit einer Mandoline in Spaghettiform hobeln. Einen Stahlzylinder etwas einölen. Die Kartoffelspaghetti zuerst parallel auf Backpapier legen, dann den Zylinder unten ansetzen und die Spaghetti mithilfe des Backpapiers um den Stahlzylinder wickeln. Den Zylinder nach und nach ins heiße Öl tauchen und zur leichten Bräunung frittieren. Herausnehmen, abkühlen lassen und die Kartoffeln vom Zylinder streifen und die entstandenen Röhren auf Küchenpapier abtropfen lassen. Den Vorgang mit den übrigen Kartoffeln so oft wiederholen, bis alle Kartoffeln frittiert sind.

6

Anrichten

- Mikrokräuter
- Sauerklee

Sie brauchen außerdem

- Reifebeutel
- Vakuumiergerät
- Aufschnittmaschine
- Mandoline
- Stahlzylinder mit 25 mm Durchmesser
- Fritteuse
- Sahnesiphon

Das Trockenfleisch aus dem Beutel nehmen und mit der Aufschnittmaschine in sehr dünne Scheiben schneiden. Die Frische-Gurken-Scheiben aus dem Sud nehmen und trocken tupfen. Je 1–2 Gurken- und 1–2 Trockenfleischscheiben leicht überlappend nebeneinanderlegen und so einrollen, dass sie in die frittierten Röstiröhren passen. In die Röstiröhren schieben, sodass im Zentrum noch ein Hohlraum bleibt. In diesen Hohlraum die Käsecreme mit der dünnen Espumadüse spritzen. Den flüssigen Salat ins Zentrum der Teller streichen (evtl. mit einem Dessertring) und die gefüllten Röstiröhren darauflegen. Mit etwas frischen Mikrokräutern und Sauerkleeblättchen garnieren.

№ 19

Das Sardellenpüree bringt eine gehörige Portion umami und wird von der wasserreichen grün-grasigen Salatgurke begleitet.

Das Harissapulver liefert feine Wärme, die hervorragend das frisch kühlende Minzpüree kontrastiert.

Arganöl ist ein winziges Detail, mit Duft nach Moschus und gerösteten Haselnüssen.

Kulinarische Alchemie
Tomatenhaut wird veganes Katsuobushi

Das eher klassische Taboulé wird neu interpretiert und bekommt einige Geschmacks- und Aromaintensivierungen verordnet. Als Geschmacksverstärker dient getrocknete, fermentierte und geräucherte Tomatenhaut à la Bonitoflocken.

Ein sommerlich leichter Teller mit dennoch einiger Komplexität lässt Raum zu genüsslicher Erforschung. Dazu wurden die Elemente so gewählt, dass sie alle auf den Gourmetlöffel passen. Genießer sind angehalten, sich ihre Löffelkompositionen selbst zusammenzustellen.

Warum dieses Experiment? Da Tomatenschalen nach dem Häuten schon an die getrockneten, fermentierten und geräucherten Flocken des Bonitos (Katsuobushi, siehe Effekt Nr. 16) aus der japanischen Dashiküche erinnern, aber im Umamigeschmack im Vergleich dazu etwas unterbelichtet sind, lag es nahe, mehr aus ihnen herauszuholen.

Bevor er zu den Flocken wurde und in jede Dashibrühe gehört.

Katsuobushi war einmal proteinreicher Fischmuskel, Tomatenhaut ist zellreiches Pflanzenmaterial, daher sind beide eigentlich nicht vergleichbar. Die Tomatenhaut benötigt eine intensivere Behandlung als schlichtes Trocknen, Koji-Fermentieren und Räuchern. Daher wird eine Vorbehandlung mit Backmalz (siehe Effekt Nr. 1) vor geschaltet, damit der Kojipilz einen Hauch seiner ihm angestammten Aufgaben übernehmen kann. Geräuchert wird die Tomatenhaut dennoch. Ein bisschen Raucharoma bleibt dabei hängen.

Die Vorfermentation der Tomatenhaut mit Backmalz ist hier von zentraler Bedeutung, denn das gekeimte Getreide des Malzes hat durchaus mehr Enzyme im Werkzeugkasten als der Aspergillus Oryzae. Das Getreidekorn kann, neben Proteinen, Fetten und Stärken, auch härtere Zellmaterialien, und damit Nicht-Stärke-Kohlenhydrate, spalten. Genau diese liegen in der harten Haut vor. Sind diese nicht geknackt, haben Proteasen, Amylasen und Lipasen nur geringe Chancen, überhaupt etwas zu bewirken.

Die im Backmalz enthaltenen Enzyme bereiten also den Weg für die Enzyme des Kojipilzes. Auf die Biomaschine Malz ist halt Verlass. Immer volle Kraft voraus!

Der Teller ist auf die Tomate abgestimmt, die Wahl fiel eher aus einer Laune heraus auf das Taboulé. Allerdings dekonstruieren wir die Idee weitgehend und bauen Taboulé auf eine ganz andere Art auf. Um das Umami des Katsuobushi zu zitieren, wird ein Sardellenpüree beigefügt. Die salatige Gemüsigkeit wird durch Gurken verstärkt und es wird mit verschiedenen Mikroelementen gespielt, die den gemüseartigen Umamicharakter unterscheiden.

Das Kombinieren ist hier wahrlich die größte Herausforderung für die Angeberküche. Die Tomaten-Katsuobushi-Flocken sind dabei ein ungewohnter Geschmacks- und Aromaverstärker. Grundlage ist das weiche Tomatengel. Es wird als zentrale Komponente bei praktisch jedem Löffel aufgenommen. Daher muss auf eine vielfältig passende Würzung Wert gelegt werden.

Um dem Taboulé gerecht zu werden, wurde auf Kreuzkümmel und Koriander (Grün und Samen) zurückgegriffen.

Die wasserreichen, säuerlichen Gurkenröllchen bringen kalte Frische, genau der richtige Ort für das starke umami der Sardellen. Der Couscous bleibt nahezu klassisch. Eine wesentliche Komponente ist das Arganöl.

Für einen trigeminalen Wärmebooster sorgt das Harissa, das wiederum die Temperaturkühle, aber auch die Kühle des Minzpürees, kontrastiert. Und warum noch Basilikum zur Minze? Ganz einfach, es fügt florale Aromen (Geraniol und Nerol) sowie würzige Komponenten (Estragol) hinzu, die sowohl die Tomate abholen, alles andere aber kontrastieren.

Couscous zwischen Oran, Marseille und Mainz

4 3 5

1

Tomaten-Katsuobushi

- 4 größere Tomaten
- 2 TL Backmalz
- 2–3 EL Wasser
- 50 g Kojireis
- 100 ml mineralarmes, weiches Wasser ohne Kohlensäure
- 2 g Salz

Die Tomaten leicht anritzen, in kochendes Wasser gleiten lassen und nur kurz darin ziehen lassen. Dann herausnehmen und die Haut abziehen. Dabei möglichst große Hautstücke gewinnen. Die Haut leicht an der Luft antrocknen lassen. Backmalz und Wasser zu einer Paste verrühren und die Tomatenhautstücke damit vorsichtig bestreichen. 4–5 Stunden fermentieren lassen. Dann abwaschen und antrocknen. Kojireis, Wasser und Salz in einer Schüssel vermengen und die vorfermentierten Tomatenhautstücke hineingeben. 1–1,5 Tage fermentieren lassen. Dann herausnehmen, abspülen und vollständig trocknen lassen. In einem Räuchertopf bei nicht mehr als 50 °C ca. 30 Minuten räuchern und danach noch im geschlossenen Räuchertopf auskühlen lassen.

2

Tomatenwassergel

- 5 größere Tomaten
- 1 TL grob gemörserter Koriander
- 1 TL grob gemörserter Kreuzkümmel
- Salz
- 2 g Iota-Carrageen

Tomaten waschen und grob hacken oder grob pürieren. Salz und Gewürze zugeben, in ein feines Sieb oder Tuch geben, mehrere Stunden, am besten über Nacht, aufhängen, das Tomatenwasser auffangen. Dann 400 ml abmessen und mit Iota-Carrageen versetzen, gut verrühren. Bis zum Anrichten aufbewahren.

3

Minzpüree

- 1 Bund frische Minze
- ½ Bund Basilikum
- QS Olivenöl

Die Minze in kochendem Wasser einige Sekunden blanchieren, dann sehr gut abtrocknen und die Blätter abzupfen. Basilikum waschen, trocken schütteln und im Ganzen zusammen mit den Minzeblättchen mit etwas Olivenöl pürieren. So viel Öl nachgießen, bis sich ein glattes, cremiges, mayoartiges Püree bildet. Eventuell durch ein Sieb streichen, um Fasern zu entfernen.

4

Gefüllte Tomaten

2	geschälte Tomaten (von der Tomatenhaut siehe Schritt 1)
4 EL	Couscous
	etwas Wasser
je ½ TL	Harissapulver und Raz-el-Hanout
	Salz
2 EL	frisch gepresster Zitronensaft
	Wasser
	Koriandergrün (Menge nach Vorlieben)
1 EL	Arganöl

Die Tomaten halbieren und die Kerne vorsichtig mit einem Löffel herausnehmen. Fürs Anrichten aufbewahren. Couscous mit so wenig Wasser verrühren, dass er befeuchtet ist. Mit den Gewürzen mischen, den Zitronensaft zufügen und weiter quellen lassen. Dann noch einmal etwas Wasser unterrühren, bis der Couscous gequollen ist. Koriander waschen, trocken schütteln und hacken. Zusammen mit dem Arganöl unterheben und mindestens 1, besser 4 Stunden durchziehen lassen. Etwas von dem Minzpüree in die Tomatenhälften geben und die Tomate mit dem Coucous locker füllen.

5

Gurkenrollen

1	nicht zu dicke Salatgurke
etwas	weißer Balsamicoessig

Die Gurke waschen, aber nicht schälen. Mit der Mandoline längs in sehr dünne Streifen (ca. 6 cm lang) hobeln. Die Gurkenkerne von den Streifen entfernen, damit zwei Bänder mit je einer grünen Seite verbleiben. Diese Streifen beidseitig mit dem weißen Balsamico bepinseln. Bis zum Anrichten ziehen lassen und kurz zuvor aus den Streifen mit einer Pinzette zu Röllchen wickeln.

6

Sardellenpüree

1 kleine Dose	Sardellen in nativem Olivenöl

Die Sardellen samt Öl mit einem Stabmixer pürieren und in ein kleines Dosierfläschchen füllen.

7

Petersilienöl

1 Bund	Petersilie
150 ml	Arganöl

Petersilie waschen, trocknen, in der Küchenmaschine mit Arganöl auf 60 °C erwärmen und gut durchpürieren. Etwa 45 Minuten ruhen lassen, dann durchfiltern und das grüne Öl in ein Dosierfläschchen füllen.

8

Anrichten

100 ml	Arganöl in einer Pipette
2 EL	sehr klein gewürfeltes Tomatenfleisch
2 EL	sehr klein gewürfelte Radieschen
100 g	gekochte Kichererbsen
	Tomatenkerne von den gefüllten Tomaten (siehe Schritt 4)

Das sehr weiche Tomatenwassergel auf größeren flachen Tellern ausstreichen. Die gefüllten Tomatenhälfte in die Mitte setzen. Tomaten, Radieschen und Kichererbsen in dem Gel mit einer Pinzette sehr detailliert verteilen. Die Tomatenkerne ebenfalls auf dem Gel verteilen, daneben die Gurkenröllchen stellen. Die Gurkenröllchen mit dem grünen Schalenrand nach oben vorsichtig mit dem Sardellenpüree füllen. Tomaten-Katsuobushi auf die gefüllten Tomaten geben. In die freien Stellen das Petersilienöl mithilfe des Dosierfläschchens in tropfengroßen Inseln in das Gurkengel geben.

Dieser Teller muss unbedingt mit einem Gourmetlöffel (Saucenlöffel) serviert werden, nur so lässt sich das kulinarische Potenzial dieses Arrangements vollumfänglich erfassen.

Sie brauchen außerdem

Mandoline, Küchenmaschine mit Kochfunktion, Dehydrator, Räuchertopf, Pinzette, Dosierfläschchen

№ 20

Meerrettich bringt einen trigeminalen Kältereiz in die Lait caillé.

Hier versteckt sich fermentierte Orange mit exotischen Gewürzen.

Dieses Gericht bietet ideale Kontrastspitzen für den bitteren Brokkoli.

Wie gewonnen, so geronnen
Lait caillé dank Salz und Säure

Sauer- bzw. Dickmilch ist eine uralte Methode, Milch über die übliche Haltbarkeitsdauer hinaus mit einem wundersam milchsauren Geschmack zu genießen. Hier erfolgt die Dicklegung rein physikalisch ohne Milchsäurebakterien, aber mit süß-mildem Aromaergebnis.

Wie entsteht Sauermilch? Normalerweise wird Milch langsam mit Milchsäurebakterien gefällt. Sie wird auf Körpertemperatur erwärmt, dann werden Milchsäurebakterien zugegeben, um sie zuletzt bei Zimmertemperatur 24 Stunden stocken zu lassen.

In diesem Effekt erfolgt die Dicklegung in brute-force-Manier – mit Salz und Säure im Kühlschrank, ganz ohne zugesetzte Bakterien. Diese Idee wurde dem französischen Koch Hubert Chanove abgeschaut.

Lait caillé ist eigentlich nur Dickmilch. Hört sich aber très chic an.

Diese Form der Dicklegung ist hasenreine Physik. Im Kühlschrank funktioniert die Dicklegung mit Milchsäurebakterien nicht, es ist ihnen dort viel zu kalt. Daher muss stattdessen für die bei niedrigen Temperaturen erzeugte Lait caillé physikalisch mit voller Kraft nachgeholfen werden: Viel Zitronensaft senkt den pH-Wert, die Molkenproteine denaturieren dadurch, entfalten sich und schon allein das macht die Milch dicker. Dazu kommt, dass die Säure des Zitronensafts die Ladung abschwächt. Die Milch beginnt, sich dick zu legen (siehe Effekt Nr. 10).

Da die Milch im Kühlschrank gerade einmal eine Temperatur von 2 bis 5 °C aufweist, ist die thermische Energie niedrig. Folglich ist die kinetische Energie der Moleküle, Fetttröpfchen und Mizellen gering.

Die Mizellen bewegen sich zäher und langsam und sie stoßen nur wenig und mit geringer Geschwindigkeit aneinander. Dicklegen kann sich daher so noch nichts, denn die Abstoßungsenergie der Ladungen zwischen zwei Caseinmizellen ist höher als deren kinetische Energie. Dass die Koagulation dennoch möglich ist, dafür sorgen zwei physikalische Tricks: Die Salz- und die Säurezugabe, denn beide wirken physikalisch auf unterschiedliche Weise.

Durch die Salzzugabe bilden sich um die negativen Ladungen der Caseinmizellen positive Natriumionenwolken. Schon sind die negativen Ladungen der Caseinmizellen abgeschirmt, deren Abstoßung ist damit

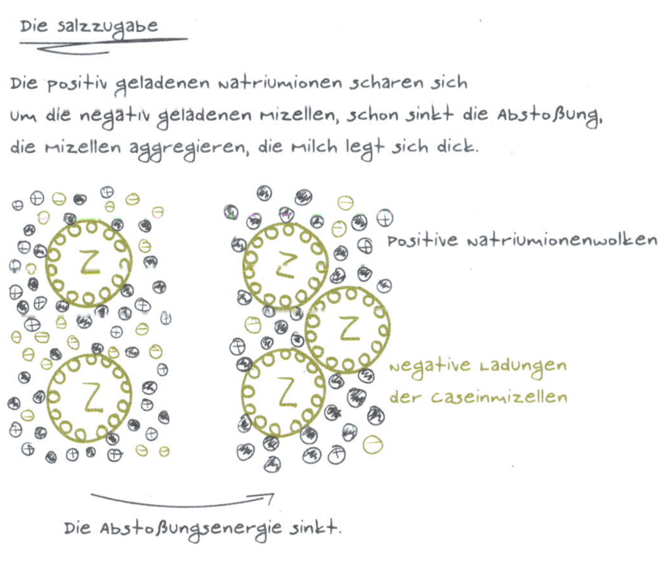

stark geschwächt, die Abstoßungsenergie sinkt mit der Anzahl der Ionenstärke.

Natürlich kann die Salzkonzentration nicht so stark erhöht werden, dass die Abschirmung für eine Dicklegung ausreichen würde. Statt einen milden Salzgeschmack aufzuweisen, würde die Dickmilch komplett versalzen schmecken. Um die Dicklegung zu vervollständigen, kommt daher die Säure in Spiel.

Zitronensaft ist ganz schön auf Zack: Einfach rein damit und schon geht der Prozess los.

Die Zugabe von Zitronensaft senkt den pH-Wert der Milch, wie es auf andere Weise auch die Milchsäurebakterien tun, und steuert gleichzeitig auch geschmacklich Säure bei. Hier geschieht es allerdings auf einen Schlag, sofort beim Einrühren. Die Milch legt sich dick, und zwar geschmacklich perfekt. Durch die Zugabe von Salz und Zitronensaft erhält sie neben der dicklich-cremigen Textur deutliche Salz-Säure-Geschmackskomponenten, aber nicht zu viel Salz, nicht zu viel Säure. Wegen der kurzen Dicklegungszeit von weniger als einer Stunde und der niedrigen Kühlschranktemperaturen findet keine Fermentation statt und die Aromen der frischen Milch bleiben damit bestehen. Damit erweist sich die Lait caillé als universeller Partner für alle Gerichte mit hohem Gemüseanteil, aber auch für Meeresfrüchte oder gebeizte Fische.

Sauermilch im Gemüserand

1

Zitronenzesten-Olivenöl

- 1 Bio-Zitrone
- 1–2 TL Olivenöl

Die Zitrone heiß abwaschen, trocken reiben und die Schale mit einer feinen Reibe abreiben. Die Zesten mit dem Olivenöl vermengen und beiseitestellen.

2

Sauermilch (Lait caillé)

- 40 g Meerrettichwurzel
- 1 Zitrone (vom Zitronenzesten-Olivenöl übrig)
- 500 ml Vollmilch (am besten Rohmilch von Jersey-Kühen)
- 3–4 g Salz

Den Meerrettich gründlich waschen und fein reiben. In ein Schraubglas geben. Die Zitrone auspressen. Die Milch mit Salz und Zitronensaft vermengen und in das Glas mit dem Meerrettich gießen. Im Kühlschrank mindestens 1, besser 2 Stunden koagulieren lassen, bis die Milch eine dickliche Konsistenz bekommt. Den festen Anteil in ein feines Sieb geben und etwas abtropfen lassen, damit die Sauermilch nicht zu flüssig ist. (Die Molke aufbewahren und für Vinaigrettes oder separate Würzungen verwenden.)

3

Kartoffeln

- 500 g etwa gleich große festkochende Kartoffeln (Bamberger Hörnchen)
- Meersalz
- 125 g gewürfelte kalte Süßrahmbutter (beste Qualität)
- 150 ml Milch

Die Kartoffeln gründlich waschen, ungeschält in einen Topf geben, mit kaltem Wasser bedecken und das Salz zugeben (10 g/l Wasser). Bei starker Hitze aufkochen lassen, dann die Hitze reduzieren und die Kartoffeln 20–30 Minuten bei schwacher bis mittlerer Hitze köcheln lassen, bis sie gar sind. Die Kartoffeln abgießen, leicht abkühlen lassen und pellen, solange sie noch handwarm sind. Dann vierteln, in eine Flotte Lotte geben und mit der feinsten Scheibe in einen großen Topf oder eine Schüssel durchdrehen. 4–5 Minuten ausdampfen lassen, dabei gelegentlich mit einem Spatel umschichten. Dann die kalte Butter nach und nach hineingeben und kräftig umrühren. Die Milch kurz aufkochen lassen und sehr heiß in einem feinen Strahl dazugeben. Nach Geschmack salzen. Dabei umrühren, bis die Milch vollständig absorbiert ist. Das Püree warm noch einmal durch ein Gazesieb streichen, erneut erwärmen und warmhalten.

4

Brokkoli

- 400 g Brokkoli
- 1 TL Apfelessig
- 2 EL Rapsöl

Den Brokkoli waschen und in Röschen teilen. Den Stiel schälen, sehr fein würfeln und in dem Apfelessig marinieren. Die Röschen in einer Pfanne mit etwas Rapsöl und Wasser bei mittlerer Hitze bissfest dünsten, beiseitestellen und warmhalten.

5

Lauch

- 1 Stange Lauch
- 1–2 EL Butter

Die Lauchstange längs aufschneiden, gründlich waschen und in 1,5 cm dicke Ringe schneiden. Die Butter in einer Pfanne schmelzen und die Lauchringe darin bei mittlerer Hitze leicht anbraten. Herausnehmen und zum Servieren bereithalten.

6

Fermentierte Orangen

- 1 Bio-Orange (ca. 200 g)
- 10 g Salz
- 5 Koriandersamen
- ½ TL Schwarzkümmel
- ½ TL Kreuzkümmel

Die Orange heiß abwaschen, trocken reiben und in Scheiben schneiden. Abwechselnd mit dem Salz und den Gewürzen in ein Schraubglas schichten. Das Glas verschließen und 1–2 Tage im Kühlschrank stehen lassen, bis sich eine Lake bildet. Auf Florhefen und Fehlgerüche prüfen, dann für 1 Woche (12–15 °C) kühl stellen (z. B. im Keller) und fermentieren lassen. Anschließend mit einem Stabmixer grob zerkleinern.

7

Anrichten

- 1–2 Schalotten
- frisch gemahlener schwarzer Pfeffer

Sie brauchen außerdem

Flotte Lotte, Schraubglas, Spritzbeutel

Die Schalotten schälen und sehr fein würfeln. Die geronnene Milch jeweils in der Mitte von vier Tellern verteilen. Das Gemüse darum herum dekorativ verteilen. Das Kartoffelpüree mit einem Spritzbeutel zwischen das Gemüse spitzen (den Rest für ein anderes Gericht verwenden). Etwas Pfeffer darübermahlen, die Schalottenwürfel darübergeben und die Teller mit etwas Zitronenzesten-Olivenöl beträufeln. Von den fermentierten Orangen je drei kleine (teelöffelgroße) Nocken auf die Teller (bei runden Tellern 4, 8 und 12) geben.

Nº 21

Zu den strengeren Käsen wie Gruyère und Roquefort gesellen sich noch süßherbe Trockenfrüchte.

Banyuls ist ein französischer Süßwein, der entfernt an Portwein erinnert und als Schaum eine besondere Textur erhält.

Käse in Kombination mit süßen Früchten kennen wir vom Käseigel: Hier bringen Isomalt und Mannitol eine überraschende Knuspernote.

Die komplexe Süße der Zuckeralkohole

Kandierte Käse am Spieß

Extrem süße Liebesäpfel mit zuckerglasiger Hülle, direkt vom Jahrmarkt – sie sind hier das Vorbild. Doch die Welt der Zuckeralkohole macht auch dezentere, höchst sternetaugliche Töne möglich: mit fein umhülltem Gemüse, Käse und in Desserts.

Abgesehen vielleicht von einem Bilderrausch aus Kindheitserinnerungen bei dem Gedanken an Liebesäpfel und Jahrmärkte, erzeugen Zuckeralkohole (Polyole) keine Rauschzustände – lediglich ihre chemische Struktur kennzeichnet sie als Alkohole. Bis auf Erythritol und Isomalt kommen sie in Obst und Gemüse in unterschiedlichen Mengen vor. Birnen und Pflaumen sind damit vor allen anderen reichlich bestückt. Zuckeralkohole sind im Vergleich zu Saccharose deutlich weniger süß. Sie triggern aufgrund ihrer unterschiedlichen chemischen Struktur die Süßrezeptoren an anderen Stellen und liefern dadurch einen differenzierteren, sensorisch komplexeren und modulierend wirkenden Süßeindruck.

Von den verschiedenen Zuckeralkoholen werden vier ausgewählt, die sich in den physikalischen Eigenschaften deutlich unterscheiden. Natürlich kann ebenfalls beispielsweise Xylitol verwendet werden. Wichtig für den Überzug ist aber, dass der Zucker rein ist, daher funktionieren Kokosblütenzucker, Muscovadozucker und Sirupe nicht. Die meisten Sirupe werden nicht fest, sondern bleiben klebrig. Auch Stevia eignet sich nicht. Rebaudiosid A trägt zwar vier Glucosen, die aber an einen Terpenrest gebunden sind. Dabei stellt sich neben nicht sehr attraktiven Aromen noch ein starker Bittergeschmack ein.

Alle drei können beim Erhitzen starke Off-Flavours bilden und riechen schnell brenzlig und verbrannt. Nicht so lecker in diesem Rezept.

Die verschiedenen Zubereitungen und Beigaben sind natürlich den Käsesorten angepasst, können aber je nach Gusto verändert werden.

Deutlich wichtiger ist aber die Textur der Überzüge, denn die Polyole verhalten sich beim raschen Abkühlen aus der Schmelze vollkommen unterschiedlich. Während Isomalt einen durchsichtigen Überzug bildet, kristallisieren die anderen Zuckeralkohole rasch aus. Es bilden sich so kristalline Überzüge mit einem deutlichen, vielfältigen Knuspereffekt, während Isomalt eher an Glas erinnert. Dies drückt sich vor allem im unterschiedlichen Bruchverhalten beim ersten, aber entscheidenden Biss aus – Effekte also, die völlig unerwartet sind. Werden die Überzüge zu wuchtig, kehrt sich der Effekt ins Gegenteil. Sie wirken schwer zu beißen und trotz der attraktiven Füllung vollkommen unangebracht.

Ganz wichtig: Die Überzüge müssen sehr dünn bleiben, also nur ein-, zwei- bis dreimal eintauchen.

Der Banyulsschaum ist übrigens spektakulär. Der fluffige, löffelbare Wein bringt alles mit, was er an Geschmack und Aromen besitzt. Doch die Freigabe des Flavours wirkt sensationell, denn über die Schaumstruktur verteilen sich Geschmack und Aromen im Mund auf andere Weise: Die Aromen dominieren leicht, also perfekt für die Käse unter der Polyolkruste.

Die Stoffe schmelzen bereits bei folgenden Temperaturen: Mannitol bei 165 °C, Isomalt bei ca. 155 °C, Sorbitol bei 97 °C, Xylitol bereits bei 92 °C.

Die verschiedenen Zuckeralkohole besitzen unterschiedlich hohe Schmelzpunkte, die alle aber noch niedriger sind als die von Haushaltszucker. Dazu kommt, dass die Zuckeralkohole nicht oder nur sehr langsam karamellisieren. Es gibt daher beim Erhitzen weder eine Farbänderung noch Karamellaromen. Genau das ist bei diesen Käseschmankerln von Bedeutung, denn der Genuss der Käsearomen sollen nicht durch Karamellaromen verfälscht werden.

Für das kulinarische Vergnügen sind aber vor allem die Eigenschaften beim schnellen Abkühlen auf den gekühlten Oberflächen relevant, denn dort gibt es fundamentale physikalische Unterschiede. Erythritol und Mannitol kristallisieren sehr zügig, aber mit leicht unterschiedlichen Kristallformen, die sich über ihre unterschiedlichen Molekülgrößen erklären. Genau das wird im Mund beim Ab- und Zerbeißen wahrgenommen. Sorbitol bildet weniger Kristalle bei den hohen Abkühlgeschwindigkeiten auf der kalten Käseoberfläche, ein Teil des Sorbitols erstarrt glasig, es bleibt daher amorph. Eine besondere Rolle spielt Isomalt, denn der Zuckeralkohol erstarrt glasig, das heißt, er findet während des raschen Abkühlens nicht mehr zurück in den Kristallzustand. Die Isomalthülle bleibt daher transparent und zeigt beim Zerbeißen einen spröden, fensterglasartigen Bruch. Diese Eigenschaft wird industriell auch bei der Herstellung von Hartkaramellen und Hustenbonbons genutzt.

Kandierte Käse

4 3 4

1

Roquefortsticks

2	Knoblauchzehen
1	Soft-Dörrpflaume (Pruns d'Agen)
200 g	Roquefort
50 g	Crème fraîche
1 TL	Tannenhonig

Knoblauchzehen ungeschält in einem kleinen Topf in wenig Wasser je nach Größe 15–20 Minuten sehr weich kochen, dann schälen. Die Dörrpflaume sehr fein würfeln. Roquefort und weiche Knoblauchzehen zusammen mit einer Gabel zerdrücken und mit der Crème fraîche mixen. Dörrpflaumenwürfel und Tannenhonig unterrühren. Kleine Kugeln (etwa 2 cm Durchmesser) daraus formen und auf Spieße stecken. Im Kühlschrank kalt stellen bzw. im Eisfach anfrieren.

2

Gruyèresticks

1	getrocknete Feige
10 ml	Banyuls (roter Dessertwein aus Roussillon)
4 Körner	Szechuanpfeffer
100 g	Gruyère (oder anderer Alpenkäse)
10 g	Methylcellulosewasser (siehe Effekt Nr. 33)

Die getrocknete Feige in sehr kleine Würfel schneiden und in einem Schnapsglas mit dem Banyuls über Nacht einweichen. Den Pfeffer mörsern. Den Gruyère in längliche Stücke reiben. Alle Zutaten gut verkneten, Kugeln (ca. 2 cm Durchmesser) daraus formen und auf Spieße stecken und kalt stellen bzw. im Eisfach anfrieren.

3

Ziegenfrischkäsesticks

4	frische Salbeiblätter
2	kleine Schafgarbeblättchen
4	frische Rosmarinnadeln
1	kleiner Oreganostängel
200 g	Ziegenfrischkäse (vom Bauern)

Die Kräuter waschen, trocken schütteln, fein wiegen oder hacken und mit dem Ziegenfrischkäse verkneten. Kugeln daraus formen und auf Spieße stecken und kalt stellen bzw. im Eisfach anfrieren.

4

Banyulsschaum

200 ml	Banyuls
25 g	Basic Textur (Texturgeber auf Pektinfaserbasis)

Banyuls mit Basic Textur gut vermischen. In einen Sahnesiphon geben, mit einer Stickstoffpatrone beladen und kalt stellen.

5

Anrichten

500 g	Mannitol
500 g	Erythritol
500 g	Isomalt
500 g	Sorbitol

Sie brauchen außerdem
kleine Spieße

Jeden Zuckeralkohol in ein kleines Töpfchen geben und bei mittlerer Hitze zum Schmelzen bringen. Die Spieße in unterschiedliche, aber jeweils nur eine der Schmelzen tauchen und mit Käse überziehen. Abkühlen lassen und servieren. Den Banyuls aus dem Sahnesiphon entweder in Weingläser sprühen und zu den Käsesticks mit einem kleinen (Bar-)Löffel servieren oder als Schaumsee auf dem Teller servieren.

Nº 22

Ein trockener Champagner ist der ideale Begleiter zu den orange-mandeligen Aromen der Kerze.

Unsere Wunderduftkerze bringt eine ganz neue Dimension des Würzens und viel Atmosphäre.

Der schokoladige Noilly Prat und die würzigen Algen unterstützen die Aromen des Lachses.

Multisensorik mit Feuer und Flamme
Die Duftkerze als Genussbooster

Nicht nur der Geschmack, sondern auch Geruch, Licht, Musik und andere Sinneseindrücke beeinflussen unbewusst unser Empfinden beim Essen. Ein Duft, der die Aromen des Gerichts unterstreicht, intensiviert das Genusserlebnis – Multisensorik at its best.

Diese Idee geht auf Heston Blumenthal, Drei-Sterne-Koch des Restaurants The Fat Duck in England, zurück. Mittlerweile gibt es Lebensmittelduftkerzen auch im Internet zu kaufen. In unserem Effekt wird aber die eigene Herstellung beispielhaft erklärt, um selbst kreativ zu werden und gezielt Düfte für ein multiplizierendes Sensorikerlebnis einzusetzen.

Die Wahrnehmung beim Essen umfasst sehr viel mehr als nur Textur, Geschmack und Gerüche, denn unser Gehirn baut in diesen Zusammenhang mehr ein als wir ahnen: Welche Musik läuft im Restaurant? Wie ist das Licht? Wie riecht es im Raum? All das beeinflusst nicht nur unser Wohlgefühl beim Essen, sondern auch, wie wir den Geschmack wahrnehmen. Das ist durchaus nicht trivial, denn wissenschaftlich ist nachgewiesen, wie ganz verschieden Aromen ortho- und retronasal wahrgenommen werden.

Hier wird ganz ordentlich auf der klaviatur der Emotionen gespielt. manipulation der sinne sehr erwünscht!

In Sensoriklaboren lässt sich sehr schön zeigen, wie sich der „Geschmack“ von Lebensmitteln ändert, wenn das Licht verschiedene Farben annimmt. Leuchtet es blau, schmeckt das Essen anders als bei Rotlicht bestrahlung des Raums. Gelb und Grün haben wiederum andere Effekte, sogar abhängig vom servierten Gericht. Essen wir dagegen im Dunkeln, können wir uns ohne optische Manipulation voll auf den Geschmack konzentrieren – ein gastronomisches Konzept, auf das manche Restaurants schon setzen. Oder das als romantisch geltende Cande-Light-Dinner: Wer schwärmt in verliebter Stimmung nicht davon – und das, obwohl die dann doch zu schummerige Beleuchtung den Koch- und Anrichtekünsten der Küchenchefs gar nicht entgegenkommt? Schon gar nicht der Wahrnehmung des Essens. Wir übersehen, besser überschmecken, sogar gern manchen Gar- und Würzfehler – was dem Gastronomen womöglich gar nicht so unrecht ist.

Manche Sterneköche richten Meeresfrüchte auf Tablets an, deren Bildschirme Meereswellen einspielen. Gehen sie noch ein Stück weiter, bekommen Gäste Kopfhörer oder Ohrstöpsel gestellt, die gleichzeitig Meeresrauschen und Windgeräusche einspielen – schon „schmecken“ Meeresfrüchte intensiver. Würden noch typische strandnahe Gerüche nach Algen, Meer und feuchtem Sand über Zerstäuber zugefügt, ließe sich der Genuss nochmals steigern.

Der Duft kann das Aroma des Gerichts positiv hervorheben. Die Idee hier ist Bienenwachskerzen nachempfunden. Diese verströmen beim Abbrennen den würzig-aromatischen und leicht fruchtigen Ge-

klar, die nase isst mit. Aber vor lauter Geruchsdramaturgie nicht das eigentliche Essen vergessen!

Wunderduftkerze

80 g	Butterschmalz
50 g	Kakaobutter
50 g	Kokosöl
10 g	Olivenöl
5 Tropfen	Orangenöl
5 Tropfen	Zitronenöl
5 Tropfen	Mandelaroma

Außerdem
kleine feuerfeste Gläschen (oder leere Teelichthalter)
Naturdocht (20–30 cm)

1 Butterschmalz, Kakaobutter, Kokos- und Olivenöl zusammen in einer Pfanne bei schwacher Hitze schmelzen. Dabei gut verrühren, sodass alles homogen vermengt ist. Dann vom Herd nehmen und Orangen- und Zitronenöl sowie das Mandelaroma einrühren.

2 Die Masse in die Gläschen füllen, die Naturdochte auf die passende Länge schneiden und vor dem Erstarren in die Mitte der Gläser stecken.

Danke, ihr Fleißigen Bienen. Ihr seid ganz große Aromakünstler!

ruch des Bienenwachses. Natürlich gibt es im Handel verschiedene Votivkerzen, die allerlei Gerüche verbreiten. Doch in diesem Effekt geht es darum, wie die Aromen im Kerzenwachs über die Zugabe verschiedener ätherischer Öle gesteuert und dem jeweiligen Teller gezielt angepasst werden können. Warum zum Beispiel nicht eine Thymian-Rosmarin-Kerze zum Lamm kredenzen?

Die Wunderkerze weht Gästen orthonasal Gerüche in die Nase, die sich mit den Gerüchen des Gerichts auf dem Teller vermengen. Wir lösen beim Kauen und Schlucken, dem oralen Prozessieren, Aromen aus den Elementen auf dem Teller, die wir neben dem Geschmack auf der Zunge retronasal (also über den Rachen) im Riechkolben wahrnehmen. So lassen sich über die brennende Kerze zusätzliche „Gewürze" einspielen, die wir in deutlich verschiedenen Weisen registrieren, als lägen sie auf einer Komponente des Tellers.

Die Duftkerze ist ein Würzen 4.0. Die Zusammensetzung der Kerze und die Aromen lassen sich natürlich verändern und dem jeweiligen Gericht anpassen. Es gibt dabei keine Grenzen in der Zusammensetzung. Physikalisch-chemisch nutzen wir dabei die Verwandtschaft von Fetten und Wachsen. Fette brennen ähnlich wie Wachse, aber wir können Düfte lebensmittelecht und dem Gericht zugewiesen steuern. Die Hauptzutat der Fettmischung muss bei Zimmertemperatur fest, das heißt, kristallin sein. Im Grunde kann also von Rindertalg über Palmfett (unbedingt bio!) bis zu Kakaobutter alles verwendet werden. Die Masse muss nur fest und dann für den Docht abbrennbar sein. Wer einen Schritt weitergehen möchte, spielt noch mit Licht. Farbfilter vor die Beleuchtung, warum nicht ein Hauch Orange für die Romantik? Nordmeerfans hingegen, legen etwas Trockeneis in eine Schale und simulieren einen Küstennebel zu Tisch. Die Multisensorik kennt kaum Grenzen.

Muss man als Angeberkoch wissen, Zimmertemperatur liegt bei etwa 22 °C.

Weihnachtlicher Orangenlachs mit orthonasaler Duftverstärkung

4 3 5

1

Sauce

100 ml	Fischfond
50 ml	Noilly Prat
200 g	Crème fraîche
4–5	Timutpfefferkörner
1–2 TL	Algenmischung

Den Fischfond mit dem Noilly Prat in einen kleinen Topf geben und bei mittlerer bis starker Hitze stark um ein Drittel einkochen. Dann die Crème fraîche unterrühren und die Sauce weiter reduzieren, bis die Präparation dicklicher wird. Den Timutpfeffer im Mörser zerstoßen. Die Sauce mit dem Pfeffer und der Algenmischung würzen. Die Sauce bis zum Servieren bei sehr schwacher Hitze ziehen lassen. Sie sollte nicht zu cremig sein, sondern noch flüssig wirken. Vor dem Servieren durch ein feines Sieb passieren.

2

Lachs

100 g	Butter
1 TL	getrocknete Verveine (Verbene, Eisenkraut)
400 g	Lachsfilets

Die Butter in eine Pfanne geben und zusammen mit der Verveine bei mittlerer Hitze schmelzen und aufschäumen lassen. Dann die Lachsfilets hineingeben und einige Minuten auf einer Seite garen, dabei gelegentlich mit einem Löffel etwas Butter darüberschöpfen. Der Lachs sollten innen zart rosa bleiben und auf der Oberfläche keinesfalls weißlich werden.

3

Anrichten

2 EL	abgeriebene Schale von einer Bio-Orange
	grobes Meersalz
1–2 EL	Kaviar (alternativ andere Fischeier)
	Rosé-Champagner

Hier ist weniger mehr. Damit nichts von der sensorischen Wahrnehmung, also dem Duft der Kerzen ablenkt, wird diese Vorspeise so pur wie möglich serviert. Somit sind die Kerzen auf dem Tisch der Hingucker. Auf vier flache Teller jeweils einen Saucenspiegel geben. Die gegarten Lachsfilets mit Küchenpapier abtupfen und darauf platzieren. Mit abgeriebener Orangenschale und Meersalz würzen und den Kaviar auf dem Saucenspiegel verteilen. Die Kerzen vor dem Servieren anzünden. Den Lachs zusammen mit einem trockenen Rosé-Champagner und dem von den Kerzen verströmten Duft und Kerzenschein genießen.

Nº 23

Nicht nur ein Spiel der Formen, sondern auch der Geliermittel, die hier unterschiedliche Texturen ermöglichen.

In der gelben Suppe paart sich Fenchel mit Kurkuma und einem intensiven Kokosöl.

Die grüne Suppe erhält ihre intensive Farbe vom Grün der Möhren.

Warm, fest und hocharomatisch
Suppenwürfel aus (gelierten) Emulsionen

Mithilfe avantgardistischer Techniken können Sie heiße, aber gelierte Suppenwürfel mit leuchtenden Farben und unglaublichem Geschmack und spannendsten Texturen kreieren. Überzeugen Sie Ihre Gäste!

Der Einsatz von allerlei Geliermitteln geht natürlich auf Ferran Adrià zurück. Höchst effektvoll servierte er ein Gericht, bei dem das Wort S O U P in Form von schaumig-gelierten Buchstaben auf dem Teller lag.

In diesem Effekt gehen wir einige Schritte weiter. Wir spielen zusätzlich mit den unterschiedlichen Eigenschaften der Geliermittel und höheren Öl- und Fettgehalten der Gele. Weder die wässrige Phase noch die pflanzlichen Geliermittel mögen das Öl, daher sind hohe Emulgierkräfte gefragt. Das Öl muss bei hohen Geschwindigkeiten eingerührt werden, damit die Öltröpfchen zusammen mit den Geliermitteln so lange stabilisiert werden, bis die Gelierwirkung eintritt. Nur das garantiert eine homogene Emulsion und den perfekten Genuss.

Das wird mit reiner Muskelkraft nix! Maschinenpower muss her.

Die Flavours der verschiedenen Würfel lehnen sich an bekannte Zubereitungen an, daher sind Geschmack und Aromen wiedererkennbar. Ein entscheidender Parameter sind die unterschiedlichen Texturerlebnisse, die über die physikalischen Eigenschaften der Geliermittel erreicht werden. Diese sind tatsächlich erstaunlich, denn das Bruchverhalten der Gele ist merkbar unterschiedlich. Agar-Agar zeigt ein elastisch-brüchiges Verhalten, Gellan wirkt beim Zerbeißen und Zerdrücken fast etwas bröckelig, Kappa-Carrageen wiederum spröde, während Iota-Carrageen schon etwas schmelzend wirkt. Der mit Stärke und Fischprotein gebundene Suppenwürfel zeigt ein plastisch-pastöses Verhalten. Jeder Würfel bringt daher ein gewisses Extra an sehr spezieller Textur, die quasi on top Mundgefühl und die Aromafreigabe positiv beeinflussen. All diese Suppenwürfel sind temperaturstabil bis 60 °C, Agar-Agar noch höher. Gellan ist sogar thermoirreversibel und kann daher länger angebraten werden. Der gelatinegelierte Würfel zeigt diese Eigenschaften nicht. Gelatinegele durchlaufen ab 28 bis 30 °C einen Festflüssig-Übergang, die Würfel „schmelzen" sogar im Mund und zeigen auch eine elastische Textur, wie sie von verschiedenen Weingummis und gelatinebasierten Gelen bekannt sind. Hier werden die Rotkohlwürfel bei Zimmertemperatur auf die warmen Suppenwürfel gesetzt. Somit werden sie rasch weich und beginnen nach längerem Warten unter Umstände sogar aufzuweichen, sie werden flüssig und fangen langsam an zu fließen.

Kann man auch absichtlich machen: Durch weniger Gelatine kann das provoziert werden, was zu besonderen Farbspielen in diesem Effekt führt.

Diese etwas eigentümliche und effekthascherisch wirkende bunte Konstruktion ist dennoch kulinarisch ausgesprochen ansprechend. Gerade weil sich die Flavours der verschiedenen Suppenwürfel sehr voneinander unterscheiden und bei vielen

Kombinationen kontrastig sind, etwa Fisch mit Rotkohl, Rettich mit Paprika, benötigt man eine ähnliche Textur, um die Flavours zusammenzuführen. Dieser Teller wirkt natürlich sehr „molekular" und fast schon aus der Zeit gefallen, und dennoch bietet er Spannung pur und lehrt Textur.

unbedingt verinnerlichen: Flavourpotenzierung beim garen im eigenen saft! karotten im karottensaft, Blaukraut im Blaukrautsaft, sellerie im selleriesaft usw. usf.

Und noch ein hoch kulinarischer Hinweis, der weit über dieses Rezept hinausgeht: Bei einigen Würfeln wird das Gemüse im eigenen Gemüsesaft gegart, wofür das Gemüse entsaftet wurde. Dies bedeutet natürlich eine hohe Flavourpotenzierung – eine Methode, die sich auch für andere Gerichte verallgemeinern lässt. Die Beigabe von frisch zubereiteten Gemüsesäften zu Saucen kann ebenso zu einer erheblichen Verdichtung des Flavours führen. Gerade bei naturgemäß umamiarmen vegetarischen Gerichten ist diese Methode von höchster Relevanz. Der daraus entstehende Trester kann arm an Aroma und Geschmack sein, lässt sich aber dennoch etwa in Broten verbacken oder aufgepeppt mit Miso & Co zu Kräckern verarbeiten. Angeberküche ist daher nicht ein ständiges Protzen mit edlen Tellern und Produkten, sondern sticht vor allem durch eine nachhaltige Gesamtsicht auf alle Lebensmittel hervor. Das am Rande. Wieder zur Wissenschaft.

Dabei hilft vor allem der Blick ins Nanoskalige: Die meisten Gele haben einen eher wässrigen Charakter. Wird jedoch Öl darin eingefangen, gewinnen sie an kulinarischer Attraktivität. Tatsächlich lassen sich mit Geliermitteln feste, ölige Emulsionen herstellen und zwar ohne zusätzliche Emulgatoren, wie in den Rubik's Cubes gezeigt wird.

Die realen Lebensmittel bringen beim Pürieren bereits viele verschiedene Emulgatoren mit: Trümmer aus Zellmaterial, Lecithin aus den Membranen, Proteine – mal mehr, etwa über die vielen Muskelproteine beim Fisch, mal weniger, etwa bei Möhrengrün oder Paprika. Dennoch funktioniert die Emulgierung sehr gut, sofern die Öltröpfchen klein sind. Dies erreicht man durch die hohe Drehzahl der Mixer, denn die großen Tropfen werden über die Scherkräfte immer kleiner. Je mehr es davon gibt, desto besser, denn sie können die verbleibenden großen nicht mehr „fressen". Zugleich wird beim Abkühlen aber die Viskosität erhöht, die Geliermittel wirken dann immer mehr als Verdickungsmittel. Die Fließ- und Diffusionsbewegung der Tröpfchen wird langsamer. Schon sind sie eingesperrt und werden nach dem Gelieren gar unbeweglich.

wichtig dafür sind die unterschiedlichen strukturen der geliermittel wie Agar-Agar, gelatine oder carrageen, die für die wahrnehmbaren Texturdifferenzen entscheidend sind.

Agar-Agar kennen wir bereits aus Effekt Nr. 28. Die Gele bilden sich über Doppelhelices, die sich beim Abkühlen ausbilden und sich beim vollständigen Abkühlen sogar zusammenlagern. Werden die Gele aber wieder erwärmt, bilden sich diese Aggregate wieder zurück und sie werden etwas weicher. Agar wirkt dann nicht ganz so stark elastisch.

Bei Carrageen bilden sich ebenfalls Doppelhelices, allerdings helfen die Calciumionen beim Gelieren mit (siehe Effekt Nr. 25 Sphären & inverse Sphären).

Gelatine erinnert an die Tripelhelix aus dem Bindegewebe. Es sind also an den Helices immer gleich drei Proteine verknüpft. Genau deswegen haben Gelatinegele diese aus Sülzen wohlbekannte Textur. Allerdings sind diese Gele nicht temperaturstabil! Stärke geliert am schlechtesten. Das verzweigte Amylopektin verzahnt sich mehr, nur die lineare Amylose kann Gele bilden. Also muss für dieses Experiment eine Stärke mit hohem Amylosegehalt gewählt werden, wie Kartoffel- oder Weizenstärke (siehe Effekt Nr. 25).

Colours of Rubik's Soup Cubes

1

Gelbe Möhrensuppe

400 ml	Gemüsebrühe
200 g	orangefarbene Möhren
1	Zwiebel
10 g	frischer Ingwer
100 ml	kräftige Gemüsebrühe
80 ml	Orangensaft (frisch gepresst)
1 TL	helle Misopaste
2	Gewürznelken
1 TL	gemahlener Kreuzkümmel
	Salz
100 ml	Olivenöl
5 Tropfen	Bergamotteöl (essentiell)
3 g	Agar-Agar

Möhren waschen, gut abbürsten und in Stücke schneiden. Zwiebel und Ingwer schälen und in Stücke schneiden. Diese Zutaten zusammen mit Gemüsebrühe, Orangensaft, Miso, Nelken, Kreuzkümmel und Salz in die Küchenmaschine mit Kochfunktion geben und zum Kochen bringen. 15–20 Minuten weich garen und anschließend auf höchster Stufe sehr fein pürieren. Die Konsistenz prüfen. Wenn noch Fasern vorhanden sind, die Suppe durch ein Sieb streichen. Anschließend die Öle zugeben und wieder auf höchster Stufe emulgieren. Dann nochmals zum Kochen bringen, Agar-Agar zugeben und wieder auf höchster Stufe mixen. In eine flache Form gießen und bei Zimmertemperatur gelieren lassen. Die Form sollte so bemessen sein, dass sich Würfel der Größe der einzelnen Würfelsegmente eines Zauberwürfels schneiden lassen.

2

Grüne Möhrensuppe

	Grün von 1 Bund Möhren
10	Knoblauchzehen
20–30 ml	helle Sojasauce
1 TL	Shiitakepulver
200 ml	Gemüsebrühe
200 ml	Schmand
100 ml	Crème fraîche
	Salz
6 g	Kappa-Carrageen

Möhrengrün waschen und trocken schütteln, Knoblauch schälen. Mit allen anderen Zutaten bis auf das Carrageen im Küchenmaschine mit Kochfunktion wie oben garen und anschließend fein pürieren. Diese Präparation durch ein feines Sieb passieren. Anschließend das Carrageen einrühren, wieder zum Kochen bringen. In eine Form gießen und bei Zimmertemperatur gelieren lassen.

3

Gelbe Fenchelsuppe

- 300 g Fenchel
- 100 g Knollensellerie
- 300 ml intensiver, aber klarer Geflügelfond
- Salz
- 50 ml geröstetes Erdnussöl
- 1 TL Fenchelsamen
- 2 TL (nicht zu scharfes) Mumbai-Curry (dominant gelb)
- 1–2 TL gemahlene Kurkuma
- 100 g sehr aromatisches Kokosöl
- 3–4 g Iota-Carrageen

Fenchel waschen, Knollensellerie schälen und beides grob zerkleinern. Diese Zutaten zusammen mit Geflügelfond, Salz, Erdnussöl, Fenchelsamen, Curry und Kurkuma in den Küchenmaschine mit Kochfunktion geben und zum Kochen bringen. 15–20 Minuten weich garen und anschließend auf höchster Stufe sehr fein pürieren. Die Konsistenz prüfen. Wenn noch Fasern vorhanden sind, die Suppe durch ein Sieb streichen. Anschließend Öl und Carrageen zugeben und wieder auf höchster Stufe emulgieren. In eine Form gießen und bei Zimmertemperatur gelieren lassen.

4

Weiße Rettich-Fischsuppe

- 600 g weißer Rettich
- 300 g Daikonrettich
- 80 g Gemüsezwiebel
- 400 g weißer Fisch (z. B. Seelachs, Kabeljau, Meeräsche)
- ½ TL gemahlener weißer Pfeffer
- Salz
- 50 g möglichst weiße Butter
- 2 EL Kartoffelstärke

Weißen Rettich im Entsafter entsaften und 500 ml davon für das Rezept verwenden. Daikonrettich gut reinigen, Braunfärbungen wegschneiden und den Rettich würfeln. Die Zwiebel schälen und würfeln. Daikonrettich und Zwiebel im Rettichsaft in einem Topf bei schwacher Hitze sanft garen. Den Fisch würfeln und zum Rettich geben, dabei salzen und pfeffern. Diese Präparation lang und sehr fein pürieren, dann durch ein Sieb streichen. Die Butter einmixen, danach die Stärke hinzugeben und einen schnittfesten „Pudding" herstellen.

5

Rote Paprikasuppenwürfel

- 200 ml Rotwein (Cahors)
- 2 große rote Paprikaschoten (ca. 500 g)
- 2 rote Zwiebeln
- 1 EL rosenscharfes Paprikapulver
- 1 kleine frische rote Chilischote
- 400 ml sehr kräftige Hühnerbrühe
- 4 g Gellan
- 1 TL Pimentón de la Vera (geräuchertes Paprikapulver)
- 100 ml Olivenöl
- 100 ml Walnussöl

Den Rotwein in einem Topf bei mittlerer Hitze auf die Hälfte reduzieren. Eine der Paprikaschoten auf allen Seiten stark grillen, sodass sich deutliche Grillmarken zeigen. Die andere Paprikaschote halbieren, von Samen und Scheidewänden befreien, waschen und in Stücke schneiden. Zwiebeln schälen und würfeln. Die rohe Paprikaschote und Zwiebelwürfel mit Paprikapulver und Chilischote in der Hühnerbrühe ca. 20 Minuten weichkochen. Dabei den reduzierten Rotwein zugeben. Gegrillte Paprikaschote von Samen und Scheidewänden befreien und in Stücke schneiden. Nach 15 Minuten Kochzeit zu der Suppe geben. Diese Präparation sehr fein pürieren, durch ein Sieb passieren und in den Küchenmaschine mit Kochfunktion geben. Das Gellan und den Pimentón de la Vera einrühren, erhitzen, die Öle zugeben, unter Hitze und hoher Geschwindigkeit emulgieren. Anschließend in einer Form (s. o.) gelieren lassen.

je nach Schärfetoleranz im Ganzen lassen, aufschneiden, Samen entfernen.

6

Rotkohlwürfel

1	großer Kopf Rotkohl (zum Entsaften)
3	Dörrpflaumen
80 g	rote Zwiebeln
6 Blatt	Gelatine
100 g	ausgelassenes Fett von Räucherspeck
100 ml	Portwein
1 EL	Sauerteigpulver
1 TL	getrockneter Thymian
5	Wacholderbeeren
1 TL	frisch geriebene Muskatnuss
½	geriebene Tonkabohne
100 g	reiner Lardo (geräuchert, ohne Fleischanteil)
300 ml	Schinkenbrühe (oder kräftige Fleischbrühe)

Vom Rotkohl 500 g hobeln, den Rest im Entsafter entsaften. Die Dörrpflaumen in kleine Würfel scheiden, Zwiebeln schälen und in feine Streifen schneiden. Die Gelatine in Wasser einweichen. Das Speckfett in einem Topf erhitzen und die Dörrpflaumenwürfel behutsam, aber deutlich, darin karamellisieren. Dann die Zwiebeln dazugeben und im Speckfett mit den Pflaumen glasig dünsten. Den gehobelten Rotkohl dazugeben und mitdünsten. Nach und nach mit dem Portwein ablöschen und immer wieder verdampfen lassen. Das Sauerteigpulver, Kräuter und Gewürze zugeben, kurz umrühren. Dann auch Lardo, Rotkohlsaft und Schinkenbrühe dazugeben und den Rotkohl garkochen. Anschließend mit dem Pürierstab sehr fein pürieren und ggf. durch ein Sieb streichen. Auf ca. 40 °C abkühlen lassen, die Gelatine ausdrücken, zugeben und in der Suppe auflösen. Die Suppe in einen vorgewärmten Sahnesiphon geben und mit zwei Stickstoffpatronen beladen.
Etwas abkühlen lassen und in kühle Silikon-Eiswürfelform spruhen.
Die blaue Schaumsuppe im Kühlschrank gelieren lassen.

7

Anrichten

Alle Gele – bis auf die Rotkohlversion – in nicht zu große Würfel schneiden und im Ofen auf 50–60 °C erwärmen. Rotkohlsuppe auf Zimmertemperatur bringen. Alles nach Gusto auf Tellern arrangieren. Obenauf 1–2 Rotkohlwürfel geben, die unter der Wärme leicht erweichen.

Sie brauchen außerdem

Küchenmaschine mit Kochfunktion
Entsafter
Sahnesiphon
Silikon-Eiswürfelform (Würfelgröße etwa so groß wie die Würfelsegmente eines Zauberwürfels)

Der Zusammenbau eines essbaren Zauberwürfels ist natürlich nicht verboten, im Gegenteil. Maths meets culinary science!

Nº 24

Der Schaum aus Plankton und das Algengemüse sorgen hier für ganz viel Meeresduft.

Unbedingt Pilz- und Algenreste aufbewahren und als Condiment verwenden.

Austernblatt schmeckt tatsächlich wie die Namensgeberin. Ist ein heikles Pflänzchen, das sich aber auch auf unseren Balkonen ziehen lässt.

Architektur der Schäume
Wie warme Espumas fest bleiben

Schäume sind fragile Objekte, die schon bei kleinsten Störungen wie etwa Hitze zusammenfallen können. Luftige Schäume, die bei Anrichte- und Verzehrtemperaturen stabil bleiben, machen da einen besonders guten Eindruck. Maßgeschneiderte Lösungen führen zum Ziel.

Die Sache hat er damit so populär gemacht, dass in der Zwischenzeit alle möglichen Fertigmischungen für ‚Hot Espumas' von verschiedenen Herstellern angeboten werden.

Der spanische Koch Oriol Castro – natürlich war er seinerzeit bei Ferran Adrià im El Bulli – setzt hin und wieder Methylcellulose für warme Schäume ein und kommuniziert dies auch bei Gourmettagungen. Wenn Sie sich die dahintersteckenden Vorgänge jedoch vor Augen führen und ein tieferes Verständnis dafür entwickeln, können Sie die nötigen Arbeitsschritte herleiten und Espumas ganz ohne die vorkonfektionierten Hilfsmittel, die im Handel angeboten werden, erschaffen.

Hier wird für den erwärmten Meeresschaum gefriergetrocknetes Plankton verwendet. Der spanische Sternekoch Ángel León hat sich und seine Arbeit ganz dem Meer verschrieben.

Die Idee hinter diesem Arrangement ist, eine Verbindung von dem klassischen Terre et mer zu schaffen, die aber ganz ohne Fisch und Fleisch auskommt und gleichzeitig aber an einen Strand erinnert. Vor diesem Hintergrund wurden die Zutaten ausgewählt: Algen für die feucht-glitschige Konsistenz mit den entsprechenden Aromen, Brotbrosel und Pinienkerne für den Sand. Terre wird durch die Pilze aus offensichtlichen Gründen bestens repräsentiert. So weit, so gut.

Für den warmen Espuma gibt es verschiedene Möglichkeiten, für die vegane Version eher weniger. Daher fallen viele handelsübliche Espumamischungen, die neben manch anderen Zutaten zum Beispiel auch Milchpulver verwenden, ohnehin aus. Die bekannten Eigenschaften der Methylcellulose, unter Wärme verdickend/gelierend zu wirken, machen sie zu einem Mittel der Wahl, das hier eingesetzt werden kann, um leichte warme Schäume zu produzieren. Plankton ist eine weitere Möglichkeit, Meeresflavour in den Schaum zu bringen. Es besteht aus einer ganzen Reihe von Mikroalgen, die das Plankton beherbergt, z. B. auch Spirulina, das gerade als Superfood „geadelt" wird.

Vorsicht! Je nach Hersteller kann die Körnigkeit unterschiedlich sein. Unbedingt beim Einrühren prüfen. Ist es körnig, dann besser nochmals durch ein Gazesieb streichen, sonst verstopft die feine Düse des Sahnebläsers.

Dieses auf den ersten Blick seltsame Arrangement geht wunderbar zusammen. Algen bieten umami pur und fügen leichte Bittertöne hinzu. Der „Sand" schmeckt nach Brot und ersetzt glatt das obligatorische Baguette zu diesem Gang, während die abgeflämmten, gerösteten Norialgen für eine gehörige Überraschung sorgen. Röstnoten, und dennoch die noch klar erkennbaren Meeresnoten, ergeben ein kontrastreiches Spiel mit den Pinienkernen.

Die beiden sensorischen Hauptakteure sind hier allerdings der leicht salzige und nach Meer duftende Schaum und das Austernblatt, das beim Essen verblüffend echt nach Austern schmeckt. Über Pilze, Meeresschaum und Austernblatt wird das Terre et mer perfekt, ganz ohne Tier.

Warme Espumas sind eine physikalische Herausforderung, denn die Stabilität von Schäumen ist durch die Grenzflächenaktivität und durch die Viskosität der aufzuschäumenden Flüssigkeit gegeben. Bei diesem Schaum soll bewusst auf Emulgatoren wie Lecithin verzichtet werden, denn er soll dichter, aber nicht zu cremig sowie kleinporig sein und trotzdem einen guten Stand haben. Also lastet die Stabilität mehr auf der Viskosität. Hier kommt die Methylcellulose ins Spiel. Sie löst sich in kaltem Wasser gut, in warmem Wasser schlechter und bildet Gele (siehe Effekt Nr. 33). Beim Schaum hat sie aber noch eine weitere Möglichkeit. Gase sind eher hydrophob, also bilden sie in den Stegen zwischen den Schaumbläschen ein Gel, sind aber der Grenzfläche zur Luft nicht abgeneigt. Die Methylcellulose wirkt daher aufgrund ihrer Hydrophobizität grenzflächenaktiv! Aber der Teil der Methylcellulose, der sich an der Grenzfläche aufhält, fehlt zur Wasserbindung. Daher muss an dieser Stelle etwas nachgesteuert werden. Dies geschieht mit Iota-Carrageen, von dem wir wissen, dass es nur sehr weiche Gele bildet, aber das Mundgefühl eher flüssig lässt. Ein anderer Vorteil: Iota-Carrageen ist ein hoch elektrisch negativ geladener Polyelektrolyt, der eine gute Wasserbindung aufweist, aber kaum mit der schwach polaren und partiell hydrophoben Methylcellulose in Wechselwirkung treten kann. Beide Moleküle lassen sich also in den Wasserstegen zwischen den Bläschen in Ruhe und erfüllen stillschweigend ihre physikalischen Aufgaben. Sie binden den Geschmack und halten diesen konzentriert in den Wasserstegen fest, während die heftigen Aromen des Planktons in den winzig feinen Bläschen gefangen sind. Eine geniale, weit von Schaumschlägerei entfernte Kombination, denn der wasserlösliche Geschmack findet sofort die Rezeptoren auf der Zunge, die Meeresaromen landen konzentriert retronasal an der Nase.

Terre et mer – und kein büschn Füsch

1

Warmer Meerschaum

- 200 ml Wasser
- 1 Prise Salz
- 10 g Plankton Marino (Fachhandel)
- 2 g Methylcellulose
- 1 g Iota-Carrageen

Alle Zutaten in einer Schüssel vermengen und über Nacht im Kühlschrank vollständig rehydrieren lassen. In einen Sahnesiphon füllen und mit zwei Stickstoffpatronen beladen.

2

Algengemüse

- 400 g frische Algenmischung (z. B. Wakame, Dulse, Meeresspaghetti, Queller)
- klare Gemüsebrühe zum Einweichen
- 1 Schuss trockener Weißwein

Die Algen mit so viel klarer Gemüsebrühe und einem Schuss Weißwein kochen, dass sie gerade bedeckt sind, bis sie weich sind und eine gemüseartige Konsistenz haben und Brühe und Wein weitgehend verdampft sind. Herausnehmen und warmhalten. Die Algenkochflüssigkeit aufbewahren.

3

Pilze

- 4 größere Champignons
- 4 größere Shiitakepilze
- 1–2 EL Olivenöl

Die Pilze mit einem Pinsel reinigen und die Stiele von den Köpfen trennen. Die Stiele aufbewahren. Die Pilzköpfe in einer Pfanne bei mittlerer Hitze in heißem Olivenöl vorsichtig garen, sodass sie intakt bleiben.

4

Resteverwertungscondiment

- Pilzstiele (siehe Schritt 3)
- Algenkochflüssigkeit (siehe Schritt 2)
- Salz
- 50–80 ml Haselnussöl

Die Pilzstiele kleinschneiden und in einem kleinen Topf in der Algenkochflüssigkeit weich kochen. Mit einem Stabmixer sehr fein pürieren und bei Bedarf nachsalzen. So viel Haselnussöl unterschlagen, bis eine feine, mayonnaiseartige Konsistenz entsteht. In ein Dosierfläschchen füllen.

5

Sand

- 1 Blatt Norialgen
- 2 EL Pinienkerne
- 200 g Sauerteigbrotbrösel
- 80 ml duftendes Olivenöl
- sehr grobes Meersalz

Norialgenblatt mit einem Gourmetbrenner abflämmen, damit es röstig duftet. Abkühlen lassen, dann im Mörser in kleine Stücke brechen. Die Pinienkerne im Blitzhacker zerkleinern. Das Öl in einer Pfanne erhitzen und Pinienkerne und Sauerteigbrotbrösel darin anbraten. Sie sollen keine starke Farbe annehmen. Auf Küchenpapier abtropfen lassen. Brösel, Noristücke und sehr grobes Meersalz vermengen.

6

Anrichten

- 8 Blätter Austernblatt

Sie brauchen außerdem

- Dosierfläschchen
- Sahnesiphon
- Gourmetbrenner

Den warmen Meerschaum vor dem Servieren im Wasserbad auf 55 °C erwärmen. Das gut abgetropfte Algengemüse auf Teller geben und je zwei Pilze mit dem Kopf nach unten daraufsetzen. Etwas Sand am Rande des Gemüses verteilen. Das Resteverwertungscondiment in Punkten dekorativ verteilen. Den warmen Meerschaum in die Pilzköpfe sprühen und je 1–2 Blatt des Austernkrauts an die Pilze mit dem warmen Meerschaum anlehnen.

Nº 25

Dekonstruktion par excellence – das betrifft auch das Brötchen, das hier als Püree durch Hefeflocken einen ordentlichen Schub umami erhält.

Den Gin der beschwipsten Trauben bloß nicht wegschütten, der passt immer noch in einen Wein-Gin-Tonic.

Der Senf-Schaum wird zu einer kleinen Hauptrolle und bringt ordentlich Säure ein.

Mainzer Dekonstruktionen
Marktfrühstück der molekularen Art

Kaltes Fleischwursteis und essbarer Wein sind nicht überall zu bekommen, und ein herzhaftes Brotpüree liegt fernab aller Bäckerehren: Als gelungener Auftakt für ein Menü oder einen überraschenden Zwischengang birgt dieser Teller Dekonstruktion pur.

Eine sehr frühe Version dieser Idee wurde tatsächlich einmal bei einem Gourmetfestival vor langer Zeit serviert. An der Seite zweier Profis – Marcus Danner, damals Dorint-Hotel Mainz, und Antonio Sportiello, damals Frankfurt – wurde ein mehrgängiges Menü unter dem Titel „Crazy Taste" geschaffen. Darunter befand sich auch ein Fleischwursteis. Schließlich gehört die „Meenzer Fleischwurst" zum unverkennbaren Markenzeichen dieser liebenswerten Stadt.

Ach Mainz, meine Heimat.

Im Fleischwursteis muss flavourtechnisch nachgelegt werden. Klar, die Fleischwurst selbst liefert schon eine gute Grundlage für den Geschmack, wird aber meist warm oder heiß gegessen. Bei dem kalten Eis ist aber die Wahrnehmung schwächer und verzögert. Das Eis kühlt die Zunge, die thermische Energie ist kleiner, die Moleküle sind langsamer. Daher wird durch die Zugabe von typischen Wurstgewürzen und Speck nachgesteuert. Auch das Steinpilzpulver gibt, neben dem pilzig-würzigen Aroma, eine gehörige Menge an Guanosinmonophosphat dazu, das den Umamigeschmack aus dem Kälteschlaf weckt, sobald es zusammen mit dem Glutamat auf den Umamirezeptor trifft. Auch der Chili hat sensorisch eine verstärkende Wirkung. Er reizt den Hitzerezeptor TRVP1 und moduliert die Wahrnehmung deutlich ins Positive. Dieser Trick kann mit mehr Chili verstärkt werden, denn dann funken TRVP1 und TRVP2 stärker in Richtung „warme/heiße" Fleischwurst, während die Eistemperatur kräftig den Kälterezeptor reizt.

Daher sorgt das Eis, je nach Chilibeigabe und ganz abgesehen von der ungewohnten Darreichung, für eine unglaubliche Spannung im Mund: heiß-kalt, starkes Umami beim Schmelz, leichter Salzgeschmack. Genau das erwartet niemand beim Eis. Die Überraschung ist perfekt. Verstärkt wird dieser Eindruck noch über den kalten Rauch unter der Glocke, die zu Tisch gelupft wird. Rauch assoziiert meist Wärme, schon wird dem Eis hier noch einmal ein Kontrast aufgeprägt.

Das Weckpüree benötigt ebenfalls Aufpeppung, dafür sorgen das Sauerteigpulver, der Brottrunk und natürlich der Dinkeldrink, denn dieser bringt noch feine Getreidearomen. Die geröstete Hefe weist selbstverständlich noch einmal mehr in Richtung Umami. Sie lässt sich bestens durch Hefeflocken ersetzen.

Ein Brotzeitteller geht ohne Senf schlicht nicht.

Auch der luftige Senf-Espuma birgt eine Überraschung, denn er erhält über die Sodakapsel einen kleinen Säurekick mehr. Die übliche Essigsäure des Senfs kommt durch die Kohlensäure weniger banal daher und wirkt über den Hauch Apfel fast apfelweinartig – fügt sich somit also zum Worschteis (Senfnote) und schlägt gleichzeitig eine Brücke zu der Weinsphäre (Äpfelsäure).

Im Gegensatz zu Sphären gelieren inverse Sphären nicht nach, wie es von den Alginatperlen (Kaviar) bekannt ist. Bei Sphären wird das Alginat in die zu verkapselnde Flüssigkeit und in ein Calciumbad gegeben. Das Calcium vernetzt das Alginat zwar zügig, allerdings dringen die kleinen Ca^{2+}-Ionen zügig zwischen den bereits gebildeten Maschen ins Gel. Die Folgen sind fatal. Bald nach dem Verkapseln ist das Alginat auch im Inneren vernetzt, der Kaviareffekt, das Platzen der Oberfläche, ist im Eimer.

Eine dramatische Wendung!

Bei der inversen Verkapselung passiert dies nicht, denn die Calciumionen befinden sich bereits in der zu verkapselnden Flüssigkeit, die ins Alginatwasser getropft wird.

Worscht-Weck-Woi 2.0

1

Beschwipste Prickeltrauben

12	nicht zu große weiße Weintrauben
	Gin zum Einlegen

Die Weintrauben waschen und in einen Sahnesiphon geben. Den Gin dazugeben, sodass die Trauben darin baden können. Mit zwei Sodakapseln beladen und über Nacht im Kühlschrank kalt stellen.

2

Fleischwursteis

400 g	gute, handwerkliche Fleischwurst
80 g	Räucherspeck (ohne Knorpel)
10 g	Steinpilzpulver
100 g	Sahne
50 ml	Wurstbrühe oder Worschtsupp
2 g	Eisstabilisatoren (alternativ 1 g Iota-Carrageen und 1 g Xanthan)
je 0,5 g	frisch geriebene Muskatnuss, gemahlener Koriander, Macis und Glutamat
mind. 0,5 g	Chilipulver

Fleischwurst und Speck zerkleinern und mit allen anderen Zutaten zusammen sehr fein mixen. In einen Pacojetbehälter geben. Einfrieren und vor dem Servieren 2- bis 3-mal pacossieren.

3

Brötchencreme

2	Roggenbrötchen (ohne Körner)
2	helle Weizenbrötchen (Meenzer Paarweck)
50 ml	Brottrunk (Reformhaus)
100 ml	Dinkeldrink
1–2 EL	sprühgetrockneter Sauerteig
1 TL	gemahlene Brotgewürzmischung ohne oder mit wenig Kümmel

Die Brötchen in Brottrunk und Dinkeldrink einweichen, mit Sauerteig und Brotgewürzmischung würzen. Mit dem Handmixer zu einer Creme aufschlagen.

Die Vernetzung findet nur an der Oberfläche statt. Alginat kann aber nicht weiter eindringen, denn die langen Biopolymerketten kommen nur noch mit verschwindend kleiner Wahrscheinlichkeit durch die bereits gebildeten Maschen. Und schon gar nicht während der kurzen Verkapselungszeit. Also bleibt die Haut geliert, der Kern aber flüssig.

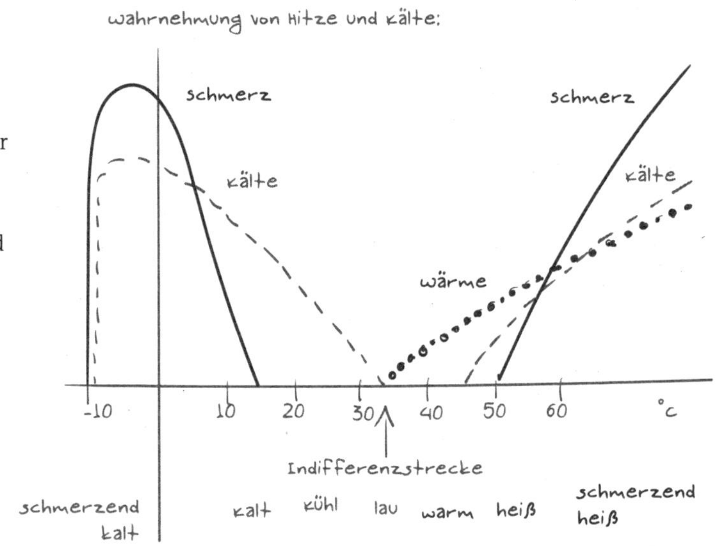

4

Inverse Weinsphären

2 g	Alginat
300 ml	trockener Weißwein nach Wahl
800 ml	destilliertes Wasser
2 EL	Calciumlaktat

Das Alginat mithilfe eines Stabmixers im Wein auflösen. Es dürfen sich gern noch einige Bläschen im Wein befinden, die Lösung sollte allerdings nicht trübe sein. Mit einem kleinen tiefen Löffel (Molekularkit) Sphären bilden, aber maximal so groß, dass eine Sphäre problemlos in den Mund passt.

5

Senf-Espuma

50 ml	klarer Apfelsaft
1 Blatt	Gelatine
200 g	Sahne
2 EL	mittelscharfer Senf
2 EL	feiner Apfelsenf (Cidresenf)

Den Apfelsaft in einem kleinen Topf leicht erwärmen und die Gelatine darin vollständig auflösen. Danach mit allen anderen Zutaten mischen, es muss eine glatte Mischung entstehen. In den Sahnesiphon füllen und mit einer Sodakapsel beladen.

6

Anrichten
grobes Salz
etwas geröstete Hefe

Die Brötchencreme auf Teller ausstreichen. Mit Salz und etwas gerösteter Hefe bestreuen. Das CO_2 vorsichtig aus dem Sahnesiphon lassen, die Trauben herausnehmen und abtupfen. Die Sphären zusammen mit den Trauben traubenförmig auf Teller schichten. Den Senf-Espuma in dekorativen Punkten (mit der feinen Düse des Sahnebläsers) auf die Teller geben. Das Fleischwursteis so anrichten, dass eine kleine Räucherglocke darumgestellt werden kann. Die Räucherglocke mit Rauch füllen und sofort über das Eis stülpen. Gäste sollen die Glocke abnehmen und den Rauch noch riechen.

Sie brauchen außerdem
Räucherglocke
Pacojet

№ 26

Die sehr dezenten Aromen der Aubergine sind der ideale Gastgeber für die Röstnoten durch das Abflämmen.
Die Heumilchsphäre sorgt für eine säuerliche Note auf diesem Teller.
Wichtig ist, das Kala Namak-Salz erst am Ende dazuzugeben, da seine schwefligen Noten sehr flüchtig sind.

Angeben ohne Aufwand
Das einfachste Sternegericht

Die weichgeflämmte Aubergine wirkt wie aus dem Lagerfeuer. Mit zerrupftem Fruchtfleisch und Olivenöl darauf erinnert sie an Mirza Ghasemi, eine persische Kombination von Aubergine mit Ei, während die sauermilchige Heumilchsphäre eher mediterrane Töne anschlägt.

Verblüffend einfach, verblüffend im Flavour und total ausbaufähig. Das einfachste ist oft das Beste. Als Inspiration muss René Redzepi genannt werden – er hat den verbrannten Lauch in die Sterneküche gebracht. Dieser wird im Grill an der Oberfläche vollkommen verkohlt – das Innere ist köstlich, mit außergewöhnlichen Aromen. Zudem Alain Passard, ein Dreisternekoch aus Paris: Er brachte in seinem Restaurant L'Apège die Aubergine sehr bescheiden auf die Teller. Wir erlauben uns noch eine Erweiterung mit gebeiztem Eigelb, der Heumilchsphäre und exotischem Purple Curry, damit es richtig etwas hermacht.

weil Feuer was für richtige Angeber ist! und physiko-chemisch mehr Flavour gibt!

Bei der Zubereitung stellt sich die Frage, warum die Aubergine nicht einfach in den heißen Ofen oder auf den Grill geworfen wird, anstatt mit dem Brenner zu arbeiten. Es ist in der Tat ein Unterschied, ob die Aubergine rundherum abgeflämmt oder im Ofen oder Grill „verbrannt" wird. Die Flammenhitze trifft direkt und lokaler auf die Oberfläche der Aubergine, beim Drehen kühlt sie an den zuvor erhitzten Stellen wieder ab, die Temperatur sinkt. Dies geht so weiter, bis sie reihum gegart ist. Der periodische Temperaturwechsel wäre im Ofen und Grill nicht gegeben. Das Fruchtfleisch wird sanft gegart, es bleibt mehr Wasser enthalten und das Fruchtfleisch behält einen Hauch von Biss. Die Flavourbildung ist unterschiedlich. Geflämmt wirkt die Aubergine würziger, feuriger und weniger glattgebügelt im Geschmack im Vergleich zu der Version vom Grill und erst recht zu der aus dem Ofen.

Durch das Abflämmen verbrennt die Aubergine außen und die dabei entstehenden Aromen durchdringen das zarte, weiche, gedämpft wirkende Fruchtfleisch, ohne dominant zu wirken, sodass außer Salz kaum andere Würzungen notwendig sind. Die Textur des Auberginenfleisches ist außergewöhnlich und erinnert noch etwas an den ursprünglichen rohen Biss. Das Olivenöl ergänzt diese noch grünen Geruchseindrücke perfekt.

Grün ist das Stichwort, denn davon lebt auch die Heumilchsphäre. Zum einen bringen Milchprodukte jede Menge grüne Aromen mit, aber eben auch jene cremig, kokosnussartig duftenden Lactone – vor allem die Sahne. Diese finden sich auch im Heu, denn beim Trocknen des fettigen Grases entstehen sie aus dessen gesättigten Fettsäuren.

Die typischen Heunoten fügen sich an die geflämmte Aubergine, sodass eine perfekte Harmonie entsteht.

Das gebeizte Ei wirkt trotz seiner aromatischen Zurückhaltung schon als Kontrast, der durch das exotische Purple Curry mit seiner Hibiskusnote wiederum das Heu unterstützt und einen Hauch von der aus

Alpenkäse bekannten Heublüte assoziiert. Ein wenig verspielt ist die Kreuzwürzung schon: das schweflige Kala Namak auf der Heumilchsphäre, das heublütenartige Purple Curry auf dem schwefligen Ei. Aber Spaß muss sein.

Richtig, aber wieder einmal liegen die fundamentalen unterschiede auf molekularer Ebene verborgen.

Bei der Konservierungsmethode des Beizens stellt sich immer die Frage, warum zum Salz noch eine erhebliche Menge Zucker hinzugegeben wird. Salz allein entzieht schließlich schon osmotisch das Wasser, so wie Zucker auch.

Naturgemäß sind Ionen viel zu klein, um viele Wassermoleküle um sich zu scharen. Sie behindern sich gegenseitig, die Wasserhülle ist nicht sehr ausgedehnt. Saccharosemoleküle, also die des Haushaltszuckers, sind zwar nicht geladen, dafür räumlich ausgedehnter und haben acht Hydroxylgruppen, die für Wasserstoffbrückenbindungen zur Verfügung stehen. In der Folge ist die Hydrathülle größer und die osmotische Wirkung höher. Daher ist die Zugabe von Zucker sinnvoll. Zum einen ist das Molekül deutlich größer als die Ionen aus Salzen, gleichzeitig lässt aber die schwächere Wechselwirkung über Wasserstoffbrücken den Wassermolekülen in der Hydrathülle mehr „Raum" zur Orientierung, es entstehen somit weniger konkur-

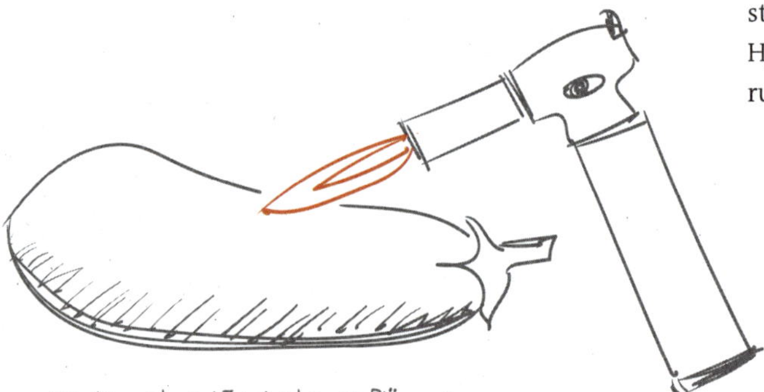

Rundum etwa 15 minuten abflämmen.

In dicke scheiben schneiden und mit gabeln auseinanderrupfen.

Geflämmte Aubergine mit Eigelb und Heumilch

4 2 5

1

Gebeiztes Eigelb

200 g Zucker
200 g Salz
4 frische Bio-Eier

Zucker und Salz gut vermischen und in einer flachen Schale verteilen. Die Eier trennen, das Eiklar für andere Zwecke verwenden. Eigelb separiert voneinander auf die Salz-Zucker-Schicht legen und vorsichtig mit der Salz-Zucker-Mischung bedecken. 1,5 Stunden beizen. Dann vorsichtig herausnehmen und von Salz und Zucker befreien.

2

Inverse Heumilchsphäre

200 g vollfette Sahne
50–80 g Heu von Biobauern
100 ml Buttermilch
2 g Calciumlaktat
28 g Basic Textur (Fachversand)
5 g Alginat
500 ml destilliertes Wasser
Wasser zum Abspülen

Die Sahne mit dem Heu 2 Stunden aromatisieren. Dann das Heu abfiltern und die Sahne mit der Buttermilch vermischen. Calciumlaktat und Basic Textur einrühren und gemäß Effekt Nr. 25 (Schritt 2) kleinere inverse Sphären herstellen.

3

Geflämmte Aubergine

2 gleich große dickere Auberginen

Auberginen mit einem Gourmetbrenner allseitig 15 Minuten abflämmen, bis die Haut vollkommen schwarz ist und das Innere gegart.

4

Anrichten

Salz
Olivenöl
Sauerklee
Purple Curry
Kala Namak

Von den Auberginen vier gleich große, 3–4 cm dicke Scheiben schneiden. An einer Oberfläche das Fruchtfleisch mit zwei Gabeln leicht auseinanderrupfen. Etwas Salz und Sauerklee auf das Fruchtfleisch geben. Je ein Eigelb und eine Heumilchsphäre vorsichtig auf eine Auberginenscheibe setzen. Die Eigelbe leicht mit Purple Curry bestreuen, Heumilchsphären mit Kala Namak bestreuen.

Sie brauchen außerdem

Gasbrenner mit Gastroaufsatz für die breitere Flamme

№ 27

Teller 2: Das Umami der Nieren wird potenziert durch die säuerlich-umamige Ponzusauce.

Teller 1: Süßliche Möhre und Pastinake gepaart mit torfigen Aromen durch den Whisky und getrocknetes Schweineherz.

Teller 3: Klassische Paarung der Leber mit Apfel und Essig, gekrönt durch die nussigen Aromen des Buchweizenquarks.

Leber, Herz und Nieren
Getrocknete Innereien für den Würze-Kick

Wenn der letzte Flavourkick fehlt, hilft ein Griff in die Trickkiste: Getrocknete Innereien können ein echter Quantensprung sein. Schon winzige Kleinigkeiten in verschiedenen Aggregatzuständen sorgen für einen enormen Flavour.

Das gewisse Etwas fehlt immer wieder. Es will sich einfach nicht einstellen! Ist es das Salz, fehlt die Säure, der Hauch bitter, der Zucker, das Glutamat? Vielleicht eine Prise von allem? Wissen Sie was – Ihrem Gericht fehlen getrocknete Innereien! Geben Sie diesem Gedanken eine Chance, bevor Sie ihn verwerfen. Denn Innereien bieten alle eben aufgezählten Geschmäcker und sogar noch das entscheidende Quäntchen mehr.

nicht aufhören! weiterlesen lohnt sich. Auch beim Thema Innereien.

Wie getrocknetes Fleisch, finden auch getrocknete Innereien häufig Anwendung in der Sternegastronomie. Vor allem jüngere Köche, die sich Regionalität und Nachhaltigkeit auf ihre Fahne schreiben, nutzen sie zur Flavourverstärkung – etwa Felix Schneider, Micha Schäfer und selbstverständlich Christoph Hauser von „Herz & Niere“. Der Name ist schließlich Programm.

Die Erleuchtung in Sachen Innereien ereilte mich bereits vor Jahrzehnten. Als großer Innereienfan waren mir die Abschnitte von Leber, Herz und Nieren immer zu schade für die Tonne. Also kurzerhand die Stücke im Dehydrator – nichts geht über Experimente! – bei knapp oberhalb 60 °C knochentrocken getrocknet, dann vermahlen und diversen Saucen mit auf den kulinarischen Weg gegeben. Der Flavourgewinn war mehr als beachtlich. So wird in der Wissenschaft aus der naiven Idee eines Genussforschers ein Essprogramm auf höchstem Geschmacksniveau.

Durch das Trocknen wird der Geschmack der Innereien verdichtet. Damit die Aromen während der Trocknung nicht vollständig flüchten, muss schonend bei niedrigen Temperaturen getrocknet werden.

Bei dem Wurzelherzstückteller werden neue Wege gegangen. Zum Beispiel das Würzen mit Geosmin, dem erdig-würzigen Geruchsstoff, der in Roter Bete und auch in Spinat zu finden ist, aber eben auch in der Erde. Der Fond, der zu den Wurzeln angegossen wird, wird mit schwarzem Bio-Humus und torfigem Whisky (Islay) kurz gewürzt und anschließend wieder gefiltert. Das scheint zunächst völlig abwegig, ist es aber nicht, denn der Humus ist lediglich Aromageber. Wem das dennoch zu abgehoben ist, der bleibt bei Rote-Bete- oder Spinat-Pulver, nimmt dabei aber stärkere Färbungen in Kauf. Der außergewöhnlich erdige Eindruck der Brühe harmoniert bestens mit dem bitter erdigen Wurzelflavour. Allen Spezialisten ist sofort klar: Bei dieser Idee stand der Schweizer Naturkoch und „Hexer vom Entlebuch“ Stefan Wiesner Pate.

Dafür kann man sich nur vielmals bedanken!

Die Sauren Nierle rühren stark an der schwäbischen Seele und an ein Gericht, das unlängst in der Versenkung landete. Zu

Das Wort haben wir nicht erfunden! So heißt der Joghurt aus Hafer, wenn man ihn im Handel sucht.

Unrecht, sei betont! Daher werden die Zutaten entrümpelt, die Klassik auch abseits der Nierenspäne nur noch zitiert. Auch wenn dieser Miniteller fernab jeglicher veganen Weltanschauung ist, wird ein Joghurt aus Hafer verwendet. Nicht weil es trendy ist, sondern weil sein milder, getreidiger Flavour sich deutlich besser in das Geschmacks- und Aromabild einfügt. Besonders neben den Linsen und den roggenden Röstzwiebeln macht der Hafergurt eine ausgezeichnete Figur. Die säuerlich-umamige Ponzusauce bietet hier ein hohes Potenzial abseits der eindimensionalen Essignoten, die von dem Klassiker noch in Erinnerung bleiben.

Auch die Leber orientiert sich an der sehr klassischen Zubereitung: Apfel, Zwiebel, Essig. Allerdings werden diese Elemente aufgepeppt. Die Äpfel werden nicht nur in Zitrone, sondern auch in etwas Chartreuse, einem komplexen Kräuterlikör aus den Val d'Isere, mariniert. Dabei kommt gleich ein kompletter Bergkräuterstrauß zum Würzeinsatz, die Zwiebel wird zur Frühlingszwiebel und bekommt Sherryessig mit auf den Weg. Die Grundlage aber bietet die Milch, in die zu alten Zeiten die Leber eingelegt wurde. Allerdings in Form von Quark, der mit geröstetem Buchweizen einen stark nussigen Charakter bekommt. Gerade recht für die geriebene Leber mit ihren süßlichen und umamigen Noten und dem Hauch Rauch, der über diesem Teil des Menüganges schwebt.

Trocknen von Lebensmitteln ist eine Wissenschaft für sich. Jedes Lebensmittel enthält freies und gebundenes Wasser. Dieses ist polar und führt ein starkes Dipolmoment mit sich, eine schlichte Folge der Quantenmechanik der chemischen Bindung. Daher ist Wasser am Sauerstoffatom leicht negativ, an den beiden Wasserstoffatomen positiv. Also können sich Wassermoleküle an geladene oder polare Bestandteile in Lebensmitteln über Wasserstoffbrückenbindungen anheften. In den proteinreichen Lebensmitteln sind dies alle geladenen und polaren Aminosäuren, die ein hohes Maß der Wasserbindung mit sich bringen. Diese sind schwerer von dort zu entfernen als die weniger gebundenen Wassermoleküle. Daher benötigt gebundenes Wasser mehr Energie zum Verdampfen und somit höhere Temperaturen. Dies, sowie die Stabilität der Zellmembranen (denn dahinter befindet sich ebenfalls viel Wasser), bestimmt die geringen Trocknungstemperaturen. Natürlich ließe sich alles bei 100 °C und mehr trocknen, aber dann nähmen Proteine Schaden und das getrocknete Lebensmittel wäre gegart.

Bei proteindominierten Lebensmitteln sind also enge Grenzen gesetzt. Das Herz ist ein schierer Muskel mit mehr faserähnlichen, fibrillären Proteinen (Myosin), Leber und Niere dagegen haben Zellstrukturen mit mehr globulären Proteinen. Daher die unterschiedlichen Trocknungsbedingungen: Das Muskelprotein im Herzmuskel denaturiert bereits bei 45 bis 52 °C, während die globulären und sarkoplasmatischen Proteine in Leber und Niere ab ca. 60 °C denaturieren. Diese Überlegungen ergeben eine gezieltere Wahl der Trocknungstemperaturen für die verschiedenen Innereien. Muskelzellen (Sarkomer) enthalten deutlich weniger Bindegewebe (Elastin, Kollagen) als Leber und Niere, daher entweicht im Muskel das Wasser aus den Zellen bei niedrigen Temperaturen. Innereien wie Leber und Nieren ertragen aber auch Trocknungstemperaturen zwischen 68 und 70 °C, wenn Denaturierung und leichte Flavourveränderungen in Kauf genommen werden.

An dieser Stelle noch ein paar Ideen mehr: Jedes Lebensmittel kann vor der Trocknung mit Salz und Gewürzen sowie Beizen behandelt werden, wie es vom Beef Jerky, Biltong und anderen getrockneten Fleischwaren bekannt ist.

Variation ist immer erlaubt: Es müssen in einem Menü nicht genau diese drei Teller sein. Jeder funktioniert auch für sich als Entremet oder als Satellit zu einem passenden Haupt- oder Zwischengericht. Jedes für sich ist bereits eine kleine Sensation und wird auch Innereiengegnern eine ganz neue Perspektive eröffnen.

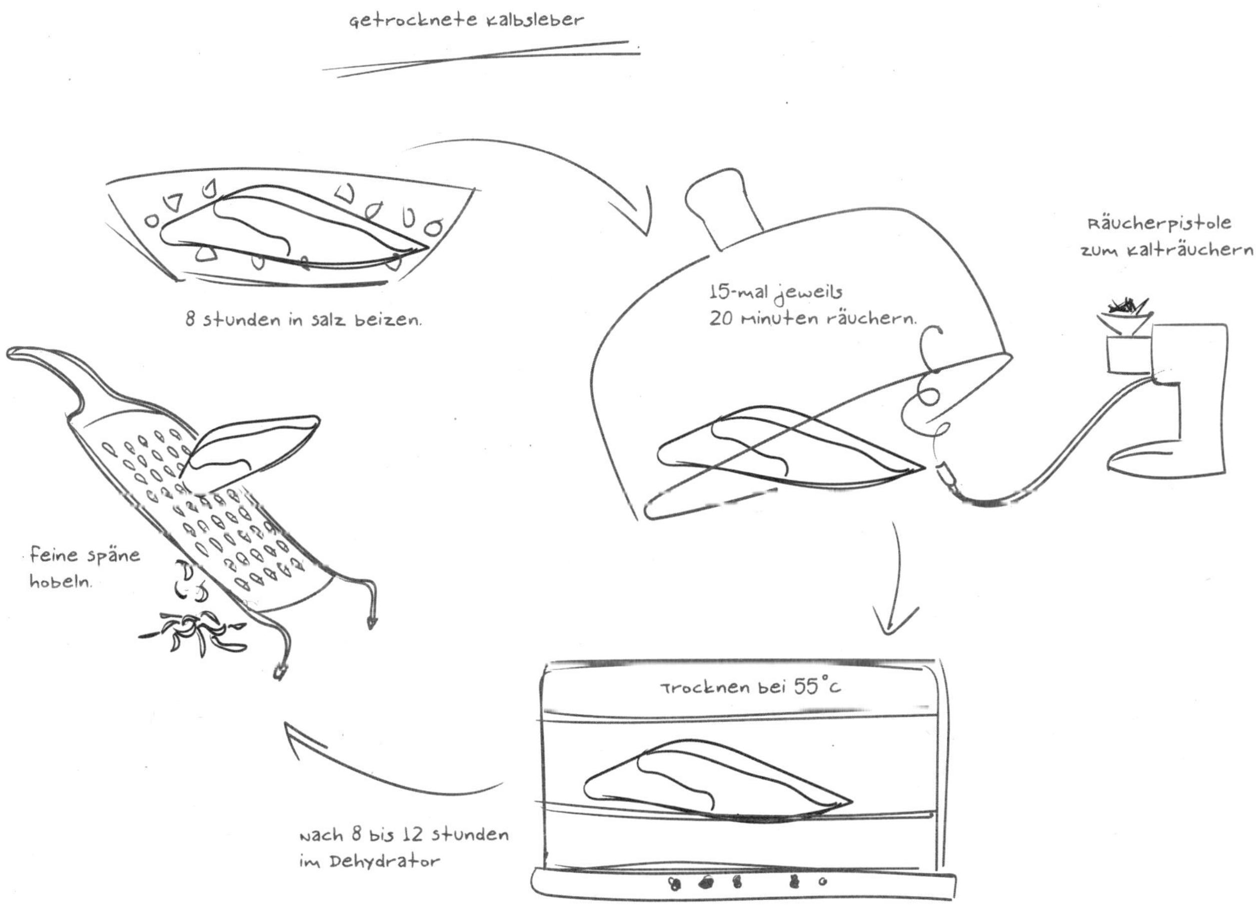

Drei Satelliten, ein Gang

1

Schweineherz

- 1 Schweineherz (oder Teile davon)

Schweineherz weitgehend von Fett befreien und im Dehydrator bei 50 °C langsam trocknen, bis es hart ist. Je nach Dicke und Größe kann das 8–12 Stunden dauern.

2

Lammnieren

- 2 Lammnieren
- Meersalz (3 % des Lammnieren-Gewichts)
- Zucker (1 % des Lammnieren-Gewichts)

Die Nieren mit Salz und Zucker bestreuen und in eine Schale legen. 6 Stunden darin im Kühlschrank beizen. Dann herausnehmen, abspülen und bei 65 °C im Dehydrator vollständig 8–12 Stunden trocknen.

3

Kalbsleber

- 200 g Kalbsleber am Stück
- 2 g Salz
- Räucherspäne (Apfelholz oder nach Wahl)

Kalbsleber mit Salz einreiben, in eine Schale legen und 8 Stunden im Kühlschrank beizen. Herausnehmen, abspülen und trockentupfen. Anschließend ausgiebig kalt räuchern. Man braucht mindestens 15 Durchgänge mit einer Räucherpistole. Dafür die Leber unter eine Glasglocke legen, die Glocke mit Rauch füllen, 20 Minuten warten, dann erneut mit Rauch befüllen, wieder 20 Minuten warten usw. Oder man besitzt ein entsprechendes Gerät zum Kalträuchern. Danach bei 55 °C im Dehydrator 8–12 Stunden vollständig trocknen.

genusswerken ist manchmal zeitraubend!

4

Teller 1: Wurzelherzstück

- 4 dünne junge Ur-Möhren
- 4 dünne junge Petersilienwurzeln
- 100 g Schweineschmalz
- 1 TL getrockneter Thymian
- Salz
- 1–½ TL Bio-Humus (Gartenmarkt)
- 2 cl sehr erdiger-torfiger Islaywhisky
- 200 ml sehr kräftiger dunkler Fleischfond

Möhren und Petersilienwurzeln gut säubern, aber nicht schälen. Das Schweineschmalz in einer Pfanne oder in einer Auflaufform schmelzen, Gemüse und Thymian hineingeben und 1–2 Stunden bei schwacher Hitze auf dem Herd oder bei 110 °C im Ofen im Ganzen konfieren, bis sie sehr weich und leicht schrumpelig wirken. Das Gemüse herausnehmen und abtropfen lassen (und das wohlschmeckende, aromatisierte Schmalz für den nächsten Apero aufbewahren). Abtupfen, salzen und warmhalten. Den Bio-Humus mit dem Whisky vermengen und kurz ziehen lassen. Den Fleischfond in einem kleinen Topf aufkochen, von der Platte nehmen und die gewhiskyte Erde einrühren. 2–3 Minuten ziehen lassen und durch einen Papierteefilter geben.

Anrichten

- getrocknetes Schweineherz

Die Wurzeln auf Teller geben und den erdigen Fond angießen. Über jeden Teller großzügig das getrocknete Schweineherz mit einer guten (!) Reibe darüberraspeln. Definitiv mit einem Gourmetlöffel genießen!

5

Teller 2: Saure Nierle

- 1 Schalotte
- 2 EL Rapsöl
- 2–3 TL Sauerteigpulver
- 80 g kleine braune Gourmetlinsen
- 200 ml Wasser
- 4 (sehr) kleine Kartoffeln
- Salz
- 1–2 Msp. Xanthan
- 1–2 TL Ponzu (japanische Würzsauce)

Anrichten

- 4 EL Hafergurt natur
- 4 kleine eingelegte (Silber-)Zwiebeln (selbst gemacht oder von einem guten Produzenten)
- getrocknete Lammnieren

Die Schalotte schälen und in feine Ringe schneiden. Das Rapsöl in einer Pfanne erhitzen und die Schalotten bei schwacher Hitze darin langsam rösten. Dabei mit Sauerteigpulver bestäuben und knusprig braten.
Die Linsen mit dem Wasser aufkochen und bei schwacher Hitze nach Packungsangabe bissfest garen. Sie sollten nicht platzen oder zerfallen. Überschüssiges Wasser abgießen und aufbewahren. Die Kartoffeln waschen, schälen und im Salzwasser garkochen. Das noch warme Linsenkochwasser mit Xanthan leicht andicken und mit Ponzu und Salz abschmecken.

Hafergurt als Nocke in tieferen Schalen in die Mitte geben, Silberzwiebel und Kartoffel daneben setzen. Einen Teil der Linsen darüberstreuen. Angedickte Linsenbrühe angießen und die Schalen mit der getrockneten Niere beraspeln.

6

Teller 3: Leber über geröstetem Buchweizenquark

- 100 g Buchweizen
- 100 ml Gemüsebrühe
- 160 g Quark (mind. 30 % Fett)
- 1 TL flüssiger Honig
- nach Bedarf etwas Milch
- Salz
- 1 Langpfeffer
- 1 grüner Apfel (z. B. Granny Smith)
- frisch gepresster Saft von 1 Zitrone
- 1–2 TL Chartreuse
- 1 Frühlingszwiebel
- Sherryessig

Anrichten

- getrocknete Kalbsleber
- 100 ml Kürbiskernöl
- evtl. Borretschblüten

Sie brauchen außerdem

- Räucherpistole oder Möglichkeit zum Kalträuchern
- Dehydrator

Den Buchweizen in einer trockenen Pfanne bei starker Hitze kräftig anrösten. Es sollten sich deutliche Röstaromen zeigen. 1 EL davon als Knusperelement beiseitestellen. Den restlichen Buchweizen in einem kleinen Topf bei schwacher Hitze in der Gemüsebrühe ca. 20 Minuten weichkochen und anschließend fein pürieren. Durch ein Sieb streichen und mit Quark und Honig zu einer glatten Creme verrühren. Nach Bedarf mit etwas Milch nachhelfen. Langpfeffer mörsern. Apfel waschen, nicht schälen, vierteln, vom Kerngehäuse befreien und in kleine Brunoise schneiden. Sofort mit dem Zitronensaft marinieren (Oxidationsschutz). Mit Chartreuse und dem Langpfeffer würzen. Frühlingszwiebel waschen, in dünne Ringe schneiden und mit Sherryessig beträufeln.

Den Buchweizenquark in Schälchen verteilen und die Apfelbrunoise daraufgeben. Mit Knusperbuchweizen bestreuen. Großzügig getrocknete geräucherte Leber darüberraspeln. Mit ein paar marinierten Frühlingszwiebelringen garnieren. Das Kürbiskernöl am Rande angießen. Falls vorhanden, machen sich ein paar Borretschblüten darauf nicht schlecht. Sie fügen noch ein paar Gurkenaromen zum hexanaldominierten grünen Apfel und der kräuterigen Chartreuse hinzu.

№ 28

Die getrockneten Innereien bringen intensiven Geschmack und lassen zusammen mit dem Knochenmark und dem Hauch Thymianrauch an eine längst vergangene Welt erinnern.

Es eignen sich vor allem Waldpilze, egal, ob Steinpilz oder Pfifferlinge.

Heißes Knochenmark auf einem Stück getoastetes Bauernbrot, etwas Salz – allein das ruft bereits hohes kulinarisches Glück hervor.

Es wird nichts weggeworfen
Der famose Flavour von Knochenmark

Knochenmark und Knochenbrühe teilen eine Vielzahl identischer bis ähnlicher Aromen. Zusammen ergeben die beiden eine olfaktorische Kraftbombe, die ihresgleichen sucht. Mit ein paar Kontrasten rundherum ergibt sich ein extrem spannendes kulinarisches Erlebnis.

sehr schade, denn es liegt hohes gastronomisches Potenzial in ihnen. Knochenmark ist Kult. Wagen wir den Blick ins Paläolithikum!

Lebensmittel wie Knochenmark (im Paläolithikum übrigens eine hervorragende und unverzichtbare Nahrungsquelle) und Innereien finden in der heutigen Alltagsküche wenig Akzeptanz, sie werden als unappetitlich empfunden. In der Sterne-Gastronomie hingegen wurde und wird Knochenmark immer gehuldigt – etwa als warmes Knochenmark in der klassischen französischen Küche. Unter den deutschen Köchen haben vor allem Joachim Wissler und Nils Henkel mit genialen, singulären Konstruktionen überrascht, aber auch bei Lucki Maurer finden sich extrem spannende Ideen damit. Fergus Henderson (bekannt durch „Noise to Tail“) widmet eines seiner Signature dishes voll und ganz dem Knochenmark.

Die Knochenbrühe wird natürlich mit dem klassischen Suppengemüse gekocht, das den Umamigeschmack verstärkt und altbekannte Suppenaromen beifügt.

Der Flavour des gegarten Knochenmarks lässt sich am besten pur erfahren. Die Brühenaromen sind klar erkennbar und so liegt es nahe, Knochenbrühe und Knochenmark zu kombinieren, um deren Aromen zu potenzieren.

Dabei hilft auch die Zubereitungsmethode kräftig mit. Das Knochenmark wird heiß in der Knochenbrühe emulgiert und dann geliert. Bis hierher folgt das Rezept vollständig Effekt Nr. 23 (feste Emulsionen). Das anschließende Pürieren verflüssigt die Gele, wie im Effekt Nr 37 angesprochen, das jetzt feste Knochenmark bleibt entweder in den kleinen Geltrümmern gefangen oder es wird herausgequetscht und zwängt sich zwischen die Gelpartikel. Beim Erwärmen im Sahnesiphon wird es wieder flüssig und bildet beim Herausblasen einen luftigen Schaum. Er wirkt leicht, stellt aber tiefen Umamigeschmack, beste Mundfülle und potenzierte Aromen in vollendeter Weise dar. Das Drumherum dieses Rezepts ist nicht nur Kosmetik sondern wirkt auch verstärkend auf den Geschmack. Die kaviarähnlichen Senfkörner bieten Säure, die Pilze erhöhen den Umamieindruck und die Späne der getrockneten Innereien sind durch nichts zu ersetzen.

Die Methode dieses Effekts erscheint auf den ersten Blick widersinnig. Gelieren, heiß emulgieren, verflüssigen, einen Schaum bereiten, aber genau dahinter stecken eine ganze Reihe physikalischer Prozesse, die dies erst ermöglichen. Bei kleinen Schergeschwindigkeiten drehen sich die Tröpfchen nur, bleiben aber kugelrund, denn die Kugel hat die kleinste Oberfläche, ergo die kleinste Oberflächenenergie. Erst bei höheren Schergeschwindigkeiten bilden sich unter dem Scherfeld Ellipsen mit größerer Oberfläche und Energie. Da aber

wichtig ist, das Knochenmark heiß einzumixen, denn es ist bei Zimmertemperatur fest. Die Drehzahl des Mixers muss hoch sein, nur so lassen sich viele kleine Fetttröpfchen erzeugen. Also volle Energie!

physikalisch immer die kleinstmögliche Energie angestrebt wird, teilen sich die Tröpfchen in zwei Kügelchen – bei steigender Schergeschwindigkeit wieder und wieder, womit die Viskosität der Brühe steigt.

Beim Abkühlen nimmt die Viskosität der Brühe weiter zu, weil die Fette fest werden und das Agar-Agar langsam auf den Gelpunkt zugeht. Bevor also Fett koaguliert, ist das Agar-Agar schon so fest, dass die erstarrenden Fettkügelchen auf ihren Plätzen verharren. Es bilden sich freie Fettkügelchen, die in winzigen Gelpartikeln eingesperrt sind. Genau dieses Arrangement lässt sich zu einem cremigen Schaum unter hohem Druck aus der Düse des Sahnebläsers erzeugen.

Agar-Agar ist dabei das Mittel der Wahl, denn die Gelpartikel sind ausreichend hitzestabil und überleben auch den Austritt unter Druck aus dem Sahnebläser. Genau diese festen Partikel werden benötigt, um einen Pickeringschaum (siehe Effekt Nr. 42), zu stabilisieren. Die Gelpartikel sperren sich zwischen die Gasbläschen, setzen sich auf deren Oberfläche und umzingeln auch freie Fetttröpfchen. Die Textur überzeugt, der Pickeringschaum ist luftig, die Partikel erzeugen beim oralen prozessieren eine wundersame Cremigkeit und das noch flüssige Knochenmark lässt die Aromen im Mundraum tanzen.

mit gelatine funktioniert das nicht, da sie dem Druck einfach nicht gewachsen ist.

Knochenmark und Wochenmarkt – ein Blick zurück ins Paläolithikum

4 4 4

1

Knochenmarkschaum

100 g	Knollensellerie
100 g	Möhren
100 g	Lauch
1 Bund	Petersilie
1 kg	Rinderknochen für die Brühe
500–700 g	Markknochen für 50–60 g Knochenmark
2,5 g	Agar-Agar
2–3 g	Salz

Sie brauchen außerdem

längs aufgesägte Knochen zum Servieren (im Gourmethandel oder beim Metzger vorbestellen)

Sahnesiphon

Gourmetbrenner

Den Ofen auf 110 °C vorheizen. Sellerie und Möhren schälen, Lauch waschen und das Gemüse in grobe Stücke schneiden. Petersilie waschen, trocken schütteln und kleinschneiden. Gemüse und Petersilie mit den Rinderknochen in einem großen Topf in 1–1,5 l Wasser kalt aufsetzen, salzen und langsam aufkochen. Dann den Topf in den vorgeheizten Ofen stellen und die Brühe 4 Stunden darin sieden lassen. Anschließend die Brühe abfiltern und beiseitestellen. Die Markknochen in eine Schüssel mit 1 l kaltem Wasser geben, um Blut und Lymphflüssigkeit so weit wie möglich auszuwaschen. Herausnehmen und das Knochenmark herausdrücken. Etwa 50 ml der gefilterten Rinderbrühe abmessen und das Knochenmark darin in einem kleinen Topf 10–15 Minuten bei schwacher Hitze weich garen. Nun nochmals 300 ml der gefilterten Brühe abmessen und in einem Topf erhitzen. Das weich gekochte Knochenmark zusammen mit der Knochenmark-Kochbrühe hineingeben, Agar-Agar einrühren und aufkochen lassen, um das Agar vollständig zu lösen. Die Brühe mit einem leistungsstarken Stabmixer gut und lange und bei maximaler Drehzahl emulgieren und dabei abkühlen lassen. Nach dem Abkühlen noch einmal gründlich durchmixen (siehe Effekt Nr. 37) und in einen Sahnesiphon füllen. Den Siphon mit zwei Stickstoffpatronen beladen und rechtzeitig vor dem Servieren im Wasserbad auf 50 °C Temperatur bringen.

wer hat im Paläolithikum* gelebt?
A, B und/oder C**

*Tipp: heißt auch Altsteinzeit

**Mehrfachnennung möglich

A

B

C

2

Pilze

500 g	Waldpilze (nicht die größten Exemplare, dafür vielfältiger)
50 g	Sesam
2–3 EL	Sesamöl
	krause Petersilie (klein gewiegt)
	Salz

Die Pilze mit einem Pinsel säubern, anschließend würfeln. Den Sesam in einer sehr heißen gusseisernen Pfanne ohne Fett kurz anrösten, die Pfanne von der Platte nehmen und das Sesamöl hineingeben.
Die Pilze ebenfalls hineingeben und durchschwenken. Nach Wunsch auf der heißen Herdplatte noch anrösten. Die Pfanne vom Herd nehmen und die Pilze darin abkühlen lassen. Die Petersilie waschen, trocken schütteln und fein hacken. Unter die Pilze rühren und leicht salzen.

3

Condiment

30 g	schwarze Senfsamen
30 g	gelbe Senfsamen
100 ml	ungesüßter Apfelsaft
50 ml	Apfelessig

Senfsamen in einem kleinen Topf bei mittlerer Hitze in Apfelsaft und -essig kochen, bis sie weich und gequollen sind. Danach die Flüssigkeit vollständig verdampfen lassen, bis die gequollenen Senfkörner vollständig glasiert sind und leicht aneinanderkleben.

4

Anrichten

	Persipan
	sehr grobes Salz
⅓ Bund	Schnittlauch
	Fenchelblüten
	getrocknete Innereien (Effekt Nr. 27)
	Sellerie und Bete aus Effekt Nr. 4
	Thymianholz (holzige Thymianzweige aus dem Garten)

Die aufgesägten Knochen mithilfe von etwas Persipan auf Tellern festkleben. Das warme Knochenmark aus dem Sahnesiphon hineinsprühen. Auf der Oberfläche mit grobem Salz, Schnittlauchröllchen und Fenchelblüten dekorieren (nicht zu viel). Die Pilze dekorativ in teelöffelgroßen Häutchen darum verteilen, ebenso das Condiment. Etwas von den getrockneten Innereien und den Salzgemüse über den Teller hobeln.
Das Thymianholz mit einem Gourmetbrenner in einer Blechschale zum Glimmen bringen und in der Mitte des Tisches abrauchen lassen – als Huldigung des Feuers, mit dem die Lebensmittelzubereitung begann.
Übrigens sind die aufgesägten Knochen natürlich wiederverwendbar!

Nº 29

Das warm servierte Blumenkohlmousse sorgt für eine betont rasche Freigabe des Flavours.

Mayonnaise aus fermentierten Zitronen – einfach ein genialer Sidekick.

Kalbsbries ist wie Innereien absolut zu Unrecht außerhalb der Gastronomie eher verpönt. Es heißt damals wie heute: alles verwerten, alles genießen!

Wenn Fleisch bloß Beilage ist

Gemüse leicht und schaumig

Gemüseschäume mit sahneartigem Mundgefühl geben selbst schwer wirkenden Kohlsorten, Sellerie oder anderem Wurzelgemüse eine erfreuliche Leichtigkeit.

Gemüseschäume sind eine Signatur der modernen Avantgardeküche. Sie entstanden aus dem Wunsch heraus, Gerichte – ohne Einbußen beim Flavour – leichter zu machen. Der spanische Koch Ferran Adrià hat diese Art der Zubereitung zur Perfektion getrieben.

Die Blumenkohlmousse ist die eigentliche Hauptattraktion des Tellers, das Bries dient eher als Beilage. Der weiße Schaum des Blumenkohls erinnert fast an einen locker geschlagenen Sahneschaum, seine unglaubliche Cremigkeit wirkt als vollkommener Kontrast zu dem ausgebackenen Kalbsbries. Tatsächlich kontrastiert die Gewürzmischung Colombo (eine Mischung aus Kurkuma, Chilis, Koriander, Bockshornkleesaat, Fenchel, Ingwer, Senfpulver und Cumin) die Blumenkohl-Sahne-Noten. Colombo erinnert ein wenig an mildes Madrascurry, hat aber seinen Ursprung in der Karibik und gehört zur Grundausstattung der Küche auf Martinique und Guadeloupe. Die Mayonnaise auf der Basis von fermentierten Zitronen ist das Bindeglied zwischen Bries und Blumenkohlmousse.

Für die Stabilität des Blumenkohlmousse ist ein Hilfsstoff erforderlich, der einerseits locker geliert, gleichzeitig aber auch als Verdickungsmittel wirkt. Dies funktioniert am besten mit Iota-Carrageen. Carrageene (oder Carrageenane) sind Extrakte der Rotalge. Sie befinden sich im Zellmaterial und halten die Pflanzenzellwände flexibler als bei Landpflanzen. Sie ähneln chemisch den Pektinen und haben auch ähnliche biologische Aufgaben. Sie liegen in verschiedenen Formen vor, die wiederum leicht unterschiedliche Gelier- und Bindeeigenschaften aufweisen. In der Avantgardeküche spielen besonders zwei Formen eine große Rolle: das Kappa-Carrageen und das Iota-Carrageen.

wird aus Algen gewonnen, also natur pur.

Hier fiel die Wahl auf das Iota-Carrageen, weil es an der rechten Zuckereinheit des Monomers eine negative Ladung mehr trägt. Dies hat zwei wesentliche Auswirkungen: Zum einen erhöht die zusätzliche Ladung des Iota-Carrageens dessen Löslichkeit, daher ist dieses Hydrokolloid bereits gut kalt löslich, zum anderen erhöht die Ladung, wegen der Abstoßung entlang der Ketten, dessen Steifigkeit im Vergleich zum Kappa-Carrageen. Diese gute Verdickungswirkung erhöht die Viskosität der Mousse stark, die später entstehenden Schaumbläschen bleiben stabil. Gleichzeitig vernetzt Iota-Carrageen über Calciumbrücken die zweiwertig positiv geladenen Calciumionen aus der Milch, die sich an den negativen Ladungen der Carrageenketten verbinden. So können mehrere Ketten zu einem „ionischen Netzwerk" zusammengebunden werden und der Schaum bleibt auch warm stabil.

Zum Anrichten müssen die Ausstechformen in das Gefrierfach gegeben werden. Der warme Schaum trifft beim Einsprühen aus dem Sahnesiphon auf die kalten Wände, kühlt dort ab und geliert an der Oberfläche. Dies garantiert eine Formbeständigkeit der Mousse auf dem Teller, ein optisches Zusatzgadget.

Etwas Chichi muss schon sein.

Dieser Teller vereinigt französische Klassik mit exotischen Flavours und avantgardistischen Techniken. Vor allem die sehr feine, schaumig-cremige Textur der Bumemkohlmousse wirkt als perfekter Vermittler zwischen der fermentierten Zitrone und den dezenten „arômes des Îles" des Kalbsbries. Perfekt.

Fermentierte Zitrone

1	Bio-Zitrone (ca. 200 g)
10 g	Salz
5	Koriandersamen
½ TL	Schwarzkümmel
½ TL	Kreuzkümmel

Außerdem
einen kühlen Keller
1,5 Wochen Zeit

1. Die Zitrone heiß abwaschen, trocken reiben und in Scheiben schneiden. Abwechselnd mit dem Salz und den Gewürzen in ein Schraubglas schichten.
2. Das Glas verschließen und 1–2 Tage im Kühlschrank stehen lassen, bis sich eine Lake bildet.
3. Auf Florhefen und Fehlgerüche prüfen, dann für 1 Woche (12–15 °C) kühl stellen (zum Beispiel im Keller) und fermentieren lassen.
4. Anschließend mit einem Stabmixer grob zerkleinern.

Warmes Blumenkohlmousse nebst Kalbsbries und fermentierter Zitronenemulsion

1

Blumenkohlschaum

200 g	Blumenkohl
110 g	Sahne
160 ml	Milch
50 ml	Wasser
	Salz
1 Prise	Zucker
2 g	Iota-Carrageen

Zum Anrichten 4 rechteckige Dessertformen oder Ausstechformen rechtzeitig in das Gefrierfach stellen. Den Blumenkohl in Röschen teilen und waschen. Sahne, Milch und Wasser in einem Topf vermischen, die Blumenkohlröschen darin weichkochen, dabei Salz und Zucker zugeben. Anschließend fein mixen und durch ein feines Sieb (Gazesieb) streichen. Wieder in den Topf geben, das Carrageen unterrühren und alles aufkochen. In einen Sahnesiphon füllen, mit zwei Stickstoffpatronen beladen und im Wasserbad bei 60 °C warmhalten.

2

Kalbsbries

1	Kalbsbries
	Salz
50 g	Weizenmehl (Type 405)
50 g	Colombo (Gewürzmischung)
1	kleine Zwiebel
	Butterschmalz zum Braten

Das Bries in kaltem Wasser 1–2 Stunden wässern. Wasser abgießen, das Bries in einen Topf geben, mit frischem Wasser auffüllen und kräftig salzen. Wasser aufkochen und das Bries 3 Minuten blanchieren. Herausnehmen, abkühlen lassen und die Membranhaut so gut wie möglich entfernen. Aus dem Bries 16 kleine, ungefähr gleich große Stücke auslösen. Mehl und Colombo mischen und auf einen Teller geben. Die Briesstücke in der Mehl-Colombo-Mischung wenden. Die Zwiebel schälen und sehr fein würfeln. Das Butterschmalz in einer Pfanne erhitzen und die Zwiebel darin glasig dünsten. Die Briesstücke in der Pfanne scharf anbraten.

3

Fermentzitronenmayo

20 g	fermentierte Zitrone („Salzzitrone")
1	Eigelb
etwas	frisch gepresster Zitronensaft
etwa 100 ml	Sonnenblumenöl

Die fermentierte Zitrone mit einem Mixer oder Mörser sehr fein pürieren. Mit Eigelb und Zitronensaft in einem schmalen hohen Gefäß oder Mixbecher vermischen. Das Öl langsam einfließen lassen und mit dem Stabmixer zu einer Mayonnaise hochziehen. Dafür den Stabmixer immer wieder von unten nach oben bewegen.

4

Anrichten

etwas	Senfkraut (oder kleine Rucolatriebe)

Die Ausstechformen aus dem Gefrierfach direkt auf Teller setzen und das Blumenkohlmousse hineinsprühen. Je 4 Briesstücke auf einem Teller verteilen. Die Mayo in einer Linie entlang des Bries anrichten. Die Ausstechformen abziehen und das Blumenkohlmousse mit etwas Senfkraut dekorieren.

Sie brauchen außerdem

rechteckige Anrichteformen oder Ausstechformen
Sahnesiphon

№ 30

Röstnoten treten deutlich in den Vordergrund und über die Schwarte kommt ein Hauch bayrischer Schweinskrustenbraten.

Puffen kann man Körner, Leguminosen und Schweineschwarte.

Die Creme aus Buchweizen bringt herbnussige Aromen.

Kleine Explosionen in der Küche
Gepuffte Delikatessen

Körner und Schweineschwarte bringen in gepuffter Form ein knusprig leichtes Vergnügen, verbunden mit exzellenter Aromafreigabe.

Schokolade mit Puffreis ist wohl eines der bekanntesten Genüsse. Bei dieser Süßigkeit explodieren beim Durchbeißen die typischen Reisaromen, noch bevor an Schokolade zu denken ist. Der Grund ist einfach: Der knusprig-brüchige Puffreis gibt seine Aromen deutlich schneller frei als die Schokolade schmelzen kann.

Heutzutage gibt es Gepufftes von fast allem – von Reis über Hülsenfrüchte bis Quinoa – und ist im Supermarkt für Müslis und sonstige Vergnügen zu kaufen. Auch in der Sterneküche wird das gern angewandt, denkt man an Andy Vorbusch, Joachim Wissler, Andreas Caminada, Sven Wassmer, Daniel Humm, Tanja Grandits, Anne-Sophie Pic, Jeroen Achtien, Sebastian Zier, Jacob-Jan Boderma, Jonnie Boer, Juan Amador und noch viele andere mehr, die sich diesen Methoden widmen.

Wer angeben will, pufft aber nicht nur Getreide, sondern auch eine Schweineschwarte.

Die Fähigkeit, dass Getreide, Hülsenfrüchte oder auch Schweineschwarten puffen, muss erst aus den Lebensmitteln herausgekitzelt werden. Die Kraft des Puffens stammt von Wasser, das in den Körnern, den Hülsenfrüchten oder der Schwarte eingeschlossen ist, sich unter dem Frittieren explosionsartig ausdehnt und dabei auch das Korn bzw. die Schwarte ausdehnt. Damit dies gelingt, müssen drei Prozesse zur Vorbereitung durchgeführt werden: Erstens muss erst einmal genügend Wasser hinein, zweitens müssen Proteine und Stärke denaturiert werden und drittens muss das Korn so verschlossen werden, dass der Wasserdampf beim Frittieren nicht einfach über Poren, Löcher oder sonstige Ventile entweicht, sondern die Körner pufft. Also muss das Getreide erst gekocht und anschließend wieder etwas getrocknet werden, damit es überhaupt gepufft werden kann. Das gepuffte Getreide zeigt eine unnachahmliche Textur. Der Knuspereffekt, gepaart mit der raschen Geschmacks- und Aromafreigabe, zeigt erst die Möglichkeiten. Genauso geht es mit der Schwarte: Sie besteht aus einem harten Kollagennetzwerk, das weich gekocht werden muss, bis daraus Gelatine entsteht, dann wieder puffbar getrocknet wird.

Denselben Effekt gibt es beim Popcorn. Kulinarische Sprengkräfte überall!

Der Vorgang des Kochens, Trocknens und Frittierens ist eine generelle Voraussetzung für das Puffen. Im Fall der Körner, die aus nativen Proteinen und Stärken bestehen, werden diese zunächst gekocht. Die Proteine denaturieren, die Stärken schmelzen, verkleistern und nehmen dabei Wasser auf. Beim Trocknen wird Wasser entzogen, die Stärke bildet wieder eine harte, teilkristalline Struktur und schließt dabei etwas Wasser ein. Die Proteine helfen mit, denn sie vernetzen etwa das Gluten des Weizens. Beim raschen Frittieren verdampft das Wasser schnell. Der Dampf dehnt sich aus, die Körner puffen.

ohne Wasser kein Dampf, ohne Dampf keine Explosion der Körner

Hier plustert sich nicht nur das Essen auf, sondern auch die Deko. Dieses Feuerwerk der Knusperfluffigkeit will natürlich nach bester Manier inszeniert sein.

In dem Rezept wird beispielhaft in einem Teller gepufftes Getreide ins Zentrum gestellt. Gepaart mit wenigen Cremes wird daraus ein spannender Gang in einem Menü, das Getreide von einer ganz neuen Seite zeigt. Dazu werden gleich mehrere gepuffte Getreide und Pseudogetreide zusammengeführt.

Die Schweineschwarte liefert einen Extracrunch auf dem Teller.

Diese kleinen Knusprigkeiten symbolisieren auf beste und genussvolle Weise, was Landwirtschaft seit Jahrtausenden ausmacht: Ackerbau und Viehzucht. Hier kracht nicht nur die Schwarte, sondern auch das Korn.

Pufflosion!

4 5 5

1

Gepuffte Erbsen und (Pseudo-)Getreide

50 g getrocknete grüne Erbsen
50 g Weizen- und Roggenkörner
Salz
50 g Buchweizen
neutrales Öl zum Frittieren

Erbsen, Weizen und Roggen getrennt über Nacht in reichlich Wasser einweichen. Das Wasser abgießen und die Erbsen in gesalzenem Wasser weichkochen. Erbsen herausnehmen, abtropfen lassen und beiseitestellen. Weizen und Roggen abgießen und 30–40 Minuten in mindestens der doppelten Menge Wasser weichkochen. Buchweizen ebenfalls in der doppelten Menge Wasser 5–15 Minuten weichkochen. Alle Körner abgießen und abtropfen lassen. Danach im Dehydrator bei 65 °C 12 Stunden trocknen. Öl oder Talg in einer Fritteuse auf 210 °C erhitzen und die Körner kurz im heißen Öl poppen lassen. Mit einer Siebkelle herausnehmen und auf Küchenpapier gut abtropfen lassen.

2

Gepuffte Schweineschwarte

200 g Schweineschwarte
Salz
neutrales Öl zum Frittieren
Pimentòn de la Vera
(geräuchertes Paprikapulver)

Sie brauchen außerdem
Dehydrator oder Dörrautomat
Spritzbeutel
Pipette
Fritteuse

Die Schweineschwarte in leicht gesalzenem Wasser weichsieden, je nach Größe und Dicke dauert das 1–1,5 Stunden. Herausnehmen, etwas abkühlen lassen und noch warm in 1,5–2 cm große Würfel schneiden. Im Dehydrator oder Dörrautomaten bei 40 °C ca. 5 Stunden trocknen. Danach im 180 °C heißen Öl in einem hohen Topf oder der Fritteuse ausbacken, bis die Schwarte aufpoppt. Mit einer Siebkelle herausnehmen und auf Küchenpapier gut abtropfen lassen.
Salzen und mit ein wenig Pimentòn bestreuen.

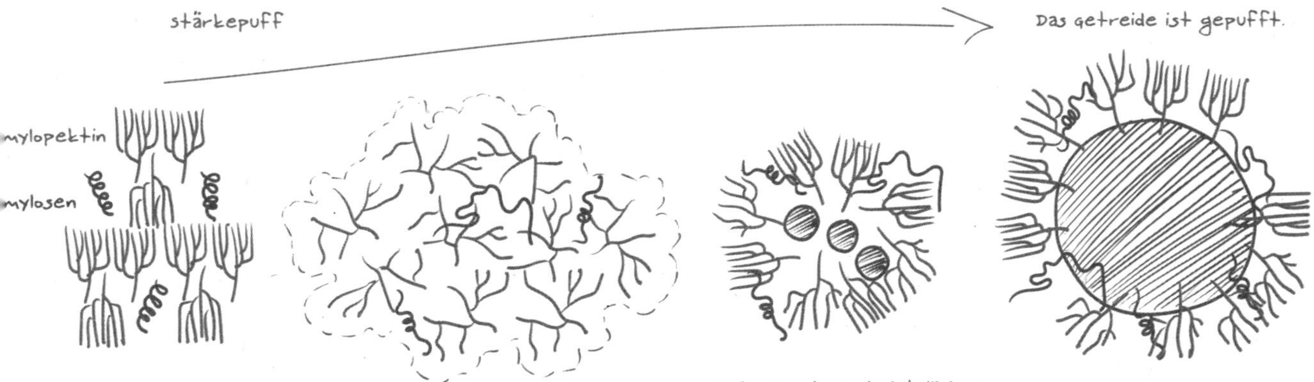

In den stärkekörnern der getreide sind Amylosen und Amylopektin in harten verbänden angeordnet.

werden die körner gekocht, schmelzen die Amylopektinbündel und können viel wasser aufnehmen, sie verkleistern.

Beim Trocknen kristallisieren die Amylopektinbündel wieder teilweise zusammen, stärke ‚verkrustet'. Etwas wasser (kreise) bleibt vorhanden.

Beim Frittieren verdampft das wasser schlagartig, der wasserdampf dehnt sich rasch aus und bläht die körner auf, bevor wasser über mikrorisse entweicht.

3

	Buchweizencreme
100 g	Buchweizenmehl
40 g	Butter
200 ml	Gemüsebrühe
	Salz
1 TL	fein gemahlener Koriander

Buchweizenmehl in einer Pfanne trocken anrösten, bis es zu duften beginnt, dann die Butter zugeben und etwas weiter dünsten. Anschließend die Gemüsebrühe angießen. Mit Salz und Koriander abschmecken, nach Bedarf nachwürzen und zu einer glatten Creme rühren. In einen Spritzbeutel geben und warmhalten.

4

	Steckrübenpüree
200 g (1 kleine)	Steckrübe
ca. 200 ml	heller Fond oder Gemüsebrühe
	Salz
100 g	Butter

Die Steckrübe schälen und in kleine Stücke schneiden. In einem Topf in dem Fond mit dem Salz sehr weich kochen, dann mit einem Stabmixer sehr fein pürieren. Konsistenz mit weiterem Fond einstellen und nach Bedarf durch ein Sieb streichen. Das Püree mit Butter montieren und warmhalten.

5

	Rote-Bete-Gel
150 ml	Rote-Bete-Saft (am besten selbst entsaftet)
1,5 g	Agar-Agar
	Salz
etwas	fein gemahlener Kreuzkümmel

Rote-Bete-Saft mit Agar-Agar, Salz und Kreuzkümmel mischen und in einem kleinen Topf bei starker Hitze aufkochen. Von der Herdplatte nehmen, gelieren lassen (wie in Effekt Nr. 37) ein Fluid-Gel herstellen und in eine Pipette geben.

6

Anrichten

Das Steckrübenpüree auf Tellern ausstreichen und die gepufften Elemente darüber verteilen. Je zwei gepuffte Schweineschwartenwürfelchen an die Enden setzen. Rote-Bete-Gel und Buchweizencreme in Punkten und Häufchen dazwischensetzen.

Nº 31

Einen Hauch von Kaffee-Kakao-Aromen bringt der Schaum aus Hafermilch.

Das Möhrenpüree besticht nicht nur durch seine Farbe, sondern auch durch eine fantastisch tiefe Süße.

Die Dekonstruktion des Frühstücks
Karamelliges Gemüsedessert

Bevor Gemüse desserttauglich wird, müssen wir seine eigene Süße fördern und an den Texturen arbeiten. Dieses vegane Ge-Müs-li besteht aus Möhrenpüree und Gemüsechips, begleitet von gepufften Getreiden und dezent aromatisiertem Hafermilchschaum – voilà!

Hümbs hat sich bei seinen Kreationen nicht nur im Gemüse-, sondern auch im Kräuterbeet bedient: Der Wagemut hat ihn zurecht berühmt gemacht.

Müsli gehört bei vielen auf den Frühstückstisch, hat zusammen mit süßen Früchten aber auch Dessertqualitäten. Wenn die Übertragung auf Desserts mit Müsli funktioniert, wieso nicht auch mit Gemüse, wenn dessen Süße herausgekitzelt wird? Gastropuristen kritisierten den Trend zu Gemüsedesserts zwar, das hielt Andy Vorbusch und Christian Hümbs jedoch nicht davon ab, die Idee als Pioniere in Deutschland zur Reife zu tragen. Und so finden sich Gemüseelemente heute nicht selten in Desserts. Kein Wunder: Zwiebeln, Rote Bete, Möhren, Pastinaken und die Wurzeln vieler Arten strotzen nur vor verschiedenen Zuckern.

In diesem Dessert finden Gemüse und selbst seine Reste ein neues Kleid. Es besteht aus mehreren gegensätzlichen Komponenten: kokosduftendem Möhrenpüree, knusprigen Gemüseflakes, karamellisierter Zwiebelcreme und gepufftem Getreide nach Effekt Nr. 30. Wegen der langen Koch-, Ruhe- und Vorbereitungszeit für das kräftig orangefarbene Möhrenpüree und die Gemüseflakes kann es nicht erst kurz vor dem Servieren zubereitet werden.

Möhren lassen sich hervorragend „süß" kochen, denn sie bringen bereits im Rohzustand viel eigene Süße mit. Werden sie lange gekocht, zerfallen alle Zellen und geben so ihren aromatischen Inhalt und Pflanzenzucker frei. Proteine mit Zuckerseitenketten (Glycoproteine) hydrolisieren nach und nach, die Zucker spalten sich ab, geschmacksrelevante Peptide und Aminosäuren werden frei. Perfekt für Desserts. Dabei wird aber nicht nur Geschmack erzeugt und potenziert, sondern auch Farbe. Bei diesen Kochzeiten und dem anschließenden Pürieren wird jegliches Betacarotin aus den Chloroplasten und Zellmembranen freigelegt. Das Püree leuchtet gelblich-orangefarben.

Damit sich die aus den Zellen freigelegten Aromen während des Kochens nicht verflüchtigen, benötigen sie ausreichend Lösungsmittel in Form von Fett. Natives Kokosöl bringt jene Palette der beliebten sahnig duftenden Lactone mit, die aus den vielen gesättigten Fettsäuren des Kokosöls stammen. Das Püree liefert neben der leuchtenden Farbe süß-umamigen Geschmack, bestechendes Parfüm und cremige Textur.

nicht nur geschmacklich, auch optisch eine Sensation.

Die Gemüsechips stellen einen hohen Texturkontrast entgegen und geben ihre dezenten Bitternoten frei. Da aber unter dem Püree noch einige Geschmacksschätzchen vergraben wurden, ist dieses vielschichtige Dessert mehr als eine runde Sache. Und es gibt noch was auf die Ohren: Das Krachen

wichtig: Das Salz nicht gleich zu Beginn dazugeben, damit immer wieder zeitlich versetzte ‚Salzspitzen' während des Genusses hervorstechen.

der Chips vollendet ein multisensorische Konzert im Gehirn.

Der Salzkaramell ist hier das ideale aromatische Bindeglied zwischen den vielschichtigen Karamellnoten der Pflanzenzucker von Zwiebel und Möhre. Beim Karamellisieren baut sich der Zucker stark ab, der Karamell ist kaum noch süß, aber stark aromatisch.

Der geschäumte Haferdrink holt die gepufften Getreide aus ihrer einsamen Ecke unter all dem Gemüse. Dass ihm noch ein Hauch Kaffee und Kakao beigefügt wurde, mag jetzt verspielt klingen, setzt aber einen dicken Tupfen auf das i unseres Gemüsli-Desserts.

Beim Möhrenpüree wird der Karamellgeschmack durch eine chemische Reaktion der nach und nach aus der Möhre freigesetzten Zuckermoleküle verursacht. Aus den Zuckern bildet sich beim Erhitzen unter anderem Maltol, das malzig-karamellartig duftet, aber auch jede Menge Furane, die an Trockenfrüchte oder überreife Johannisbeeren erinnern. Da dies am besten im Küchengerät vonstatten geht, laufen diese chemischen Vorgänge sehr langsam

Gemüsli – ein nachhaltiges Dessert

1

Kandierte Gemüseschalen

- 400 g gründlich gesäuberte Schalen von verschiedenem Wurzelgemüse

oder mit dem Sparschäler sehr fein geschnittene Gemüsescheibchen.

- 3 EL feiner Kristallzucker
- 1–2 sehr fein gemörserter oder gemahlener Langpfeffer

Eine Kuchenform mit einer Silikon-Backmatte auslegen und die Gemüseschnipsel darauf verteilen, sodass sie nicht übereinanderliegen. Gleichmäßig mit dem Zucker und dem Langpfeffer bestreuen. Im Ofen bei 60–70 °C Umluft 1–2 Stunden trocknen, bis sie ganz knusprig sind. Anschließend nochmals bei 100 °C 20–30 Minuten nachtrocknen.

2

Möhrenpüree

- 500 g orangefarbene und gelbe Möhren
- 200 g Kokosöl
- Wasser nach Bedarf

Die Möhren penibel säubern und in Stücke schneiden. Mit etwa 100 g Kokosöl in die Küchenmaschine geben und 2–3 Stunden unter langsamem Rühren bei 100 °C garen. Dabei immer wieder etwas Wasser in kleinen Mengen zugeben, um den Kochprozess möglichst gleichmäßig zu gestalten. Zum Schluss nochmals 100 g Kokosfett zugeben und bei höchster Geschwindigkeit sehr fein pürieren. Das Möhrenpüree herausnehmen, im kalten Wasserbad (kein Eiswasser) rasch abkühlen lassen und in einen Spritzbeutel füllen.

3

Röstzwiebeln

- 1 Gemüsezwiebel
- 3–4 EL high-oleic Sonnenblumenöl
- 1 Prise Salz

Die Gemüsezwiebel schälen und würfeln. Das Öl in einer Pfanne erhitzen (optimal sind 140 °C) und die Zwiebel hineingeben. Dabei das Salz auf den Zwiebelwürfel verteilen. Bei gleichmäßiger Hitze so lange braten, bis die Zwiebeln kein Wasser mehr abgeben, gut gebräunt und damit knusprig sind. Aus dem Öl nehmen und auf Küchenpapier gut entfetten.

ab, auch daher benötigt es viel Zeit für die Aroma- und Geschmacksbildung. Fehlaromen, die etwa „verbrannt“ wirken und von manchen Furanen ausgelöst werden, gibt es nicht unkontrolliert. Diese führen wir aber gezielt durch die Röstzwiebeln zu.

Bei dem Experiment zum sahnefreien Salzkaramell bedienen wir uns einem Trick, um die Sahne zu simulieren, denn Haferdrink ist zu wässrig und hat zu wenig Mundgefühl für den Karamell. Daher wird Haferdrinkpulver verwendet, womit sich die Konsistenz steuern lässt. In diesen dicklichen, sprich viskoseren Haferdrink lässt sich auch ausreichend Fett, hier Kakaobutter, emulgieren, das nicht nur dem Mundgefühl, sondern auch als Lösungsmittel für Maltol und Co dient.

Die Gemüseflakes nutzen gleich zwei Effekte. Sie werden mit Zucker bestreut, dann erst bei 60 °C getrocknet und anschließend bei 100 °C nachgetrocknet. Der letzte Schritt ist für die Haltbarkeit notwendig, denn dies erzeugt einen „Glasübergang“ des Gemüses und des Zuckers, und nur in diesem Zustand sind die Flakes knusprig und haltbar.

4

Salzkaramell

40 g	Haferdrinkpulver
200 ml	Wasser
50 g	Kristallzucker
50 g	Muscovadozucker (oder Kokosblütenzucker)
50 g	Kakaobutter
1 TL	Fleur de Sel

Haferdrinkpulver und Wasser mit einem Stabmixer gründlich mischen. Den Kristallzucker in einem geeigneten Topf erwärmen, bis er schmilzt. Sofort den Muscovadozucker zugeben und hell karamellisieren. Kakaobutter zugeben und unterrühren. Den Haferdrink einrühren und bei schwacher Hitze dicklich einkochen. Zum Schluss kräftig rühren, damit Fett- und Wasserphase sich nicht trennen. Der Karamell sollte sehr cremig und zähflüssig sein. Abkühlen lassen und erst vor dem Servieren die Salzkristalle untermischen.

5

Hafermilchschaum

500 ml	Hafermilch (oder 25 g obiges Haferdrinkpulver mit 500 ml Wasser verrührt)
1 TL	lösliches Kaffeepulver
2 TL	Kakaopulver
4 g	Lecithin

Alle Zutaten mit dem Stabmixer vermischen, bis sie vollständig gelöst sind. Direkt vor dem Servieren mit einem Milchaufschäumer aufschäumen.

6

Anrichten

2–3 EL	gepufftes Getreide nach Wahl (siehe Effekt Nr. 30)

Sie brauchen außerdem

Küchenmaschine mit Kochfunktion

Stabmixer

Milchaufschäumer

Je 1 TL Röstzwiebeln in tiefe Dessertschalen füllen. Daneben 1–2 TL Salzkaramell geben und großzügig mit dem Möhrenpüree bedecken. Gemüseschalen und Puffgetreide dekorativ darauf verteilen.
Von oben 1– 2 EL (je nach Geschirr und Optik, eher etwas mehr als zu wenig) fluffigen Hafermilchschaum seitlich anbringen.

Nº 32

Eine klassische Kombination von Schokolade und Banane – aber mit den nussigen Aromen des Hafers.

Durch den Fermentationsprozess erhält die Tonkabohne einen heuartigen, an Vanille erinnernden Duft mit einem Hauch von Waldmeister.

Der versteckte Getreidekaffee bringt eine spannend malzige Röstnote, aber kein Koffein!

Hip, hipper, Hafer! Kaffeekränzchen reloaded

Hafer, Buchweizen, Nüssen und Co wird wenig gastronomisches Potenzial zugetraut. Doch der Blick ins Molekulare offenbart eine ganze Reihe an Möglichkeiten, wie sich in diesem Tartelette zeigt. Der vegane Zeitgeist wird hier allerdings von der Sahne durchbrochen.

Hummer, Kaviar, Kōbe-Rindfleisch? Sicher, das sind edelste Lebensmittel – mit denen jeder angeben kann. Doch wie sieht es mit Hafer aus ? Hafer ist nicht nur hip für Hipster, sondern kann noch viel mehr und hat ganz viel Angeberpotenzial.

Die Verwendung der Sahne erscheint bei diesem Rezept widersprüchlich, ist aber der Physik geschuldet. Der Schaum gelingt zwar mit Hafersahne (Hafer Cuisine), wird durch die Verdickungsmittel Johannisbrotkernmehl und Guarkernmehl aber flüssiger und weniger stabil. Denn bei der Kuhsahne schlagen 30 Prozent bestens emulgiertes Fett zu Buche, während bei gängigen Hafersahnen in der Regel weniger als 10 Prozent Pflanzenöl schlechter emulgiert sind. Im Fall von Hafer müsste mit weiteren Emulgatoren wie Lecithin oder anderen Verdickungsmitteln nachgesteuert werden. Das im Hafer reichlich vorkommende Beta-Glucan sorgt für ein schleimiges Mundgefühl, bekannt aus Haferschleim und Porridge. Aus ähnlichen Gründen wurde auch Kuhsahne für den Buchweizenkaramell verwendet, denn Geschmacks- und Aromabildung sind dort deutlich im Vorteil. Im Eis hingegen wirken die Beta-Glucane nicht störend. Im kalten Zustand übernehmen sie zwischen Wasser-, Kakaobutterkristallen, Kakaopartikeln und den Luftbläschen stabilisierende Wirkung, weshalb dieses Eis ohne weitere Stabilisatoren auskommt.

Das Glibberige mag nicht jeder. Wir nutzen seine physikalischen Fähigkeiten aber für unser Eis.

Dieses Tartelette fügt eine ganze Reihe klassische Geschmäcker auf eine sehr eigenwillige Art zusammen: Kaffeearomen mit Eierlikör und Karamell, gebettet auf einem Mürbeteig. Allerdings wird die Wahrnehmung rasch in neue Welten geleitet. Der Waldmeistereindruck über die Tonkabohne lässt den Eierlikör in neuer dunklerer Aromarobe erscheinen, die viel würziger als die naheliegende Vanille ist. Natürlich lebt der Eierlikör in der leicht gelierten Form deutlich lang anhaltender auf der Zunge auf. Wenn sich dann noch die ein oder andere Kaffeeperle auf der Zunge öffnet, verströmen die Röstaromen und wirken mit der Tonkabohne deutlich verstärkend. Der Haferschaum erinnert an einen Hauch Porridge, dieser wiederum zusammen mit den kaffeeartigen Röstnoten an ein Frühstück, würde nicht der Buchweizensalzkaramell kräftig dazwischengrätschen.

Der Getreidekaffee unterstützt in hohem Maße die getreidigen Noten und den Malzcharakter dieses Desserts. Abseits der offensichtlichen Trigeminalreize unterstützt es mit leichten Bananen- und Schokonoten den getreideartigen Charakter des Desserts.

Damit das Ganze nicht so trocken daherkommt, gibt es noch einen Bananen-Hafer-Blues in Form eines Eises, das à part serviert wird.

Klar, dieses Dessert lebt damit auf den ersten Blick von einem gewissen, aber gewollten Retrotouch, es erinnert ein wenig an Kaffeekränzchen. Und doch birgt die Kombination der Zusammenführung ihrer Flavours einige Geheimnisse des gegenwärtigen Kunst in der modernen Küche.

An dieser Stelle lohnt es sich, den Hafer genauer zu betrachten, denn der Hinweis, die Haferflocken in der Präparation für den Schaum nicht zu lange zu kochen, ist sehr wichtig. Dies ginge zulasten der Schaumstabilität und, viel wichtiger, zulasten des Mundgefühls. Die Ursache dafür ist der hohe Anteil des Beta-Glucans, jenes wasserlöslichen Ballaststoffs, der die sehr stark schleimige Konsistenzen erzeugt. Bei der kurzen Einweichzeit löst sich nur wenig des Beta-Glucans. Daher ist das Mundgefühl schön cremig, mit vollem getreidigen Haferflavour. In Kombination mit dem feinen Eierlikörgel ist die aufkommende Lust, erst einmal den saftigen Belag des Küchleins abzuschlecken, mehr als verständlich.

Verrücktes Küchlein mit Bananen-Hafer-Blues

1

Bananen-Hafer-Blues

100 g	dunkle Schokolade (Kakaoanteil mind. 72 %)
250 ml	Haferdrink
250 ml	Hafer Cuisine (Hafersahne)
50 g	Glucosesirup
1 gute Prise	Salz
1	Banane (200 g)
100 g	Zucker

Die Schokolade grob zerkleinern und in einem Wasserbad schmelzen. Haferdrink und Hafer Cuisine zusammen in einem kleinen Topf aufkochen lassen. Geschmolzene Schokolade, Glucosesirup und Salz zugeben und unterrühren. Die Banane schälen, mit einer Gabel gut zerdrücken, in die aufgelöste Schokoladenmischung geben, mit dem Stabmixer vollständig emulgieren und zu einer homogenen Masse mixen. Die Masse nach Bedarf noch durch ein Sieb streichen und in einer Eismaschine gefrieren.

2

Verrücktes Küchlein, Boden

125 g	weiche Butter
90 g	Zucker
1	Ei
200 g	Weizenmehl (Type 550)
2 g	Salz

Weiche Butter in Stückchen mit Zucker und Ei mithilfe eines Silikonspatels mischen, bis eine homogene Masse entsteht. Mehl und Salz rasch unterrühren und alles zu einem homogenen Teig verarbeiten. Den Teig zu einer Kugel formen, in Frischhaltefolie wickeln und etwa 1 Stunde im Kühlschrank kühlen. Den Backofen auf 160 °C Ober-/Unterhitze vorheizen. Den Teig etwa 3 mm dick ausrollen, Kreise zurechtschneiden und in kleine (7–8 cm Durchmesser) Tartelettförmchen legen, sodass auch der Rand der Form ausgekleidet ist. Noch einmal 15–20 Minuten bei Zimmertemperatur ruhen lassen, dann 12–15 Minuten im vorgeheizten Ofen backen.

3

Getreidekaffee-Gel/Muckefuck-Gel

2 g	Alginat
200 ml	gekochter starker Getreidekaffee
1 EL	Calciumlaktat

Alginat in den Getreidekaffee mixen, stehen lassen und mit dem Calciumlaktat Kaffeekaviar wie in Effekt Nr. 43 (Schritt 1) herstellen.

Zucker schmelzen, mit gedörrtem Buchweizen karamellisieren lassen, Sahne hinzugeben.

Auf einer Silikonmatte auskühlen lassen, in kleine Stücke zerbrechen und mit Fleur de Sel bestreuen.

4

Buchweizen-Salzkaramell

100 g Buchweizen
150 g Zucker
100 g Sahne
Fleur de Sel (nach Geschmack)

Buchweizen auf einem Backblech verteilen und im Ofen bei 120 °C Umluft 30 Minuten darren. Den Zucker in eine trockene Pfanne geben und langsam erhitzen bis der Zucker hellbraun karamellisiert ist. Dann sofort den gedarrten Buchweizen zugeben und weiter karamellisieren, bis sich ein dunkelbrauner, malziger Karamell bildet. Mit Sahne ablöschen und bei starker Hitze unter häufigem Rühren einkochen. Auf einer Silpatmatte verteilen und trocknen. In kleine Stücke brechen und mit etwas Fleur de Sel vermengen.

5

Haferschaum

100 g kernige Haferflocken
100 g Zucker
500 ml Haferdrink
150 g Sahne

Haferflocken auf einem Backblech verteilen und im Ofen bei 120 °C Umluft 30 Minuten darren. Den Zucker in eine trockene Pfanne geben und langsam erhitzen. Dabei die Pfanne häufig rütteln, bis der Zucker hellbraun karamellisiert ist, dann die Haferflocken gut untermischen. Haferdrink und Sahne dazugeben und sofort beim ersten Aufkochen von der Platte ziehen. Anschließend durch ein sehr feines Sieb gießen. Die aromatisierte Milch abkühlen lassen und in einen Sahnesiphon geben. Mit zwei Stickstoffpatronen beladen und kalt stellen.

6

Eierlikör-Gel

500 ml Eierlikör (max. 16 Vol.-% Alkohol)
½ frisch geriebene Tonkabohne
28 g pflanzliches Gelatinepulver (Sosa)

Eierlikör, Tonkabohne und pflanzliche Gelatine mischen und in einem kleinen Topf auf 65 °C erwärmen. Anschließend leicht abkühlen lassen.

7

Anrichten

Sie brauchen außerdem
Eismaschine, Tartelettförmchen, Sahnesiphon

Die Böden der gebackenen Tarteletts mit Kaffeegel-Perlen bedecken. Das gerade erstarrende Eierlikör-Gel darübergeben. Weiter abkühlen lassen und kurz vor dem Servieren den Haferschaum auf die Tartelettes geben. Die Oberfläche mit dem Buchweizen-Salzkaramell dekorieren. Eine Nocke Bananen-Hafer-Blues à part dazu reichen.

Nº 33

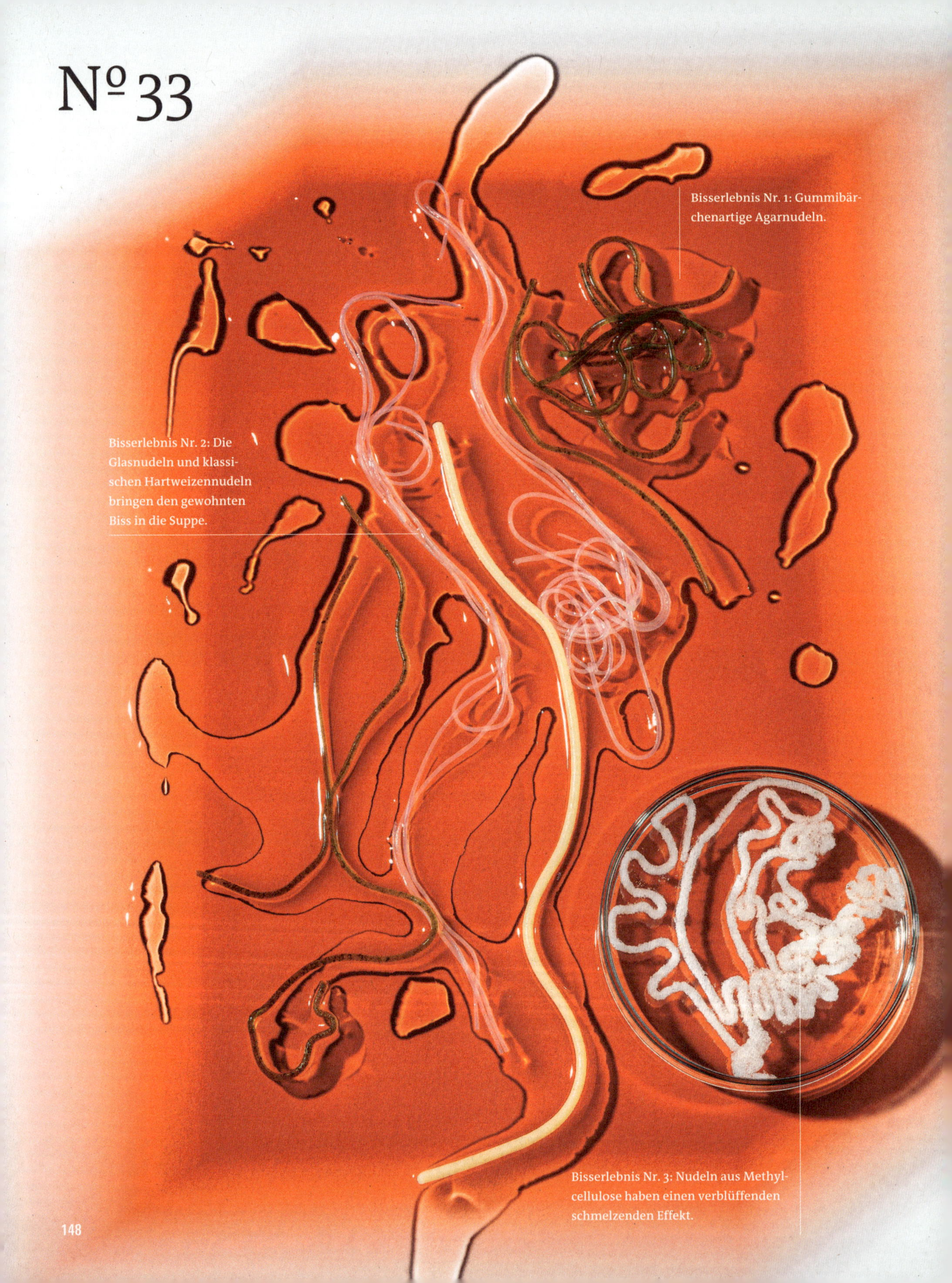

Bisserlebnis Nr. 1: Gummibärchenartige Agarnudeln.

Bisserlebnis Nr. 2: Die Glasnudeln und klassischen Hartweizennudeln bringen den gewohnten Biss in die Suppe.

Bisserlebnis Nr. 3: Nudeln aus Methylcellulose haben einen verblüffenden schmelzenden Effekt.

Al dente war nur der Anfang
Die neue Nudelavantgarde

Nudelsuppe mit erstaunlichen Bisserlebnissen: Avantgardistische Experimente treffen auf klassische Pasta.

Brühe, Gemüse, eine Handvoll Nudeln – fertig ist die klassische Suppe? Weit gefehlt. Diese Nudelsuppe unterscheidet sich deutlich von den bekannten Versionen. Zwar werden ein paar Glasnudeln und je ein Hartweizenspaghetti als altbekannte Zitate beigefügt, aber mit Agarnudeln und Methylcellulosenudeln wird auf avantgardistische Techniken gesetzt.

Der eigentliche Effekt beruht auf den Methylcellulose-(MC-)nudeln. Es ist ein aus Pflanzencellulose gewonnenes Hydrokolloid, das beim Erwärmen zwischen 40 und 45 °C fest wird und beim Abkühlen wieder schmilzt. Mit der Avantgardeküche hielt diese „modifizierte" – und damit schwach wasserlösliche – Celluloseform Einzug in die Küchen, da es eines der wenigen Geliermittel ist, das unter Hitzezufuhr und nicht beim Abkühlen fest wird. Genau das ist das Besondere dieses Teils der „Nudeln" in dieser Suppe, von denen alle vollkommen unterschiedliche Strukturen aufweisen.

Gelieren, nur umgekehrt, und schon gibt es ein völlig neues Genusserlebnis.

Das ungewöhnliche Gelieren bei Temperaturerhohung ist an der Molekularstruktur zu erkennen. Das lange Kettenmolekül Methylcellulose ist, durch die höhere Anzahl der Methylgruppen entlang der einzelnen Polymerketten, nur schlecht wasserlöslich. Das Verdickungs- und Geliermittel kann sich nur bei niedrigen Temperaturen im Wasser lösen, denn dann ist die thermische Energie gering und die Wassermoleküle können nur schwache Hydrathüllen bilden. Bei höheren Temperaturen ab etwa 40 °C dagegen lösen sich die Wassermoleküle aus den Hydrathüllen. Dann überwiegt der hydrophobe Effekt. Die Methylcellulose kann sich bei diesen höheren Temperaturen über die hydrophoben Teile der Molekülkette zusammenlagern. Es entsteht ein schwaches Gel unter Hitze. Nimmt man davon etwas in den Mund, kühlt es wieder auf 37 °C ab, das Gel schmilzt und wird flüssig.

Spätestens am Vortag muss die Präparation für die Methylcellulose angesetzt werden, damit sich diese auflösen kann. Im Gegensatz zu anderen Geliermitteln löst sie sich unter Kälte, also über Nacht im Kühlschrank, und nicht unter Hitze. Wird die flüssige, kalte MC-Präparation in Spritzen gefüllt und in die heiße Suppe gespritzt, bilden sich sofort nudelförmige gelartige Gebilde.

Ergebnis ist eine Textur, die sich aufgrund der chemischen Struktur der MC und der sich daraus ergebender Gelstärke deutlich von den anderen Nudeln, die in diesem Teller zu finden sind, unterscheidet. Dagegen ist die Textur von protein-(gluten-)dominierten Spaghetti klar elastisch bis al dente, die Glasnudeln hingegen sind deutlich weniger elastisch, da sie auf einer reinen Stärkebindung beruhen. Die Agarnudeln wiederum sind eher gummibärchenelastisch, während die MC-Nudeln

Der Effekt ist absolut verblüffend, ein bisschen wie Knoff Hoff.

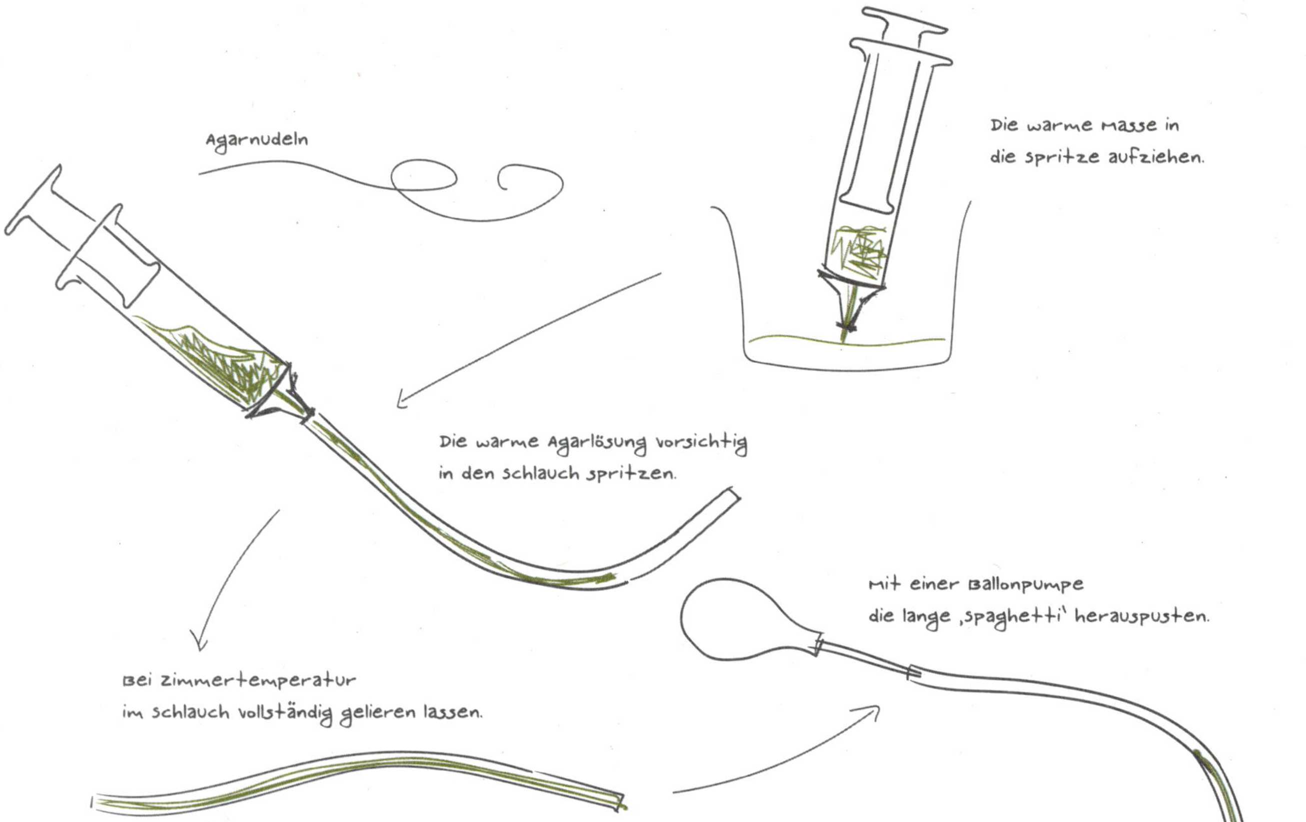

bei den im Mund herrschenden Temperaturen sogar teilweise wieder schmelzen. Entsprechend verschieden ist auch die Aromafreigabe der unterschiedlichen Nudeln.

Bei den MC-Nudeln werden die Aromen über das Schmelzen freigegeben. Die Gele der Agarnudeln werden über das Zerbeißen und das damit einhergehende Brechen der Gele über die dadurch entstehenden Oberflächen freigegeben. Die Weizenpasta hingegen wirkt bis auf den Al- dente-Kern eher pastös, was auf das verkleisterte Amylopektin zurückzuführen ist. Entsprechend gestaffelt ist die Freisetzung der Aromen. Diese hängt allerdings im Detail von der Kombination ab, die der Esser sich gerade in den Mund schiebt. Nimmt er zwei MC, eine Agar und keine Pasta oder zwei Pasta, keine Agar und eine MC oder probiert er alles separat.

Wir betreten hier absolutes Nudelneuland. Wilde Bissabenteuer für Pasta-Pioniere sind garantiert.

Würden nur die MC- und Agar-Nudeln serviert, bliebe dieser Teller natürlich eine Spielerei à la Molekularküche. Allerdings sind Hartweizenspaghetti und Glasnudeln hinzugefügt, um die texturellen Unterschiede in allen Facetten gleichwohl genussvoll als auch experimentell darzulegen. Und so etwas gibt es in keinem Restaurant.

Sie brauchen außerdem

Molekularküchenset, bestehend aus mehreren Spritzen, mehreren Gummischläuchen (2–2,5 mm Innendurchmesser)

Nudelsuppe à la rat de laboratoire

1

Methylcelluloselösung

20 g Methylcellulose
250 ml mineralarmes Wasser

Lösung 1 Tag vorher ansetzen. Methylcellulose mit einem Schneebesen mit dem Wasser vermengen und über Nacht im Kühlschrank vollkommen lösen lassen.

2

Tomatenwasser als Suppengrundlage

2 kg Tomaten
Salz

Tomaten waschen, grob hacken und salzen. Gehackte Tomaten in ein sehr feines Tuch zum Abseihen geben und über Nacht abtropfen lassen. Es sollte 1 l klares Tomatenwasser entstehen.

3

Agarnudeln

500 g frischer Spinat
100 ml Gemüsebrühe
1 TL Shitakepulver
2 TL Sojasauce
Salz
1 g Agar-Agar

Den Spinat putzen, gründlich waschen und gut abtropfen lassen. Die Gemüsebrühe in einem Topf erhitzen und das Shitakepulver hineingeben. Den Spinat ebenfalls hinzugeben und zusammenfallen lassen (das geht ratzfatz). Sojasauce und Salz zugeben und mit einem leistungsstarken Stabmixer sehr fein pürieren. Durch ein Haarsieb streichen, damit keine Faser das Mundgefühl stört. Die Masse abkühlen lassen.
100–120 g abmessen und das Agar-Agar mit dem Schneebesen einrühren. Wieder aufkochen und noch warm mit einer Spritze in den Gummischlauch geben. Bei Zimmertemperatur abkühlen und im Schlauch gelieren lassen. Die Spinatnudeln mit dem aufgesetzten Gummiball (aus dem Kit) herauspusten und in die gewünschte Länge schneiden.

4

Methylcellulosenudeln

2–3 große Knollen frischer Knoblauch
150 ml Gemüsebrühe
Salz
1–2 TL Methylcelluloselösung

Den Knoblauch zunächst ganz in der Schale in einem kleinen Topf mit Wasser, je nach Dicke der Knoblauchzehen, 8–12 Minuten weichkochen. Dann den Knoblauch herausnehmen und aus den Schalen drücken. Die Zehen in die Gemüsebrühe geben, sehr fein pürieren und salzen. Von der Knoblauch-Gemüsebrühe 100 ml abmessen und kalt werden lassen. Dann mit der Methylcelluloselösung gut vermengen.
Bis zum Fertigstellen in den Kühlschrank stellen und kurz vor dem Servieren in eine Spritze füllen.

5

Anrichten

4 Hartweizenspaghetti
max. 2 EL asiatische Glasnudeln (gekocht abgemessen)

Die Spaghetti und die Glasnudeln separat nach Packungsanweisung kochen, dann abtropfen lassen. Die heiße Tomatenbrühe in vorgewärmte Teller geben. In jeden Teller etwas von der Methylcellulosepräparation zu „Nudeln" spritzen. Die Agarnudeln dazugeben. Die fertigen Glasnudeln und die Spaghetti auf die Teller verteilen und sofort servieren.

Nº 34

Die Baies roses liefern ein warmes, süß-bitterliches Aroma, das sich hier paart mit der kräftigen Säure der fermentierten Pflaumen.

Noilly Prat zur Gurke passt nicht? Oh doch, der Wermut trägt ähnliche Aromen wie die Gurke und sie sind somit ein schönes Paar.

Dill mit seinem würzig-minzigen Aroma scheint der klassischste Begleiter der Gurke. Hier als extra eisige Überraschung.

Fischsud auf Abwegen
Aromadashi aus der Espressokanne

Die klassische italienische Espressokanne kann auch für würzige und duftende Angüsse aller Art verwendet werden, denn sie führt über Wasserdampfdestillation zu einem dezenten Aroma. Hier wird sie für ein Aromadashi aus einem würzigen Gurkensud genutzt.

Der Erfinder dieser „Caffettiera" ist Alfonso Bialetti. Er brachte 1933 den „Moka Express" auf den Markt. Der Klassiker mit seinem unverwechselbar achteckigen Design ist bis heute Standard. Bialetti suchte damals nach einem Weg, Espresso auch zu Hause und ohne entsprechende Espressomaschine wie in einer Bar zuzubereiten. Seine Idee war, das Wasser mit geringem Dampfdruck durch den Kaffee zu pressen und nach oben steigen zu lassen.

Für diesen Effekt zweckentfremden wir hier die Caffettiera zu einer „Dashitiera", wobei sich der Begriff Dashi nicht nur auf die japanischen Klassiker beschränkt, sondern zum Aromadashi erweitert zu sehen ist.

Traut man dem Gemüse zwar nicht zu, ist aber so.

Gurken halten gut Hitze aus. Insofern lassen sie sich durchaus auf diese Weise aromatisieren und texturell behandeln. Wir greifen hier zu dem trockenen Wermut aus Frankreich, der gerne für Fischsaucen verwendet wird. Nasenkundige kennen aber die aromatische Artverwandtschaft zur Gurke, denn deren dominantes (E,Z)-Nona-2,6-dienal ist ebenfalls in Fischen vorhanden, warum also nicht mal einen Noilly Prat zur Gurke?

Der Chemiehirnblitz stellt sich genau richtig heraus und zeigt den hohen Nutzen dieser Wissenschaft selbst zu den profansten Gelegenheiten. Die Garung bei 92 °C wurde bewusst gewählt: Zellmaterialien lockern sich, manche Zellen platzen auf, geben ihre eigenen Aromen an den Sud weiter und nehmen dafür die Aromaverbindungen der Gewürzbeigaben auf. Nichts geht verloren, insbesondere wenn dieser Garsud später in die Caffettiera gefüllt wird und das finale Aromadashi vollendet.

Die Limonenseitlinge ertragen zwar Hitze, verlieren aber ihre tolle gelbe Farbe – das wäre schade. Daher werden sie nur mit etwas Säure und Salz behandelt. Letzteres kommt ausschließlich aus der Umeboshi-Pflaume. Die unreifen und unbeschädigten Früchte werden mit roten Sishoblättern und bis zu 25 Prozent Salz versetzt und fermentiert. Sie werden extrem sauer und bleiben natürlich sehr salzig, daher darf der Reisessig mild sein und extra Salz ist nicht notwendig. Die Pflaumen fügen einen unglaublichen Flavour bei, dominiert von Benzylalkohol (es riecht ein wenig nach organischem Chemielabor, fruchtig nach Kirsche, aromatisch nach Mandel, ein wenig wie Balsamico und fügt noch Bittertöne bei) und Methylpalmitaten (dies erweckt ölige, fettig-wachsige Eindrücke, gepaart mit einem Hauch Irisblüte). Zusammen mit den Pilzen exakt das richtige Topping für die Gurke.

Ist eigentlich keine Pflaume. Es ist die Ume-Frucht, die eher eine Aprikose ist. Umeboshi heißt dann die in Salz und Essig eingelegte Frucht.

Der Trick mit der Caffettiera nimmt einen großen Teil der Aromen aus Zitronengras und Estragon auf einen Schlag mit. Das ist lustig und leicht herzustellen, wirkt verblüffend, vereint aber auf eine sehr ungewöhnliche Weise die Sous-vide-Flavours aus dem Garbeutel mit dem frischen Zitronengras und Estragon. Könnte glatt als Flavourpotenzierung geltend gemacht werden.

In diesem Beispiel zeigt sich, welches Potenzial moderne Kochtechniken zur Flavorisierung von scheinbar „langweiligen" Lebensmitteln haben. Durch die Sous-vide-Garung kann die Gurke auf einzigartig intensivere Weise gewürzt werden. Sowohl Zitronenverbene als auch Yuzusaft und Noilly Prat schlagen sich in der Gurke nieder. Zusammen mit dem Pilztopping ergeben sich vielfältige Flavourkombinationen im Mund, wobei Umeboshi eine gewünschte Dominanz hat.

und deshalb gibt es eben dieses Buch!

Die Rolle des Aprikosenkernöls ist übrigens nicht zu unterschätzen, denn es paart sich bestens mit der Umeboshi-Pflaume. Schließlich strotzt es vor aromatischem Benzaldehyd, ein sehr über Struktur und Geruch mit Benzylalkohol verwandtes Molekül.

Das Aromadashi ist schon der Hammer, intensiv fängt es alle Komponenten ein. Und wenn die Papillen auf der Zunge vor Aktivität heiß laufen, bleibt immer noch das kühlende Granité auf dem Tellerrand. Die Wirkungsweise der Caffettiera ist bekannt. Das Wasser wird unter Dampfdruck durch den Kaffee in dem Siebträger gedrückt. Der Dampf löst die Aromen, kondensiert teilweise im Kaffee, löst dabei Geschmacksstoffe und schwerflüchtige Aromen, wird von heißem Dampfnachschub weitererwärmt, kondensiert im Steigrohr und fällt in den oberen Behälter.

Es gibt also keinen Grund, dieses Verfahren auf Kaffee zu beschränken. Im Gegenteil: Diese Blitzwasserdampfextraktion stellt in wenigen Minuten und à la minute Würzflüssigkeiten her, die vielfältig Anwendung finden können.

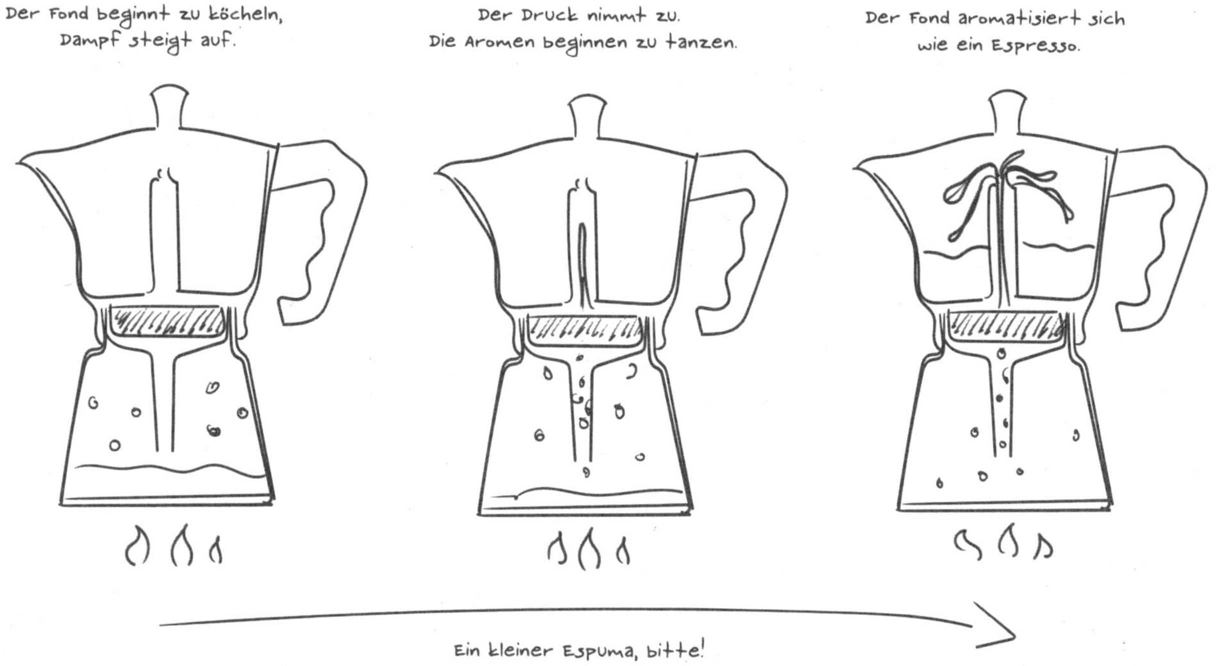

Geschmorte Gurke, Limonenseitling und Dillgranité

4 · 2 · 4

1

Gurke

- 2 Körner Timutpfeffer
- 4 Salatgurkenscheiben, etwa 3 cm dick
- 4 Zitronenverbeneblätter
- ½ TL Salz
- 1 Prise Zucker
- 20 ml Yuzusaft
- 20 ml Noilly Prat

Den Timutpfeffer zerstoßen und mit allen anderen Zutaten in einen Vakuumbeutel geben. Die Gurkenscheiben sollten nebeneinander liegen.Im Kombidämpfer sous-vide bei 92 °C etwa 1 Stunde garen.

2

Dillgranité

- ½ Bund Dill
- 4 Minzblätter
- 2 EL frisch gepresster Zitronensaft
- 150 ml Wasser

Alle Zutaten vakuumieren und bei 60 °C 1 Stunde marinieren lassen. Danach filtern und aus dem Sud im Eisfach ein Granité bereiten. Dazu die Flüssigkeit in einen Eisbereiter geben (ohne Gitter) und immer wieder mit der Gabel durcharbeiten, bis ein körniges Granité entsteht.

3

Tatar vom Limonenseitling

- 40 g Limonenseitlinge
- 5–10 g Umeboshi-Pflaume
- Grün einer Frühlingszwiebel
- 8 Baies roses (rosa Pfeffer)
- 10 ml milder Reisessig
- 1–2 TL Aprikosenkernöl

Limonenseitlinge und Umeboshi-Pflaumen sehr fein würfeln. Die Frühlingszwiebel waschen und das Grün in sehr feine Ringe schneiden. Baies roses grob zermörsern. Etwa 10 Minuten vor dem Anrichten alle Zutaten mischen und etwas marinieren.

4

Zitrusdashi

- Gurkensud aus dem Garbeutel
- 2 cm Zitronengrasstängel
- 2 Blätter Estragon

Den Sud des Garbeutels in den unteren Teil der Caffettiera geben. Zitronengras waschen, in feine Ringe schneiden und zusammen mit dem Estragon in den Kaffeeeinsatz der Caffettiera geben. Auf der Herdplatte erhitzen und warten, bis das Dashi in den oberen Teil gelaufen ist.

5

Anrichten

Die gegarte halbwarme Gurke ins Zentrum eines Tellers mit breiterem Rand geben. Das Limonenseitlingstatar auf die Gurke platzieren. Das heiße Aromadashi aus der Caffettiera um die Gurke gießen. Einen Löffel des Granités auf den Tellerrand legen. Den Tellerrand mit Grünzeug (Dill, Estragon …) und einem kleinen gelben Limonenseitlingskopf verzieren.

Sie brauchen außerdem

Eismaschine
klassischen Espressokocher
Vakuumierer
Kombidämpfer, Reiskocher

Nº 35

Die Croûtons mit scharfer Chorizo gebraten ergänzen diesen Teller um einen feinen trigeminalen Reiz.

Durch den Gefrierprozess wird das Eigelb formstabil und kann von dem Spinat-Schnittlauch-Pulver umhüllt werden.

Der Porzellanteller muss stark gekühlt werden, sonst ist der Effekt schnell hinüber.

Fett vom Feinsten
Speck und Öl pulverisieren

Flüssige Fette und Öle werden hier sprichwörtlich pulverisiert. Maltodextrin und Flüssigstickstoff sorgen dabei für überraschend unterschiedliche Ergebnisse und Aromagewinne.

Öle spendieren einem Teller wundervolle Aromen. Aus tellerkompositorischer Sicht bleiben sie jedoch selten am angedachten Platz, sondern fließen leicht. Die Lösung ist, Fette und Öle als temperaturbeständige Pulver zu gestalten. Geschmack und Aromen leiden darunter nicht – im Gegenteil. Passend zum Aggregatzustand bauen wir bei dieser Gelegenheit das aus flüssigem Stickstoff geschöpfte Ölpulver ein.

Dieses Gericht hat mehrere Väter. Mit eingefrorenen Eidottern ist Andoni Luis Aduriz mehrmals aufgefallen, die Malto-Ölpulver haben Heston Blumenthal kulinarische Weihen erteilt, einen Stickstoffölstaub setzt bis heute Pierre Reboul gern ein. Fusionierte Sterneküche also.

zusatzwissen: maltodextrin aus tapiokastärke eignet sich am besten, denn es enthält kaum restfeuchte und bleibt luftdicht verschlossen ein, zwei tage haltbar.

Damit Maltodextrin in der Lage ist, Öl zu verkapseln und eine pulverförmige Suspension zu erstellen, müssen physikalisch günstige Voraussetzungen geschaffen werden. Das Spinat-Schnittlauchöl-Pulver ist eine thermisch sehr fragile Angelegenheit, denn die kalten kristallinen (gefrorenen) Tröpfchen schmelzen rasch. Damit der Pulvereffekt erhalten bleibt, mussen die Teller stark abgekühlt werden.

Neben den Texturen, die die taktilen Sensoren über das sehr cremige Eigelb, das kalte und warme Pulver, die knusperkrause Petersilie sowie die knusprigen Speck- und Chorizowürfelchen höchst erregen, wird mit unterschwelligen, manchmal befremdlichen Gerüchen eine breite Skala bedient. Das fischig-algenartig riechende Spirulinapulver fügt sich zum Spinat, umhüllt die Schwefeltöne des Eis, bietet dem rauchig-fettigen Speckpulver Paroli und umschmeichelt das Spinat-Schnittlauchöl-Pulver.

spinat hat den geruchsstoff geosmin im gepäck, der schnittlauch wunderbare zwiebelnoten, folglich fängt rapsöl beide komponenten bestens auf.

Rapsöl bringt eine erdig-kohlige Duftnote mit, genau das gewisse Etwas zur Aromaabrundung. Bitter schmeckt dieser Teller durchaus, denn Spinat, Spirulina, Rapsöl und Schnittlauch dominieren. Allerdings halten Salz und Umami, das Stärkige und der Hauch Süße über das Maltodextrin die Bittertöne gewaltig im Zaum.

Maltodextrin ist enzymatisch hydrolisierte Stärke. Ein Stärkebrei (Kleister) wird mit Amylasen und Enzymen, wie sie etwa im Braumalz vorkommen, gespalten, die großen Stärkemoleküle dabei zerhackt. Lässt man die Amylasen für lange Zeit gewähren, spalten sie die Stärkebestandteile in einen immer süßer werdenden Sirup. Für das nicht süße Maltodextrin wird die Spaltung zu einem früheren Punkt gestoppt, dadurch liegt dann ein Gemisch vor, das nur noch sehr wenige, leicht süß schmeckende Oligosaccharide hat. Dieser zähflüssige Sirup wird anschließend sprühgetrocknet. Das ölhassende Maltodextrin schließt das Öl zunächst in großen, durch vermehrtes

Die Folge: feine Öltröpfchen werden vollkommen mit einem dünnen, aber beständigen Maltodextrinmantel umhüllt. Perfekt.

Schlagen und Rühren kleiner werdenden Tropfen ein. Je kleiner diese werden, desto pulvriger wird die Präparation.

So unscheinbar das Malto-Ölpulver aussieht, so sensationell fühlt es sich auf der Zunge an. Das flüssige Öl benetzt die Zunge zügig. Der Speichel muss zunächst die Maltohülle um jedes einzelne Öltröpfchen lösen, erst dann kann das Öl die Zunge benetzen. Die Flavourfreigabe wird also durch die Dynamik des Auflösens bestimmt. Genau das macht das Ölpulver sensorisch höchst attraktiv und bestimmt einen Großteil der physikalischen Sensorik dieses Tellers.

nicht ganz dasselbe Prinzip, aber auch hier wird der Kern eingefroren.

Ein kulinarisches Gefühl wie bei einem Lavakuchen: Das famose Innere ergießt sich.

Spinateier mit Speck mit Kräutern

1

Räucherspeck

800 g	sehr fetter, stark geräucherter Speck (Typ Schwarzwaldschinken)
80–100 g	Maltodextrin

Das Fett des Räucherspecks abschneiden, sehr fein würfeln und in einer Pfanne sehr vorsichtig auslassen. Den Fleischanteil des Specks ebenfalls sehr fein würfeln. Die Grieben des ausgelassenen Specks mit seinen Fleischwürfeln in einer weiteren Pfanne knusprig trocknen. Das noch flüssige Fett so lange mit Maltodextrin vermischen, bis ein klumpiges Pulver entsteht. Dieses durch ein feines Sieb drücken, bis ein feines, nach Räucherspeck duftendes Pulver entsteht. Die getrockneten Mini-Speckwürfelchen bis zum Servieren aufbewahren.

2

Eigelb und Eiklar

4	sehr frische Eier
2–3 EL	Spinatpulver (Bioladen)
1 TL	Spirulinapulver (Bioladen)
1 TL	Fleur de Sel
500 g	geklärte Butter (Butterschmalz)
3–4 Prisen	Salz

Die Eier über Nacht im Tiefkühlfach gefrieren lassen. Am nächsten Tag herausnehmen, schälen (Vorsicht, kalte Finger). Das langsam schmelzende Eiklar in einer Schüssel sammeln. Die Eigelbe sind geliert und formstabil. Das Spinat- und Spirulinapulver miteinander mischen und das formstabile „rohe" Eigelb in dem grünen Pulver großzügig wälzen, bis es vollkommen überzogen ist. Danach mit Fleur de Sel bestreuen. Das Eiklar salzen und in eine Spritze oder ein Spritzfläschchen geben. Die geklärte Butter in einem kleinen Topf auf 75 °C bis maximal 80 °C erhitzen und das Eiklar hineingeben, sodass sich kleine weiße Eiklarkügelchen bilden. Mit einem Schaumlöffel herausfischen und überschüssiges Fett auf Küchenpapier abtropfen lassen.

3

Frittierte Petersilie

4 Stängel krause Petersilie
Öl zum Frittieren

Petersilie waschen, trocken schütteln und die Stängel abschneiden. Das Öl in einem kleinen Topf auf 160 °C erhitzen und die krausen Teile der Petersilie sehr knusprig frittieren. Auf Küchenpapier abtropfen lassen und nach dem Abkühlen zu kleineren Teilen zupfen.

4

Scharfe Croûtons

2 Scheiben Toastbrot
100 g pikante Chorizo

Das Toastbrot in 0,5 cm große Würfelchen schneiden. Die Chorizo ebenso fein würfeln und in einer Pfanne bei mittlerer Hitze anbraten. Die Würfelchen herausnehmen und beiseitelegen. Die Pfannenhitze erhöhen und die Toastbrotwürfelchen darin anbraten, bis sie rötlich schimmern und knusprig sind.

5

Spinat-Schnittlauch-Pulver

200 g Spinat
1 Bund Schnittlauch
0,5 l Rapsöl

Den Spinat waschen und sehr kurz in kochendem Wasser blanchieren, bis er gerade zusammengefallen ist. Dann abschrecken und mit einer Salatschleuder sehr trocken schleudern. Anschließend noch einmal abtupfen, um möglichst viel Wasser zu entfernen. Den Schnittlauch waschen und sehr gut trocken schütteln. Spinat und Schnittlauch zusammen mit dem Öl in einem Standmixer pürieren. Diese Präparation in einen Gefrierbeutel geben, verschließen und mit einer Ecke nach unten über Nacht aufhängen. Ein Scheidetrichter eignet sich auch. Am nächsten Tag die untere Spitze aufschneiden, Wasser und Feststoffe ablassen. Das reine Spinatöl in einen Sahnesiphon geben, mit zwei Stickstoffkapseln beladen. Ein Gefäß im Eisfach vorkühlen. Das Öl mit Kraft in den mit Stickstoff gefüllten Dewarbehälter spritzen. Den entstandenen Ölstaub mit einem Schöpflöffel herausnehmen und in das vorgekühlte Gefäß geben. Eventuell im Eisfach aufbewahren.

Vor dem Servieren Schutzhandschuhe anziehen, Schutzbrille aufsetzen und das Dewargefäß mit flüssigem Stickstoff füllen.

6

Anrichten

im Eisfach vorgekühlte Teller
mit Eisgranulat gefüllte Unterteller

Sie brauchen außerdem

Sahnesiphon
flüssigen Stickstoff
Dewargefäß
Schutzbrille
Schutzhandschuhe

Jetzt muss es zügig, hoch konzentriert gehen: Die im Eisfach vorgekühlten Teller auf mit Eisgranulat gefüllte Unterteller setzen und die Speck- und Chorizo-Würfel darauf verteilen (am besten mit einem großen Dessertring). Die Eiklartropfen dazwischen streuen. Die Croûtons darum herum kreisförmig verteilen (außerhalb des Dessertrings). Das Stickstoffölpulver im Dessertring über die Speck-/Chorizo-Würfel geben. Die frittierte Petersilie darüber verteilen. Das Eigelb ins Zentrum setzen, mit einem Teelöffel anquetschen und in eine Richtung ausstreichen.

Sollten sich Gäste an dem rohen Eigeschmack stören, kann das Eigelb auch bei 65 °C für 1 Stunde im Ofen gegart werden. Es bleibt formstabil und ähnlich cremig.

№ 36

Crunch bekommt der Boden durch die Dinkel-Kokos-Kekse.

Die Kokosmilch der Veganaise ermöglicht eine cremige Textur ganz ohne Ei und Sahne.

Sahniges ohne Tierisches
Kokoscremige Veganaise

Für die unglaublich samtig-cremige Textur vieler Saucenklassiker sind immer Eigelb, Milch und hin und wieder Butter verantwortlich. Hier wird eine komplett vegane Version einer Fruchtcreme vorgestellt, deren Eigenschaften genauso bestechend sind.

Eine Puddingcreme – in der französischen Patisserie heißt sie „crème pattisière" oder „crème anglais" – hat sich auf Kuchen, in Gebäckstücken oder als Grundlage für Obstdessert über Jahrhunderte bewährt.

Die Creme hat es allerdings in sich: Trotz ihrer luftigen Erscheinung ist sie weder ein kalorisches Leichtgewicht noch ist sie für ungeübte Küchenpraktiker leicht herzustellen. Denn sind die Temperaturschwankungen zu hoch, gerinnt sie sehr schnell. Rettungsversuche gehen meist mit erheblichen Geschmacks- und Aromaverlusten einher. Dieser Effekt jedoch schafft Abhilfe für beide Schwierigkeiten.

Diese vegane Version kann es mit Hollandaise, Bernaise und vor allem mit dem Dessertklassiker „Puddingcreme" locker aufnehmen. Sie erinnert an die Liquid Gels (Effekt Nr. 37), wird aber auf eine ganz andere Weise hergestellt. Die im wahrsten Sinne deutlich abgespeckte Version schmeckt auch Nichtveganern. Sie basiert auf pflanzlichen Geliermitteln, auf Fruchtpulver und einer über die Kokosnuss eingebrachte Cremigkeit. Die Kokosnuss bringt zwar auch etwas Fett in die Creme, aber ebenso wie Sahne eine tolle aromatische Cremigkeit. Dies geschieht über sogenannte Lactone. Diese Geruchsstoffe riechen extrem sahnig und kokosnussartig. Sie kommen auch in Milch vor und sind vor allem in Milchkonzentrationen wie Kaffeesahne oder sehr fetten Schlagsahnen direkt zu riechen. Das Auftreten dieser Lactone in Kuhmilchprodukten und Kokosnüssen ist kein Zufall, denn Lactone entstehen vor allem aus gesättigten Fettsäuren, und davon gibt es sowohl einige in der (Kuh-)Milch, noch mehr aber in der Kokosnuss, deren Fettsäurespektrum fast ausschließlich aus mittel- bis langkettigen Fetten besteht. Daher sind die lactonartigen Sahnedüfte in der Kokosnuss besonders prominent vertreten. Die Kokosnuss ist also zum Würzen mit sahnigen und cremeartigen Aromen bestens geeignet.

Wird die Kokosmilch mit dem pflanzlichen Geliermittel Agar-Agar gekocht und anschließend in einer Rührschüssel, die in kaltem Wasser steht, mit einem Schneebesen geschlagen, kann keine Gelierung zu einem festen Block erfolgen. Für einen festen Gelblock erfolgt die Gelierung in Ruhe, das heißt, nach dem Eingießen in die Form geliert die Flüssigkeit nach und nach beim Abkühlen. Bei der „Veganaise" geschieht dies durch permanentes Rühren, das einer ständigen Scherdeformation der Flüssigkeit entspricht.

Die Kokosmilch geliert daher lediglich in winzige Gele, die nicht wachsen können. Der Grund ist einfach: Die Gelierung ist über die Polymerdynamik und die Helixbildung der Agarosemoleküle bestimmt, die eine moleküleigene Zeitskala bestimmt, sagen wir t_m. Wird nur mit einer bestimmten Umdrehungszahl γ, die Scherrate, gerührt, definiert dies ebenfalls eine Zeitskala, nämlich $\tau = 1/\gamma$. Damit ist klar, was passiert: Ist die Scherrate γ sehr klein, sprich die Scherzeit groß (langsames Rühren), haben viele Agarosemoleküle Zeit, sich zu finden und über Doppelhelices Netzwerke zu bilden. Die Gelpartikel werden groß. Rührt man schnell, ist also die Scherzeit (τ) klein, bleiben die Gelpartikel kleiner. Je höher die Scherrate, desto kleiner die Partikel.

So groß werden die Gelpartikel maximal:

$$R \simeq \left(\frac{k_B T}{6\pi \eta_s \gamma}\right)^{1/3}$$

Nach und nach entwickelt sich eine cremige Konsistenz, die einer herkömmlichen Puddingcreme in nichts nachsteht. Derartige Texturen sind extrem mundschmeichelnd und mit stärkegebundenen oder anderweitig verdickten Flüssigkeiten nicht zu vergleichen. Daher lohnt sich der Einsatz von Muskelkraft oder eben das Anwerfen der Aufschlagmaschine. Zwar hat Kokosmilch schon einen akzeptablen Flavour, aber das alleine reicht noch nicht. Zur Verstärkung der Kokosflavours bietet sich Kokosmousse an, das aus dem sehr fein vermahlenen Fleisch der Kokosnuss und Kokosfett besteht. Dazu eignen sich feine Fruchtpulver wie solches aus Ananas oder Banane, aber auch das süße Rote-Bete-Pulver.

Die Alphatiere unter den Angebern lassen hier die Muckis spielen und der klägliche Rest muss wohl zur Maschine greifen.

Diese Form des Gelierens geht in eine ähnliche Richtung wie die Fluid Gels (siehe Effekt Nr. 37), allerdings mit großen Unterschieden in Struktur, Fließeigenschaften und Mundgefühl. Tatsächlich sehen die entstehenden Gelpartikel auch unter dem Mikroskop verschieden aus. Dies wundert nicht, denn das Agar-Agar hat unter dem Rühren keine Chance, ein Gel auszubilden. Jedes Mal, wenn sich beim Abkühlen Gele bilden möchten, werden sie über das Rühren daran gehindert. Folglich entstehen nur Gelpartikelchen, deren Größe von der Rührgeschwindigkeit abhängt. Je schneller gerührt wird, desto kleiner sind die Partikel, und desto cremiger wird die Veganaise. Das liegt auch daran, dass die Partikel an der Oberfläche eher ausgefranst sind. Diese Fransen bilden im Mund ein ganz besonderes Gleiten und Fließen, was das Mundgefühl der pürierten Fluid Gels deutlich unterscheidet.

Natürlich funktioniert dieses Verfahren genauso gut für salzige und umamige Zubereitungen. Werden etwa Weinsaucen mit dieser Methode aufgeschlagen, lassen sich Zabaione und Co damit ohne Ei erzeugen, die den reinen Geschmack deutlicher in den Vordergrund bringen als klassische Versionen, denn die Bindemittel tragen keinen eigenen Geschmack bei, wie zum Beispiel Eier. Es ist also in erster Linie die physikalische Zubereitungsmethode, die für diese unvergleichliche Cremigkeit sorgt, denn Agar-Agar hat noch einen weiteren Vorteil: Im Gegensatz zu Gelatine (und Eiern) schäumt es nicht auf und kein Schaumbläschen stört die vollmundige Üppigkeit.

Cremig-süße Ananas-Veganaise auf Mürbeteigküchlein

1

Ananas-Veganaise

- 1 EL Fruchtpulver Banane
- 1 EL Fruchtpulver Ananas
- 1–2 EL Zucker
- 1 EL Kokosmus
- 1 gestr. EL Agar-Agar
- 200 ml Kokosmilch
- Eiswasser

Fruchtpulver, Zucker, Kokosmus und Agar-Agar in einem Topf kalt und klumpenfrei mit einem Schneebesen in die Kokosmilch rühren. Dann auf dem Herd bei schwacher Hitze unter stetigem Rühren langsam erwärmen, bis sich auch die kleinsten Klümpchen lösen. Die Hitze erhöhen und die Flüssigkeit unter ständigem Rühren aufkochen. Den Topf von der Herdplatte ziehen. Topf in ein Eiswasserbad stellen und die Masse so lange mit dem Schneebesen weiterschlagen, bis sich eine feine Creme bildet.

2

Vegane Mürbeteigküchlein

- 20–30 Dinkel-Kokos-Kekse, Anzahl abhängig von Formgröße und gewünschter Bodendicke
- 100 mg Kakaobutter
- 30 mg Kokosöl

Die Kekse in einen Mixer geben und darin zertrümmern. 4 kleine Springförmchen mit Backpapier auslegen und die Krümel darin gleichmäßig verteilen. Die Kakaobutter über dem Wasserbad schmelzen und das Kokosöl untermengen. Gut vermischen und noch flüssig über die Kekskrümel geben. Etwas auskühlen lassen, mit den Fingern leicht festdrücken und dann im Kühlschrank fest werden lassen.

3

Pinien-Kokos-Mischung

- 30 g Pinienkerne
- 2 EL Kokosflocken
- Obst der Saison
- etwas frisch gepresster Limettensaft

Die Pinienkerne im Blitzhacker hacken und zusammen mit den Kokosflocken in einer heißen Pfanne ohne Fett anrösten, bis es zu duften beginnt. Das Obst waschen, nach Bedarf schälen, nach Belieben kleinschneiden und mit Limettensaft beträufeln. Früchte in den Springförmchen verteilen.

4

Anrichten

- einige Kaffirlimettenblätter

Die Törtchen aus den Formen nehmen, auf Desserttellern anrichten und die Küchlein mit der Veganaise nappieren. Mit der Pinienkern-Kokos-Mischung bestreuen. Die Kaffirlimettenblätter in Streifen schneiden und die Törtchen damit dekorieren.

Sie brauchen außerdem

- Springformförmchen (max. 10 cm Durchmesser)
- Blitzhacker

№ 37

Schokolade kann es nie genug geben.

In den Pürees finden sich feinste Kügelchen, die direkt im Mundraum ganz viel Flavour freigeben.

Essbares Gold – bringt keinen Geschmack, sieht aber fantastisch aus und adelt das Schokoküchlein.

Weder fest noch flüssig
Die Cremigkeit pürierter Gele

Aus festen, anschließend fein pürierten Gelen entstehen wundersame Texturen, die mit samtig-weichem Mundgefühl und rascher, intensiver Flavourfreigabe einhergehen. Sie überzeugen in Optik, Textur und Standfestigkeit.

Es klingt nur auf den ersten Blick widersprüchlich: zunächst ein festes Gel herzustellen, um es dann wieder zu zerstören. Aber nicht ohne Grund hat sich diese Methode weitgehend seit den Ursprüngen der Avantgardeküche à la Ferran Adrià in der Gastronomie durchgesetzt. Textur und Flavourfreigabe dieser Gelpürees sind absolut bestechend und durch kaum eine andere Methode zu erzeugen. Heute kommen solche Gele praktisch in jedem Sternerestaurant auf die Teller. Die Methode lässt sich mit allen Flüssigkeiten, egal welcher Geschmacksrichtung, verwirklichen.

Geliermittel der Wahl ist Agar-Agar. Die flüssigen Gele funktionieren sowohl als größere Komponenten als auch als wohldosierte Würzpunkte. Sie können auf Tellern ausgestrichen, aber auch über Spritztüllen oder Pipetten feinst auf Teller gegeben werden und setzen dort immer einen glanzvollen Aromaakzent.

Die Vorteile dieser Methode ergeben sich in der hohen Aufkonzentration des Geschmacks. Die Verwendung von Flüssigkeiten erlaubt ein störungsfreies Gelieren. Kein Feststoff, sei er auch noch so klein, stört die Gelbildung. So lassen sich Gemüse- und Obstsäfte unter Reduzieren und Würzen zu hochkonzentrierten und ideal geeigneten Flüssigkeiten bereiten, die den Geschmack durch diese Behandlung intensivieren.

Entscheidend ist aber auch die Wahl des Geliermittels. Es muss eine hohe Wasserbindung mitbringen, aber nicht so hoch, dass die Gelstücke beim Pürieren bröckelig und trocken wirken. Das wäre zum Beispiel bei Gellan der Fall. Mittel der Wahl ist daher das pflanzliche Agar-Agar. Es zeigt eine leichte Freigabe des Wassers an der Oberfläche der Gele, hält aber gleichzeitig das Wasser ausreichend in den gelierten Teilen fest. So bilden sich mit fortschreitender Gelierzeit des festen Gels immer kleinere Stücke, deren Oberflächen gut befeuchtet sind. Genau das bewirkt den Haupteffekt für die Textur. Die winzigen, nur noch 100 bis 500 Mikrometer großen Gelstücke können leicht aneinander abgleiten. Das Oberflächenwasser und die freiliegenden Molekülketten des Agar-Agars binden viel Wasser. Es wirkt als Schmiermittel, sodass die Partikel zwar einen gewissen Widerstand aufweisen, aber doch leicht aneinander abgleiten.

Das fein verteilte Oberflächenwasser zwischen den Gelstückchen trägt den vollen Flavour, sprich die Summe aus Geschmack, Aroma, Textur und Mundgefühl, daher wird dieser sofort beim leichten Zerdrücken zwischen Zunge und Gaumen freigegeben.

Agar-Gelierung

Agarmoleküle lösen sich in heißem, kochendem Wasser. Wenn sich beim Abkühlen zwei langsamer werdende Molekülketten wiederfinden, erinnern sie sich an ihre verschraubte Helixstruktur in den Algen, sie bilden ein Gel, das beim weiteren Abkühlen immer fester wird.

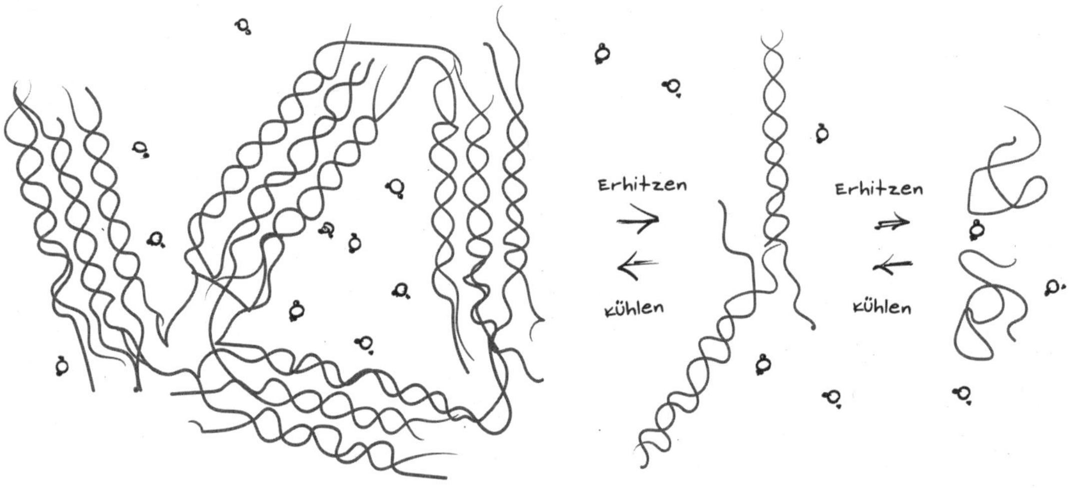

Das Geliermittel Agar-Agar stammt aus dem Zellmaterial von Algen und wird schon seit Langem in der vegetarischen Küche verwendet. Agar-Agar ist ein Gemisch aus zwei löslichen Ballaststoffen, den Polysacchardien Agarose und Agaropektin. Beide sind wasserlöslich, können aber – anders als Stärke – nicht verdaut werden. Agaropektin selbst wiederum ist ein Gemisch aus kleinen verzweigten Polysacchariden, da das verkleisternde Amylopektin in der Stärke nicht am Gelierprozess beteiligt ist. Die Gelierkraft von Agar-Agar kommt allein durch das lange Molekül Agarose zustande. Agar-Agar geliert schon bei Temperaturen zwischen 40 und 45 °C und ist sehr temperaturbeständig.

Anders als Gelatine können Agargele ohne Probleme auf 70 bis 80 °C erwärmt werden. Damit sind bereits zwei Vorteile erkennbar. Erstens: Die Gele schmelzen nicht und können sogar heiß angeboten werden. Zweitens: Auch die pürierten Gele bleiben bei höheren Temperaturen standfest und formstabil.

Heiße Gele erzeugen wahre Flavourexplosionen!

Damit Agar-Agar überhaupt geliert, muss es zusammen mit der Flüssigkeit unbedingt aufgekocht werden. Nur so kann es sich vollständig lösen und seine volle Gelierkraft entwickeln. Was genau passiert, kann man oben in der Zeichnung studieren. Wird dann der ganze Gelblock wieder stark püriert, bleiben nur noch mikrometergroße Gelstückchen übrig, die sich zu einem herrlich cremigen „Fluidgel“ zusammenlagern. Das Mundgefühl bedankt sich für diesen Gewaltakt.

Rote-Bete-Hibiskus-Liquid-Gel nebst Schokoküchlein

1

Rote-Bete-Hibiskus-Liquid-Gel

500 ml	Rote-Bete-Saft (am besten frisch entsaftet aus roher Roter Bete)
2 TL	Hibiskuspulver (Bioladen)
1 EL	natives Kokosfett (mit viel Aroma)
2 EL	Thymianhonig
5 g	Agar-Agar

Alles zusammen in einen kleinen Topf geben und bei schwacher bis mittlerer Hitze erwärmen. Mit dem Schneebesen klümpchenfrei verrühren und mindestens 30 Sekunden unter Rühren köcheln lassen. Dann kalt stellen und vollständig gelieren lassen. Das Gel in Stücke schneiden und in einem Mixer oder mit dem Stabmixer sehr fein zu einem glatten Püree pürieren.

2

Schokoladenküchlein (Brownies)

200 g	Zartbitterschokolade (ca. 60 % Kakaogehalt)
100 g	Butter plus etwas für die Förmchen
1 EL	lösliches Espressopulver
2 EL	Wasser
80 g	Weizenmehl (Type 405)
30 g	Stärke plus etwas für die Kirschen
2 Prisen	Natron
1 Prise	Salz
2	Eier
150 g	Zucker
100 g	Zartbitterschokolade (80–90 % Kakaogehalt)
70 g	eingelegte Sauerkirschen (in der Saison frische entsteinte Kirschen)

Schokolade (60 % Kakaoanteil) mit der Butter über dem Wasserbad schmelzen. Den Backofen auf 180 °C Ober-/Unterhitze vorheizen. Espressopulver in 2 EL kochendem Wasser auflösen, in die geschmolzene Schokolade rühren und abkühlen lassen. Mehl, Stärke, Natron und Salz mischen und beiseitestellen. Eier und Zucker zusammen mit dem Handrührgerät zu einer hellen, cremigen Masse schlagen. Die Schokoladen-Butter-Espresso-Masse nach und nach unterrühren. Mehl-Stärke-Mischung darübersieben und sehr vorsichtig unterheben, dabei nicht kneten! Schokolade (80–90 % Kakaogehalt) grob hacken und ebenfalls unterheben. Den Teig in gefettete Brownie-Förmchen füllen und glattstreichen. Die Kirschen in etwas Stärke wälzen und jeweils eine in ein Förmchen drücken. Die Küchlein im vorgeheizten Ofen 20–25 Minuten backen (abhängig von der Förmchengröße, genau beobachten). Kurz in den Förmchen auskühlen lassen, dann aus den Förmchen lösen.

3

Anrichten

Das Rote-Bete-Püree mittig auf Tellern ausstreichen. Die Brownies halbieren. Beide Hälften versetzt mit den Schnittflächen zueinander dem Püree an die Seite geben. Etwas erwärmte, flüssige Schokolade anrichten

Essbares Blattgold! Man gönnt sich ja sonst nichts.

№ 38

Die duftige Note der Pommeranze trifft auf die Süße des Curaçao-Likör.

Whiskywürfel und Schokoladen-Crunch – ein perfektes Texturerlebnis.

Zuckerwatte mit thymianartigem Raucharoma ergänzt die feurige Schärfe der Paprika.

Ein Hauch von Rauch
Geräuchertes im Dessert

Chemisch setzt sich Rauchgeruch hauptsächlich aus Aromaten zusammen. Alle aromatischen Verbindungen haben süßliche Andeutung in ihrem Duft. Was liegt also näher, als mit Raucharomen im Dessert zu überraschen?

Liegen Sie auch manchmal nachts wach und fragen sich, ob man Zucker räuchern kann, obwohl sich fettliebende Raucharomen und wasserliebender Zucker im Grunde nicht vertragen? Nein? Hier kommt trotzdem die Lösung: Der Trick ist, im Zucker Platz zu schaffen, das heißt, sie nicht zu kristallisieren, sondern amorph zu lassen. Pate bei dieser Idee stand das ganz ursprüngliche Konzept von den vier Elementen Feuer, Wasser, Erde und Luft. Sie bilden die Grundlage dafür, dass Rauch überhaupt entstehen kann. Um den Rauch in Szene zu setzen, machen wir also das Naheliegende und vereinen alle vier Komponenten zu einem Flavourbild.

Rauch wird seit Urzeiten als Konservierungsmethode verwendet. Durch Räuchern entstehen spannende Würzaromen, die sich nur durch die Räuchertechnik ergeben. Der Blick auf die chemische Struktur öffnet die Augen und zeigt, wie desserttauglich Rauch ist: Ein Großteil seiner Geruchsstoffe besteht aus Aromaten und Karamellstoffen wie etwa Maltol. Im raucherzeugenden Holz sind massenweise Benzolringe im Polymer Lignin zu entdecken, die Grundlagen für aromatische Verbindungen sind. Daraus entsteht im Rauch dann etwa Vanille und andere süßlich duftende Aromaten. Und Aromaten wie Benzaldehyd aus Mandeln, Vanille aus Vanilleschoten, Thymol aus Thymian oder das Anisaldehyd aus Anis und Sternanis stehen für beste Zutaten in Süßspeisen. Die Zellulose des Holzes besteht dazu noch aus jeder Menge Glucose oder Glucosederivaten.

Vorsicht: guter Rauch entsteht nur durch das Verglimmen von Holz. Es darf nicht lodern.

Und so fügt sich Rauch in die Dessertwelt der vier Elemente: Das „Wasser" lebt von der blauen Farbe sowie der Süße des Curaçao-Likörs und dessen Parfüm, das aus der Pommeranze stammt. Die leichte Bindung durch das Xanthan erlaubt ein ketchupartiges Mundgefühl, das den pulvrigen Komponenten sehr entgegenkommt. Das kühlende Menthol der „Luft" ist natürlich der perfekte Gegenspieler zur Hitze des Capsaicins im Chiliöl, dem „Feuer". Die „Erde" ist das knusprige, angenehm harte Texturelement der ganzen Kombination. Dieses Element wirkt neben den weichen und schmelzenden Elementen als starker Kontrast. Gleichzeitig schmilzt die Schokolade im Mund. Mehrere rein physikalische Flavourelemente spielen dabei zusammen.

Erst bringt Capsaicin Hitze und Glut, dann macht Menthol mit Durchzug alles wieder gut.

Der Geschmack, die Aromen und Texturen werden auf die verschiedenen Elemente verteilt und sortieren sich im Mund während des Genusses neu. Daher lohnt es sich, aus den vielen kleinen Teilen während des Essens immer wieder andere Kombinationen auf dem Löffel zusammenzustellen, um die Vielfalt genauer herauszuschmecken.

Die vier Elemente vereint – Süßes mit Rauch

Dieses Dessert ist sehr aufwendig. Viele Elemente lassen sich mit etwas Vorarbeit frühzeitig fertigstellen. Gute Vorbereitung ist das A und O – A wie Angeberei, O wie Opulenz.

1

Feuer

- 300 g rote Paprikaschoten
- 60 g Zucker
- 60 g Butter
- 5 ml extrascharfes Chiliöl
- 3 g Agar-Agar
- Küchenmaschine mit Kochfunktion

Die Paprikaschoten halbieren, Samen und Scheidewände entfernen, das Fruchtfleisch waschen und kleinschneiden. Zusammen mit Zucker und Butter in einer Küchenmaschine mit Kochfunktion mit der Aromafunktion 10 Minuten garen, danach bei 100 °C 1 Stunde bei niedrigster Rührstufe weitergaren. Anschließend auf höchster Stufe sehr fein pürieren und weitere 30 Minuten bei 80 °C auf niedrigster Rührstufe garen, bis das Püree leuchtend rot glänzt. Während des Garvorgangs Chiliöl und Agar-Agar dazugeben. Die Masse aus der Küchenmaschine in einen Topf oder eine Schüssel gießen und gelieren lassen. Das Gel vollständig erkalten lassen und dann in Stücke brechen. Im Mixer fein pürieren. Aus dem Gel mithilfe von Teelöffeln eine kleine rote „Flamme" auftürmen.

2

Wasser

- 80 ml Wasser
- 1,2 g Xanthan
- 50 ml Curaçao
- Buchenholzräucherspäne
- getrockneter Thymian
- Räucherpistole und Glasglocke zum Kalträuchern

Das Wasser auf etwa 50 °C erwärmen und das Xanthan in einem Schälchen blasenfrei mit dem Schneebesen einrühren. Dann abkühlen und ruhen lassen, bis das Xanthan vollständig gelöst ist. Das dauert eine Weile. Dabei nach und nach den Curaçao unter Rühren dazugeben und auf diese Weise weiter homogenisieren. Vor dem Servieren die Räucherpistole mit Buchenholzräucherspänen und etwas Thymian füllen und anzünden, dann die Flammen löschen, damit der Rauch entsteht. Das Schälchen mit dem „Wasser" unter eine Glasglocke stellen mit einer Räucherpistole mehrmals Rauch unter die Glasglocke blasen, bis die gewünschte Aromatisierung erreicht ist.

3

Luft

- 150 ml Wasser
- 1 Mentholkristall oder 5 Blätter frische Minze
- 20 g Zucker
- 1 g Lecithin

Das Wasser in einem Topf auf etwa 50 °C erwärmen. Mentholkristall (bzw. Minze) und Zucker hineingeben und mit dem Schneebesen schlagen, bis das frische Menthol bzw. die Minze zu riechen ist. Dann auch das Lecithin zugeben und schaumig zu „Luft" aufschlagen.

4

Erde

- 40 g Zartbitterschokolade (65–70 % Kakaogehalt)
- 50 g Butter
- 20 g Kakaopulver
- 50 g Weizenmehl
- 50 g Zucker
- Infrarotthermometer

Die Schokolade über dem Wasserbad schmelzen, dabei sollte sie nicht wärmer als 40–45 °C werden (mit dem Infrarotthermometer prüfen). Die Butter würfeln und in einer Schüssel mit der geschmolzenen Schokolade und allen anderen Zutaten zu Streuseln zerreiben. 30 Minuten kühl stellen. Dann die Streusel im Ofen bei 80–100 °C oder in einer Pfanne bei schwacher Hitze mehr trocknen als backen, abkühlen lassen. Anschließend in Stücke brechen, die wie schwarze, krümelige Erde aussehen.

5

Geräucherte Zuckerwatte

100 g	Isomalt
	Buchenholzspäne und getrockneter Thymian zum Räuchern
	Zuckerwattemaschine
	Silikonmatte

Isomalt in einem kleinen Topf bei schwacher bis mittlerer Hitze schmelzen, dann auf einer Silikonmatte ausfließen lassen und abkühlen, bis die Isomaltschmelze zu einer Art „Glasplatte“ erstarrt ist. Anschließend im Hochleistungsmixer sehr fein pulverisieren. Das Isomaltpulver mit der Räucherpistole mit den Buchenholzspänen und etwas Thymian stark räuchern. In einer Zuckerwattemaschine zu kleinen Zuckerwatteballchen formen. Beim Anrichten auf das „Feuer“ setzen.

6

Geräucherte Paprikascheite

1	rote Paprikaschote

Die Paprikaschote halbieren, Samen und Scheidewände entfernen, das Fruchtfleisch waschen und in Streifen schneiden. Die Streifen bei Schritt 5 miträuchern und das „Feuer“ auf den Paprikascheiten anrichten

7

Kalte Rauchperlen

50 ml	Wasser
1	Prise Salz
0,5 g	Agar-Agar
5 Tropfen	Flüssigrauch
	neutrales Sonnenblumenöl (Kühlschranktemperatur)
	Spritzflasche

Wasser, Salz und Agar-Agar zusammen in einem kleinen Topf bei starker Hitze aufkochen. Dann von der Platte nehmen und abkühlen lassen. Während des Abkühlens den Flüssigrauch einrühren. Die noch warme Flüssigkeit in eine Spritzflasche füllen, sofort in das kalte Öl sprühen und zu Tropfen bzw. Kügelchen gelieren lassen. Die Kügelchen herausfischen und eventuell daran haftendes Öl vorsichtig abwaschen.

8

Asche

50 g	weiße Schokolade
5 EL	Maltodextrin

Die Schokolade über dem Wasserbad schmelzen, mit dem Maltodextrin mithilfe eines Schneebesens zu einem Pulver verarbeiten.

9

Whiskywürfel

1 g	Gellan (Geliermittel)
100 ml	Wasser
30 ml	Islay-Whisky
	Petrischalen

Gellan und Wasser in einem Topf vermengen und bei starker Hitze aufkochen, sodass sich das Gellan auflöst. Auf 80 °C abkühlen lassen und den Whisky unterrühren. Die Flüssigkeit 5 mm hoch in Petrischalen gießen und gelieren lassen. Vor dem Anrichten in kleine Würfel schneiden. Auf Zucker wurde hier bewusst verzichtet. Es sollen die klaren, erdigen und rauchig-torfigen Noten des Whiskys in den Vordergrund in die Nähe der Schokoladenerde gerückt werden.

Außerdem empfehlenswert zum Garnieren: ein paar Blättchen Weinraute und gerösteter sowie gemörserter Mais (sogar als zerbröseltes Popcorn).

№ 39

Kartoffelchips in durchsichtig, mehr Effekt geht nicht.

Die Erdnuss bringt nicht nur fettige Noten, sondern auch ein Aroma in grün-grasigen und blumig-zitronigen Tönen.

Das mexikanische Mole ist eine Sauce, die bis zu 20 verschiedene Gewürze enthält. Details sind Familiensache.

Grieß ohne Grenzen
Fein gesiebtes Ei

Fast schon zu hart gekochte Eier intensivieren, zu Grieß verarbeitet, das Geschmackserlebnis auf eine Weise, die neu erscheint. Zusammen mit gläsernen Kartoffelchips und würzigem Spinat gelingt die Neuinterpretation eines Alltagsklassikers.

In der Gastronomie sind Eier eine beliebte Spielwiese. In Japan sind es die Onseneier, in Frankreich hat fast jedes Sternehaus mindestens einmal im Jahr ein raffiniertes Gericht im Zeichen des Eis auf der Karte. Selbst bei René Redzepi stand in seinem Signature Dish „The hen and the egg" das Ei im Zentrum des Geschehens. Die vorliegende Eigeschichte geht auf das „l'oeuf mimosa" zurück. Christopher Hache vom Grillon (Paris) und der besternte Jungstar Lieven van Aken (Les Baux) bieten immer wieder tolle Variationen dieses Themas an.

Das würde nur lästig die Kochzeit verlängern: Spinat herausnehmen, Flüssigkeit eindampfen, Spinat wieder zugeben und glasieren und so weiter... also richtig trocknen!

Für den Spinat ist das Trockenschleudern nach dem Waschen wichtig. Sonst wird zuviel Wasser in den Topf gegeben, das später wieder verdampft werden muss.

Der Eiergrieß macht optisch etwas her, hat aber auch einen tieferen sensorischen Grund: Werden die Eier praktisch übergart, lassen sie sich durch ein nicht zu feinmaschiges Sieb streichen. Der dabei entstehend feine, weißgelbe „Grieß" sieht nicht nur hübsch aus, sondern führt zu einer ganz anderen Ei-Wahrnehmung. Normalerweise beißen wir vom hartgekochten Ei ab oder schneiden es in Viertel, schieben es in den Mund und beginnen mit dem „oralen Prozessieren". Wir zerbeißen und zerdrücken das feste Eiklar und den schon leicht mehligen Dotter, die dabei ihren Geschmack und Aromen freigeben. Die Bruchstücke der Eier kommen mit dem Speichel in Berührung, wir spüren sofort die uns bekannte Textur. Bei dieser grießartigen Textur entfallen die Beißarbeit und das Zerkleinern im Mund weitgehend. Die kleinen Eikörner werden sofort eingespeichelt, ihr Flavour ist praktisch unmittelbar wahrnehmbar. Das Ei schmeckt intensiver und trotz der bekannten Eiergeschmäcker wirkt es vollkommen neuartig.

Die mexikanische Gewürzmischung Mole macht aus dem Spinat etwas unglaublich Besonderes. Diese wilde Mischung enthält unter anderem Chili, Kakao, verschiedene Nüsse wie Mandeln und Erdnüsse, hin und wieder Sesam und Pfeffer, sowie weitere Gewürze wie Zimt, Nelken, Anis und Vanille, und damit einige Geschmäcker und Aromen, die niemand mit Spinat verbindet. Dennoch holt ein wenig dieser Mischung sowohl das schweflige Ei als auch den erdigen Spinat auf ungewohnte Weise ab. Es zeigt sich aufs Neue, dass es beim Würzen nie allein auf Harmonie ankommt.

Es sind vielmehr die Kontraste, die zu neuen Zusammenhängen führen.

Das Kartoffelpüree mit Erdnussbutter ist natürlich zum Andocken der Mole im Spinat gedacht. Die Kombination Spinat und Kartoffeln funktioniert ohnehin, die Mole enthält meist Erdnuss, also hat der Kartoffelbrei eine Stütze mehr.

wenn die Kartoffel im Ofen gart, brechen die Stärkekörner auf und Amylose und Amylopektin beginnen zu schmelzen und auszutreten. Sie werden mehr und mehr wasserlöslich. Etwa so:

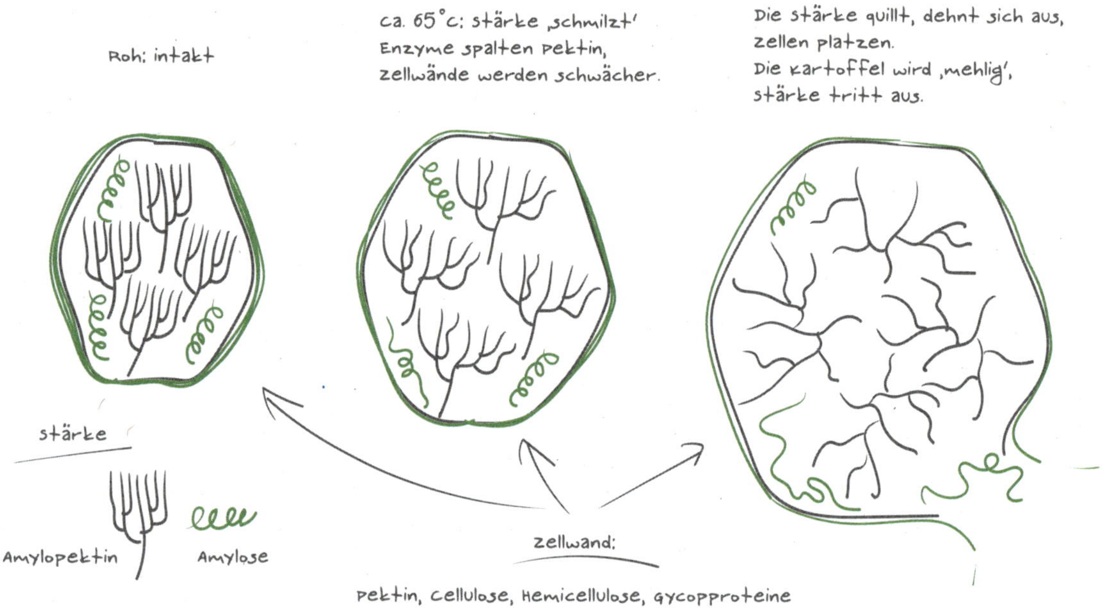

Die transparenten Kartoffelchips sind schon eine ganz eigene Show. Tatsächlich spricht die Transparenz für einen Glaszustand, also einen amorphen Zustand der beteiligten Moleküle. Würden Kristalle entstehen, wäre die Transparenz eingeschränkt. Das Licht würde gestreut, das heißt, in alle Richtungen abgelenkt, die Chips wären milchigweißlich. In diesem Fall sind die neben Wasser beteiligten Moleküle Kartoffelproteine und die Stärken Amylose und Amylopektin, wobei die Letzteren in den mehligen Kartoffeln dominieren. Im rohen Zustand der Kartoffel sind die Stärken in Körnern verpackt. In den Zellen, die durch die (grünen) Zellwände voneinander separiert sind, befinden sich Proteine (fadenförmiges Gewurstel) und die Stärkekörner. Amylose und Amylopekin sind in diesen Körnern eng und kristallin verpackt.

Dranbleiben, es wird spannend.

Wenn die Kartoffel im Ofen gart, brechen die Körner auf, Amylose und Amylopektin beginnen zu schmelzen und auszutreten. Sie werden mehr und mehr wasserlöslich. Dann kann die Stärke quellen und nimmt das Wasser der Kartoffel weitgehend auf.

Gibt man danach die ofengegarten Kartoffeln in das heiße Wasser, löst sich darin ein Teil der Stärke (und des wenigen Proteins). Aber nicht so viel, dass sich ein dicker Kleister bilden kann. Damit der Zusammenhalt der Chips gewährt ist, wird noch mit etwas Kartoffelstärke nachgeholfen, die beim Erwärmen auf dem Herd schmilzt und sich löst.

Wird jetzt der dünne Kleister getrocknet, verdunstet das Wasser und die verschlungenen und verkleisterten Moleküle können keine Kristalle bilden. Deren Bewegung wird mangels Wasser immer langsamer und sie frieren auf ihren Plätzen trotz höherer Hitze fest. Der Glaszustand ist erreicht. Und, es tritt, technologisch gesprochen, keine Stärkeretrogradation ein. Die Chips bleiben transparent. Einfacher ginge es gleich mit reiner Stärke, allerdings schmecken die reinen Stärkechips nach nichts bis wenig. Und so etwas geht hier gar nicht!

Spinat mit Ei und Kartoffeln

4 1 4

1

Eiergrieß

4 Eier

Eier 12 Minuten kochen, abkühlen lassen und anschließend durch ein nicht zu feinmaschiges Sieb drücken. Das Sieb sollte so 1–1,5 mm Maschen haben.

2

Molespinat

500 g frischer Spinat
1 große braune Zwiebel
4 EL Butter
Salz
Mole (Mexikanische Gewürzmischung)

Spinat waschen und zurechtschneiden, unbedingt mit der Salatschleuder trockenschleudern. Zwiebel in Viertelringe schneiden. Die Hälfte der Butter in der Pfanne erwärmen und die Zwiebel langsam bräunen, bis sie beginnt, knusprig zu werden. Salzen, herausnehmen und auf Küchenpapier geben. Restliche Butter in demselben Topf schmelzen und die Gewürzmischung Mole und etwas Salz zugeben. Den Spinat zugeben und unter ständigem Rühren zusammenfallen lassen. Die Hitze langsam steigern, bis das vom Spinat abgegebene Wasser verdampft ist und der Spinat schön glasiert ist.

3

Bratkartoffelchips (fast transparent)

4 mehlige Kartoffeln
Salz
Olivenöl
½ l Wasser
4 TL Kartoffelstärke
Öl zum Frittieren

Kartoffeln mit Salz und Olivenöl einreiben und im Ofen bei 180 °C garen, bis sie Bräunungsmerkmale zeigen und vollständig gegart und leicht aufgesprungen sind. Herausnehmen, in eine Schüssel geben und mit kochendem Wasser übergießen. Bei Zimmertemperatur 2 Stunden abkühlen und ziehen lassen. Die Kartoffeln herausnehmen und aufbewahren. Den Einweichsud durch ein Passiertuch filtern und über Nacht im Kühlschrank aufbewahren. Anderntags Sud vorsichtig in einem Topf erwärmen und dabei die Kartoffelstärke einrühren bis sich eine nahezu klare Paste bildet. Die Temperatur sollte etwa 65, maximal 70 °C haben. Die warme Paste portionsweise auf eine glatte Backmatte geben und ihr bereits eine Chipsform geben. Die Paste im Dehydrator/Ofen bei 60 °C Umluft etwa 2 Stunden trocknen. Die Chips sind jetzt schon genießbar, den letzten Kick bekommen sie beim kurzen Frittieren im 170 °C heißen Öl

4

Kartoffel-Erdnuss-Puree

Kartoffeln aus der Chipsproduktion
ca. ⅓ dieser Einwaage Erdnussbutter
Salz
heißes Wasser

Kartoffeln schälen und durch eine Kartoffelpresse geben und mit der Erdnussbutter legieren. Die Konsistenz mit warmem Wasser so einstellen, dass sich ein mit einem Spritzbeutel spritzbares und standhaftes Püree bildet.

5

Fertigstellen

Sie brauchen außerdem

Dehydrator, Backmatte, Dessertringe

Einen Dessertring in die Mitte eines Tellers geben. Molespinat (er sollte kein Wasser mehr abgeben) darum herumlegen und mit den Röstzwiebeln dekorieren. Den Eiergrieß in die Mitte des Dessertrings geben. Um den Spinat mit dem Erdnusspüree kleine Kreise ziehen. Die Chips à part servieren.

Nº 40

Holz und seine ganz spezielle Textur stehen hier Pate – ein genialer Effekt.

Erdig-nussartige Aromakomponenten liefern Pastinaken, Buchweizen und Kastanie. Am besten als Creme.

In der Schwarzwurzel finden wachsige und holzige Aromen zusammen.

Verholztes Wurzelgemüse
Schmelzender Crunch in Baumoptik

Texturen bestimmen einen großen Teil der Sensorik. Neben der Gartemperatur und der Kochzeit können Gemüsetexturen auch auf andere Weise gesteuert werden. Hier zum Beispiel entsteht eine Holzigkeit durch zweiwertige Ionen des Mineralstoffs Calcium.

Für die hohe Stabilität der knackigen, prall mit Wasser, Geschmack und ätherischen Ölen gefüllten Pflanzenzellen hat sich die Natur tolle biophysikalische Tricks zurechtgelegt. Die empfindlichen Zellen werden mit harten Zellwänden geschützt. Diese bestehen aus Celluslose, Hemicellulosen, Glycanen sowie Pektinketten, die mit Calciumionen zu Bündeln zusammengeheftet sind. Vereinfacht ausgedrückt funktioniert dies über das Zusammenbinden der einfach negativ geladenen Stellen der Pektinketten mit den zweifach positiv geladenen Calciumionen. Das sorgt für Festigkeit. In der Medizintechnik helfen die Calciumionen beim Verkapseln von Medikamenten und die Lebensmittelindustrie nutzt das Prinzip, um vorgeschnittenen Pommes frites und Chips mehr Festigkeit zu geben.

Wer Mutter Natur aufmerksam zuschaut, kann vieles lernen. Auch Sterneköche wissen: Mutti ist die Beste!

Die Molekularküche macht sich diesen Trick der Natur bei der Herstellung von Fakekaviar und Sphären zunutze. Der französische Zweisternekoch Jean Sulpice legt für bestimmte Präparationen Gemüse in ein Calciumbad, wodurch ihm spür- und sichtbar außergewöhnliche, härtere Texturen mit exzellentem Crunch gelingen. Er stand auch bei diesem Rezept Pate. Chemieküche ist das übrigens nicht, eher Physikküche.

Warum fiel die Wahl auf die Schwarzwurzel? Ganz einfach: Erstens hat sie in ihrem gesamten Querschnitt eine nahezu identische Zusammensetzung, im Gegensatz zu Möhren, Pastinaken, Topinambur etc., deren Zellkomposition sich von außen nach innen („Herz“) ändert. Zweitens verfügt sie über einen nahezu identischen Durchmesser entlang der ganzen Wurzel. Daher mariniert das Calcium weitgehend gleichmäßig. Entscheidende Vorteile, die zeigen, wie uns Lebensmittel ihre Zubereitungsmethoden regelrecht auferlegen. Andere Gemüse müssten exakt pariert werden. Bei Topinambur sind, je nach Dicke und Knorzigkeit, Marinierzeiten von mehreren Stunden (über Nacht) erforderlich.

Damit die Schwarzwurzel ihre holzige Anmutung bekommt, lässt man sie nach dem Schälen zunächst für 10 bis 15 Minuten an der Luft oxidieren. Dabei verfärbt sie sich über die enzymatische Bräunung und nimmt bereits die Optik eines kleinen Zweiges an. Danach wird sie eine bis anderthalb Stunden in ein Calciumbad gelegt. Die Calciumionen dringen dabei in das Pflanzengewebe ein und vernetzen die über das Schälen freigelegten Zellproteine und Teile des Pektins. So wird die Struktur fester. Für das Calciumbad eignet sich Calciumlaktat, denn es bringt weniger Bittertöne ein als Calciumchlorid.

Feuchtigkeit kontrollieren, sonst ist der Effekt hinüber.

Nach dem Bad werden die Schwarzwurzeln im Ofen bei 165 °C fertiggegart. Damit die Oberfläche nicht zu sehr austrocknet, ist es ratsam, eine flache, ofenfeste Form mit dem Gemüse in den Backofen zu stellen. Besser funktionieren Backöfen mit Dampfzufuhr (Dampfstoß). Optimal sind professionelle Kombidämpfer, bei denen eine kontrollierte Luftfeuchtigkeit bei konstanter Temperaturführung eingestellt werden kann.

Außen knackig, innen zart – was will man mehr? Ein leckeres Kontrastprogramm!

Die Textur der Schwarzwurzeln führt zu außergewöhnlich crunchigen Bisserlebnissen. Dafür ist die härtere Textur und die über das Garen im Backofen reduzierte Feuchtigkeit verantwortlich. Dennoch bleibt das Mundgefühl leicht „fettig" und schmelzend, was an dem hohen Anteil des Oligofruktosegemisches Inulin liegt, das in der Schwarzwurzel vorkommt. Wegen dieser fettigen Anmutung wird es in isolierter Form in fettreduzierten Industrieprodukten als Fettersatz zum Einsatz gebracht. Wegen des hohen Anteils an Inulin erhalten die Wurzeln beim Garen deutliche Karamellnoten. Aus den Fruktosen bilden sich karamellig und leicht verbrannt riechende Furane, die den holzigen Eindruck auch olfaktorisch untermalen. So kann die Schwarzwurzel auf Holzzweigen dekorativ angerichtet werden. Eine Verwechslungsgefahr ist ohnehin ausgeschlossen.

Die Schwarzwurzeln benötigen eine cremige Komponente, zum Beispiel aus Pastinaken, sowie Buchweizen- oder Kastanienmehlbasis. Dies kommt einem Texturkontrast

Schwarzwurzelholz mit Pseudogetreidesoufflé und Sauerteigbrotpulver

4 3 5

1

Schwarzwurzeln

3	Schwarzwurzeln
1 g	Calciumlaktat (oder Calciumchlorid)
200 ml	Wasser

Die Schwarzwurzeln schälen (mit Gummihandschuhen, da sie hartnäckig klebrigen Saft absondern), schräg halbieren und 10–15 Minuten an der Luft oxidieren lassen. Das Calciumlaktat im Wasser unter Rühren auflösen, die Schwarzwurzeln hineinlegen und 1–1,5 Stunden marinieren. Den Backofen auf 165 °C Ober-/Unterhitze vorheizen. Die Schwarzwurzeln aus der Marinade nehmen, abtupfen und auf den Backrost (mittlere Einschubleiste) legen. Eine Schale mit Wasser auf den Backofenboden stellen und die Schwarzwurzeln 30–40 Minuten garen.

2

Pastinakenpüree

100 g	Pastinaken
100 ml	Milch (mind. 3,5 % Fett)
1 Prise	Salz
10 g	weiße Schokolade
1 EL	Kastanien- oder Tannenhonig

Die Pastinaken schälen und grob zerkleinern. Mit Milch und Salz in einen Topf geben und bei mittlerer Hitze sehr weich kochen. Den Topf von der Platte nehmen, die Pastinaken etwas abkühlen lassen und die Schokolade in Stückchen zugeben. Mit dem Stabmixer oder dem Standmixer sehr fein mixen. Tipp: Für dieses Rezept wird nicht das ganze Püree benötigt. Übrig gebliebenes Pastinakenpüree für andere Gerichte verwenden oder alternativ als vegetarischen Brotaufstrich oder Dip beim Aperitif am nächsten Tag genießen. 1 EL Kastanien- oder Tannenhonig macht sich im Pastinakenpüree sensorisch bestens.

sehr entgegen, aber untermauert auch den olfaktorischen Teil der Sensorik mit erdig-nussartigen Aromakomponenten. Besonders das Knöterichgewächs Buchweizen wartet als einziges Pseudogetreide mit dem aus der Roten Bete bekannten Geruchsstoff Geosmin auf, das extrem nach feuchter Erde riecht. Im gekochten Zustand kommen noch rosenholzartige und honigartige Gerüche dazu. Esskastanien unterstützen diese Aromatik mit holzig-harzigen und leicht rauchigen Anklängen.

Wer diese Methode einmal ausprobiert hat, wird garantiert süchtig nach weiteren Experimenten und ungewohnten Texturerlebnissen.

Täuschend echt! Die verholzte Schwarzwurzel, wie sie leibt, lebt und knuspert.

3

Buchweizen-Kastanien-Creme

250 g Sahne
30 g sehr fein gemahlenes Buchweizenmehl
30 g sehr fein gemahlenes Kastanienmehl
20 g Pastinakenpüree

200 g der Sahne mit dem Buchweizen- und dem Kastanienmehl in einen Topf geben, bei starker Hitze unter häufigem Rühren aufkochen lassen, dann die Temperatur reduzieren und die Masse 5 Minuten köcheln lassen. Gelegentlich umrühren. Den Topf von der Platte ziehen, die Creme abkühlen und quellen lassen. Dann das Pastinakenpüree unterheben und alles zu einer glatten Creme vermengen. Die restliche Sahne steif schlagen und unterheben. Die Creme in einen Spritzbeutel füllen.

4

Sauerteigpulver

1 Scheibe gutes Sauerteigbrot

Das Brot würfeln und in einem Dörrautomaten bei 60 °C 2 Stunden trocknen. Alternativ im Ofen bei Umluft trocknen, Temperaturen und Dauer wie im Dörrautomaten. In einem Mixer zu Pulver verarbeiten.

5

Anrichten

100 g gepuffter Buchweizen (siehe Effekt Nr. 20 oder aus dem Bioladen)

Sie brauchen außerdem

Dörrautomat
Spritzbeutel
trockene, schön verzweigte Äste

Die Schwarzwurzeln auf Tellern kunstvoll mit den Ästen aus dem Garten arrangieren. Die Pastinakencreme mit dem Spritzbeutel in eine kleine Schüssel spritzen, den gepufften Buchweizen darübergeben und mit dem Brotpulver bestreuen.

Nº 41

Der Lollipop bietet ein wunderbar aromatisches Kräuterspiel und sieht toll aus.

Hier versteckt sich ein traumhaftes Schokoladenerlebnis!

Kein echtes Ei, eine geniale Täuschung mit den Aromen der Aprikose und der Kokosnuss.

Gefrieren im Grill
BBQ mit Kältecrunch

Gefrieren im Grill? Das ist mit dem Antigrill möglich. So schafft man knusprig kalte, teilweise gefrorene Zubereitungen, die taktile und trigeminale Wahrnehmungen auf außergewöhnliche Weise reizen.

Gute Küche lebt von Kontrasten. Auf die Spitze getrieben wird das mit einem Antigrill. Er ermöglicht nicht nur trickreiche, bisher unbekannte Zubereitungen, sondern sorgt auch für optische und taktile Überraschungen. Auf seiner Platte werden Lebensmittel nicht erhitzt, sondern radikal gekühlt. Entwickelt wurde das Gerät im Zuge der Avantgardeküche in Spanien im Restaurant El Bulli um die Brüder Adrià. Ziel war es, den Gästen à la minute halbgefrorene Zubereitungen in vielgängigen Menüs mit zuverlässiger Qualität zu servieren. Antigrills und Kältegrills werden oft auch mit dem englischen Namen Anti Griddle bezeichnet.

Die Kontaktfläche kann auf etwa –34 °C gekühlt werden. Auf ihr lassen sich Lebensmittel dann an der Oberfläche, unilateral oder bilateral, rasch gefrieren. So können etwa Lutscher mit gefrorenen Oberflächen und weichem Inneren hergestellt, Schäume und Espumas partiell gefroren oder auch mit auf die Platte gegossenen Flüssigkeiten in kurzer Zeit Granités zubereitet werden.

Braucht man einen Antigrill? Coooool ist er auf jeden Fall. Trickreich kann man den Antigrill auch selber bauen.

Die Anschaffung und die Amortisierung eines solch teuren Originalgeräts in Privathaushalten will wohlüberlegt sein. Zwar gibt es günstigere Nachahmer, die allerdings von der Qualität und den Möglichkeiten eingeschränkt sind. Zum Test der Möglichkeiten und der Zubereitung lässt sich mit einigem Aufwand der Antigrill simulieren. Dazu besorgt man sich zerkleinertes Trockeneis („Nuggets", erhältlich über das Internet), verteilt diese Nuggets in ein tieferes Kuchenblech, legt eine (Antihaft-)Platte darüber und gefriert so die Präparate. Ausprobieren führt zum Erfolg.

Der Antigrill bewirkt quasi das Gegenteil dessen, was uns bei der Lebensmittelzubereitung üblicherweise in den Sinn kommt: Wir denken dabei eher an die Temperaturerhöhung, um bestimmte Effekte zu erzeugen. Wir simmern, schmoren, überbacken oder grillen Lebensmittel, um sie mit hohem Genuss zu verzehren. Den umgekehrten Weg, das Gefrieren, verbinden wir eigentlich nur mit Eismaschinen oder Pacojets.

Die Veränderung der Aggregatzustände wird in der Küche in vielen Fällen mit der Temperatur erreicht, und zwar sowohl in die eine (warm) als auch in die andere Richtung (kalt). Einer der sensorischen Reize ist ein Gefriergradient, auf der Kontaktfläche ist es mehr gefroren als oben. Es ist der Texturgradient, der mit dem Antigrill möglich ist. Der Boden ist crunchy gefroren, darüber ist es eher kalt aber weich, ganz oben fast noch warm, wenn man unilateral antigrillt. Antigrillt man auf beiden Seiten, er-

Gradient meint, dass sich etwas nach und nach verändert. Ein bisschen Fachsprech muss eben sein.

innert das „Grillgut“ an eine eisige Haselnusswaffel aus den Kindertagen. Außen knusprig, innen weich. Die Kontaktfläche gefriert relativ schnell, sodass die Lebensmittel fast knusprig werden. Die Kühlung schreitet nur langsam fort. Bei der Luftschokolade sogar sehr langsam, da Schäume gute Isolatoren sind. Daher lassen sich je nach Dauer der Kühlung die Textur und der Gesamteindruck erstaunlich variieren.

Der Hauptreiz ist natürlich die Kälte, die den Trigeminus reizt. Mit Komponenten vom Antigrill lassen sich in Menüs wundersame Warm-kalt-Effekte mit anderen Komponenten erzielen – zum Beispiel, wenn halbgefrorene Elemente zu warmen Gerichten serviert werden, wie etwa ein für 20, 30 Sekunden auf den Antigrill gegebenes heißes Kartoffelpüree, das als Komponente zu einem wärmenden Schmorgericht à part gereicht wird. So etwas lässt sich etwa als Element eines amuse bouche realisieren.

Halbgefrorener Kartoffelbrei? Man hat schon seltsamere Versuche in der Molekularküche gestartet. Also einfach ausprobieren und überzeugen lassen.

Das Arbeiten mit den Antigrill klingt auf den ersten Blick vollkommen abgefahren und überflüssig. Aber schon die einfachsten Experimente zeigen das Potenzial: Die Texturgradienten, der unterschiedliche Schmelz, die gradielle Verteilung der Eiskriställchen, der daraus resultierende Schmelz beim Erwärmen im Mund, löst Begeisterung aus.

Die Yuzu wird wahrscheinlich seit Tausenden von Jahren im mittleren Yangtze-Becken in China angebaut. Sie ist eine Kreuzung aus Zitrone und Madarine.

Weder Eis noch Gratiné – Diverses vom Antigrill

1

Provenzalischer Lolli als Apéritif oder Käsegang

80 ml	Olivenöl
1 TL	getrockneter Thymian
½ TL	getrockneter Rosmarin
200 g	weicher Ziegenfrischkäse
1 EL	abgeriebene Schale einer Bio-Zitrone
1 Zweig	frisches Bohnenkraut (Sariette)
etwas	schwarzes Lavasalz (aus Hawaii)
etwas	Zitronensaft

Das Olivenöl mit Thymian und Rosmarin in einem kleinen Topf erwärmen und am besten über Nacht aromatisieren. Dann durch einen Papierfilter abfiltern und beiseitestellen. Den Ziegenkäse mit der abgeriebenen Zitronenschale, dem Bohnenkraut und etwas Zitronensaft mit dem Stabmixer zu einer glatten Masse verarbeiten. In einen Spritzbeutel füllen. Dann in kreisrunden Ringen (ca. 3 cm Außendurchmesser) auf den Antigrill über Holzstäbchen spritzen, sodass die Ringe den Rand des Lollis und die Stäbchen den Lollistiel bilden. Mit dem schwarzen Lavasalz bestreuen. In das Zentrum der Ringe das aromatisierte Olivenöl geben. So lange auf einer Seite antigrillen, bis das Olivenöl kristallin (intransparent) ist. Mit einem Schaber vorsichtig abheben.
Auf kalten (im Eisfach gekühlten) Tellern servieren.

2

Halbgefrorene Salzmeringue als Satellit zu Gemüse- oder Fischgerichten

- 2 Eiklar
- 60 g Isomalt
- 1 TL Yuzusaft
- 1 TL Sojasauce

Eiklar und Isomalt mit dem Handmixer zu einem festen Schaum schlagen. Dabei den Yuzusaft und die Sojasauce einarbeiten. Mit zwei Löffeln kleine Meringuen formen und auf dem Antigrill halbgefrieren. Mit einem Schaber vorsichtig abheben.

3

Semisolide Luftschokolade als Dessertbeigabe

- 200 g weiße Schokolade
- 30 g Kakaobutter
- 40 ml Olivenöl

Schokolade, Kakaobutter und Olivenöl zusammen in einem kleinen Topf bei mittlerer Hitze schmelzen. Mit dem Stabmixer mixen und in einen kleinen Sahnesiphon (0,5 l) geben. Den Sahnesiphon mit einer Stickstoffkapsel beladen und im Wasserbad bei 50 °C gut 2 Stunden warmhalten. Anschließend auf 27 °C abkühlen lassen und 1 weitere Stunde bei dieser Temperatur „tempern". In dieser Zeit bilden sich winzige kristalline Nuklei, die für die Stabilität der Fettschäume wichtig sind. Dann portionsweise auf den kalten Antigrill sprühen, partiell gefrieren lassen und mit dem Schaber abheben.

4

Spiegelei-Spielerei

- 5 g Alginat
- 500 ml Wasser
- 200 ml Aprikosensaft
- 2 g Xanthan
- 1 g Calciumlaktat
- 200 ml dicke Kokosmilch
- 100 g Sahne (mind. 30 % Fett)

Sie brauchen außerdem

- Antigrill (alternativ Trockeneis, tiefes Backblech und eine passende Metallplatte)
- Spritzbeutel
- Sahnesiphon und Stickstoffkapseln
- Holzstäbchen
- eisgekühlte Teller

Alginat und Wasser gut vermischen und so lange quellen lassen, bis die Lösung klar ist. Aprikosensaft, Xanthan und Calciumlaktat ebenfalls vermischen und das Xanthan gut lösen lassen. Anschließend „inverse Sphären" (Effekt Nr. 25) herstellen und beiseitestellen. Dazu den verdickten Aprikosensaft in einen tiefen halbkugelförmigen Löffel (z. B. einen Kaffeemesslöffel) geben und vorsichtig in das Alginatwasser tauchen. Sobald sich die Alginathaut bildet, den Löffel umdrehen und die Sphärenhaut noch 1–2 Minuten im Alginatwasser ausreifen lassen. Mit einem Schaumlöffel herausnehmen und abtropfen lassen. Die Kokosmilch in einem kleinen Topf bei schwacher Hitze reduzieren, abkühlen lassen und mit der Sahne vermengen. Die Sphären vorsichtig auf den Antigrill legen und die Kokossahne um jede Sphäre herumgießen, sodass das Ergebnis etwa wie ein Spiegelei aussieht. Nach Belieben garnieren, z. B. mit in Thymiansirup marinierten Kopfsalatherzen.

Nº 42

Dem Joghurt wird mit Algen Meeresduft beigefügt.

Die geröstete Makrelenhaut bringt überraschende Noten nach Popcorn.

Bei diesem Gericht kann die Reihenfolge des Genusses durchaus entscheidend sein. Probieren Sie verschiedene Varianten unbedingt aus.

Frittieren für Fortgeschrittene
Ölverknusperte Köstlichkeiten

Knusprige Pommes aus reinem Öl? Für ein außergewöhnliches Geschmackserlebnis ist das schon mal erlaubt. Tolle Öle als Gel zu servieren, ist aber schwer umzusetzen. Wir behelfen uns mit Stärke und einem physikalischen Trick.

Jeder kennt das kleine Küchen-Einmaleins: Sollen Emulsionen wie Wasser und Öl dauerhaft vermischt bleiben, bedarf es eines Emulgators. Wussten Sie aber, dass Emulsionen in der Kulinarik, die auf püriertem Gemüse basieren, auch ganz ohne Emulgatoren möglich sind? Die kleinen Partikel des Zellmaterials helfen mit, diese sogenannte Pickering-Emulsion zu stabilisieren – und haben viele, meist unbemerkte Konsequenzen für Geschmack und Aroma.

Die Idee der Pickering-Emulsion mit einfacher Kartoffelstärke kam mir bei einem Vortrag in den Sinn – und bingo, die Ölverknusperung mit Olivenöl gelingt. Die knusprige Hülle der gelatinisierten und gebackenen Stärke mildert das Ölige allerdings erheblich ab. Das Mundgefühl wird sehr angenehm. Die Flavours der Öl- und Wasserphase sind hier komplett auf den Fisch zugeschnitten.

Kein Doppelgrill? Alternativ kann der Fisch in einer stark erhitzten Pfanne mit einem sehr heißen und gut geölten Bügeleisen von oben gepresst werden.

Die fettreiche Makrele erträgt kein langes Garen oder Braten, denn mehrfach ungesättigte Fettsäuren haben ein hohes Oxidationspotenzial. Ihre Bruchstücke oxidieren rasch zu fischig und ranzig riechen den Aldehyden und Alkoholen. Im waffeleisenartigen Doppelgrill ist die Garzeit kurz genug, um das zu vermeiden.

Der Flavour der Ölpommes ist mehr als ungewohnt und unglaublich spannend. Das Öl ist in der knusprigen Emulsion vollständig gefangen und wird erst beim Zerbeißen, wenn die Stärkestege zwischen den Öltröpfchen brechen, seriell freigegeben. Gepaart mit dem Knuspern der Stärke ist das für sich allein schon ein tolles Erlebnis. Vor allem erlaubt diese Methode ein gezieltes Abschmecken und Würzen: Aromen in die Fettphase, wasserlöslichen Geschmack mit der Stärke in die Wasserphase. Daher ist in diesem Beispiel das Wasser ein dichter, mit Fischsauce geboosterter Fischfond, während das Olivenöl ausgeprägte mediterrane Züge trägt, die über die ätherischen Öle von Thymian und Zitrone verstärkt werden. Beides zusammen zeigt tiefe Geschmacksreize und ein lang anhaltendes retronasal olfaktorisches Erlebnis. Unterbrochen wird es dabei von den krachenden Reischips, die den Umamigeschmack über die Sojasauce verstärken, während die aromatischen Holznoten des Sandelholzes sich bestens mit dem Thymol des Thymians paaren.

Die Makrele zeigt einen Hauch von Röstnoten, die sich mit den typischen Reisgerüchen paaren: popcornartig, malzig mit einem Hauch Brotrinde. Die Oliven im Fisch sind mediterrané pure. Schlussendlich bleibt der Algenjoghurt als Herzstück des Tellers: sauer, bitter, kühl, cremig, Meeresnoten. Matcha bringt übrigens viel mehr

Die Gäste werden auf eine außergewöhnliche Flavourreise geschickt, die alle Grundgeschmacksrichtungen, eine ganze Reihe verschiedener Texturen und sich natürlich paarende und konträr wirkende Aromakomponenten in sich vereint.

Pickering-Emulsion, benannt nach dem Entdecker S. (Spencer) U. (Umfreville) Pickering. Die Emulgatoren sind feste Partikel, hier die Stärkekörner. Der Chemiker beschrieb Mechanismus bereits 1907.

grüne, an Fisch erinnernde Aromakomponenten mit, als ihm auf das erste Schnuppern zugetraut wird. Daher ist er hier, neben den Algen, der perfekte Aromageber.

In den meisten Fällen werden Emulgatoren genutzt, um aus Wasser-Öl-Gemischen stabile Emulsionen herzustellen. Allerdings können dazu auch kleine Feststoffpartikel dienen. In der Küche lässt sich dieser Effekt nutzen. Stärkekörner stabilisieren Öl-in-Wasser-Emulsionen. Mehr noch: Nach dem Erwärmen verkleistert die Stärke, die Emulsion wird schnittfest. Der physikalische Grund für die Stabilisierung ergibt sich aus deren Energie an den Wasser-Öl-Grenzflächen. Diese Stabilisierungsenergie der Feststoffteilchen verändert sich mit der Eintauchtiefe. Bisher ist das physikalische Spielerei und tatsächlich in dieser Form gastronomisch wenig attraktiv. Es ändert sich, wenn die stabile Emulsion erwärmt wird. Durch Erwärmen schmelzen die teilkristallinen Amylopektine der Stärke, die

Fish n' Chips & Crisp

4 4 4

1

Ölknusper

50 ml	sehr intensiver Fischfond
1 TL	sehr gute asiatische Fischsauce
100–200 ml	Olivenöl (genaue Menge hängt von den Eigenschaften der Stärke ab)
5 Tropfen	Zitronenöl (essentielles Öl)
5 Tropfen	Thymianöl (essentielles Öl)
1,5–2 EL	Maisstärke

Den Backofen auf 100 °C Umluft vorheizen. Fischfond und Fischsauce mischen und den Salzgehalt prüfen. Nötigenfalls noch nachsalzen. Das Olivenöl mit den essentiellen Ölen mischen. Die Stärke in den Fond stäuben und mit einem Stabmixer suspendieren. Dabei das Öl in einem kleinen Strahl hineinlaufen lassen und bei maximaler Geschwindigkeit des Stabmixers emulgieren. Die Emulsion in eine passende Form geben, sodass die Füllhöhe etwa 1 cm beträgt. Im vorgeheizten Ofen 20–25 Minuten fest werden lassen. Anschließend abkühlen lassen und vorsichtig mit einem Messer in Pommesform schneiden.

2

Schwarze Reischips

100 g	schwarzer Reis aus der Camargue
100 ml	Fischfond, evtl. etwas mehr
1 EL	dunkle salzige Sojasauce (Koikuchi shoyu)
1 TL	Sandelholz (Gewürz)
	Öl zum Frittieren

Den Reis im Fischfond in einem Topf aufkochen, dann die Hitze reduzieren und den Reis mindestens 40 Minuten bei schwacher Hitze sehr weich kochen. Bei Bedarf zwischendurch etwas Fischfond nachgießen. Mit Sojasauce abschmecken und mit dem Sandelholz würzen.
Dann den Reis pürieren und mit einem Gummischaber auf Silpat-/Backmatten ausstreichen. Im Dehydrator (oder Umluftofen) bei 65 °C 3–4 Stunden trocknen. Anschließend den Reis stückweise im heißen Ölbad frittieren. Die Chips werden an manchen Stellen leicht aufpoppen.

Sie brauchen außerdem

Silpat-/Backmatten
Dehydrator
Doppelgrill (Waffeleisen/Sandwichtoaster), alternativ Bügeleisen

Moleküle quellen und binden das Wasser in der kontinuierlichen Phase. Die Stärke verkleistert an den Grenzflächen und umschließt die Öltröpfchen mit einer festen Hülle: Die Emulsion wird fest und die Stärkewände knusprig. Jetzt fehlt nur noch perfekte Würzung!

Der erste Laden für Fish n' Chips öffnete im Londoner East End im Jahre 1860 seine Türen.

3

Gebügelte Makrele

2	Makrelen
10	schwarze Oliven
10	grüne Oliven
	hocherhitzbares Öl für den Kontaktgrill

Den Fisch waschen, filetieren und eventuelle Gräten entfernen, den Kopf abtrennen. Das Fischgerippe säubern und für eine andere Zubereitung, zum Beispiel einen Fischfond, aufbewahren. Die Oliven entsteinen und klein hacken. Eine Hälfte der Filets mit der Olivenmischung belegen und mit der anderen Hälfte bedecken. Etwas zusammenpressen und schräg zur Längsrichtung halbieren. Das Waffeleisen oder den (Doppel-) Kontaktgrill stark erhitzen. Beide Grillflächen gut unter Hitze mehrfach einölen. Auch die Fische auf beiden Seiten gut mit Öl bepinseln. Die Fische bei der höchsten Hitze mit geschlossenem Grill stark, aber kurz grillen. Die Fischhälften sollen wieder zusammenkleben und die Oliven einschließen. Die Oberflächen sollten Grillmarken bekommen. Die Haut sollte bei gut eingebrannten Geräten nicht haften oder sich gar vom Fisch ablösen (analog „bei gut eingebrannten" Pfannen).

4

Algenjoghurt

300 g	stichfester Joghurt
80 g	verschiedene getrocknete Grünalgen
½–1 TL	Matchapulver

Die getrockneten Algen in kleine Stück brechen und in wenig Wasser einweichen. Die Algen ausdrücken und mit dem Matchapulver unter den Joghurt heben. In einen Spritzbeutel füllen.

5

Anrichten

12	teelöffelgroße Portionen der fermentierten Zitrone (Effekt Nr. 29)
8	Umibodo-Algen
8	Enokipilze

Zwei Makrelenstücke ins Zentrum eines Tellers setzen. Vier Ölpommes etwas davon absetzen. Je 2 Reischips an eine Makrele lehnen. Den Algenjoghurt dekorativ in mehreren „Kegeln" auf die Teller verteilen. Die Lücken mit winzigen Nocken der fermentierten Zitrone, den Umibodo-Algen und den Enokipilzen füllen.

Nº 43

Schneckenkaviar ist selten und wird üblicherweise von der Weinbergschnecke gewonnen. Will man es schicker nennen, nennt man sie auch: Escargot-Perlen.

Die Krebsbutter ist das feine Bindeglied bei dem Sensorikspiel der Perlen.

Bissfester sind die Mairübchen-Kugeln, aber durch die Fermentation bringen sie eine neue Note umami ein.

Tic Tac Toe
Kugeln, Perlen, runde Geschichten

Diese Leipziger Allerlei-Spielerei ist ein ziemlicher Aufwand, zeigt aber, wie kaviarartige Kügelchen die Sinne reizen können, wenn sie unterschiedliche Herstellungsweisen und Herkünfte haben. Hier überraschen Schneckenkaviar, fermentierte Mairübchen und Ei.

Mit Essen spielt man nicht? Von wegen! Solche spielerischen Zubereitungen funktionieren aber nur dann, wenn sie über gut bekannte Gerichte eine kulinarische Funktion bekommen. In diesem Fall ist der Name sicher allen bekannt, denn Leipziger Allerlei ist ein Wirtshaus- und Mensaklassiker.

Auf molekularer Basis passiert aber exakt dasselbe. Zweifach positive Calciumionen vernetzen die Alginatketten, es bildet sich eine Haut, die Flüssigkeit wird darin eingesperrt und ein kaviarähnliches Kügelchen entsteht.

In diesem Effekt wurden zum einen Standardtechniken, wie sie in der Molekularküche üblich sind, angewandt, also die Herstellung von Fake-Kaviar mit Alginat und zweiwertigen Calciumionen. Dabei kommt das Alginat in die zu verkapselnde Flüssigkeit und das Calciumlaktat in das Wasser, in das die Tropfen geträufelt werden. Also genau andersherum als bei den inversen Sphären. Der Nachteil dieser direkten Methode ist aber, dass der Kaviareffekt im Laufe der Zeit verschwindet, denn die bereits eingedrungenen Calciumionen vernetzen die Kügelchen immer weiter. Bei der inversen Verkapselung geschieht dies nicht. Dort findet die ionische Vernetzungsreaktion nur an der Oberfläche statt (siehe Effekt Nr. 26).

Diese Techniken werden allerdings mit uralten Techniken der klassischen Küche, dem Tournieren, zu dem das Ausstechen mit Parisiennelöffeln gehört, gepaart. Gleichzeitig spielen wir mit den drei Zubereitungsformen roh, gekocht und fermentiert. Wichtig ist aber vor allem eines: Alle Kügelchen sollten ungefähr einen vergleichbaren Durchmesser haben. Sonst funktioniert die Idee nicht.

Das ist auch sensorisch von großer Bedeutung, denn nur so lassen sich die unterschiedlichen Texturen beim Kombinieren erfahren. Die verschiedenen Elemente haben allesamt unterschiedliche Platz- und Bisseigenschaften. Sie sorgen damit für ein kleines Platz- und Blitzgewitter im Mund. Gepaart mit den unterschiedlichen „Geschmäckern" wirkt das „heiter bis lustig".

Die Krebsbutterbegrenzungen der einzelnen Felder werden unweigerlich beim Abessen des Tellers aufgenommen. Die darin enthaltenen Milchfette schmelzen bei den Mundtemperaturen während des oralen Prozessierens rasch auf. Dieses Aufschmelzen, die dabei sich verändernde Reibung, nicht nur auf der Zunge, sondern auch zwischen den Oberflächen der Kügelchen, verändert die Sensorik spürbar. Genau an dieser Stelle wird es spannend, denn es zeigt, wie die unterschiedlichen Texturen der Kügelchen die Sensorik dominieren und die Geschmacks- und Aromafreigabe beeinflussen. Es gibt eine ganze Reihe Kombinationen, je nachdem, aus welchen Quadraten gefischt wird.

Lassen wir das Spiel beginnen!

Heimlicher Star dieses Tellers ist natürlich der Schneckenkaviar. Anders als Kaviar oder andere Fischeier, sind die fettabgeleiteten Aromen weniger fischig und wachsig, sondern zeigen eher butterige und dominant pilzartige Aromen. Und sind somit gleich mehrfach perfekt für diese Form des Leipziger Allerleis. Trotz dieser zugegeben verspielten und arbeitsintensiven Darstellung des Traditionsgerichts finden sich alle sensorisch bekannten Flavours wieder.

Das spielerische Tic-Tac-Toe-Arrangement lässt aber viel mehr Freiraum des Kostens als der korrekt zubereitete, dennoch eintopfartige Mischmasch des Klassikers. Je nachdem, welche Quadrate kombiniert werden, ergeben sich stets neue Eindrücke. Auch die Krebsbutterlinien lassen sich wohldosiert aufnehmen. Slowfood im wahrsten Sinne des Wortes.

Leipziger Allerl-Ei

1

Spargelperlen

3 Stangen	weißer Spargel
800 ml	Wasser
	Salz
1 Prise	Zucker
1 g	Alginat
3 TL	Calciumlaktat

Sie brauchen außerdem
Spritzflasche, Parisiennelöffel, Spritzen, Vakuumierer, Spritzbeutel

Den Spargel schälen. Die Schalen mit 100 ml kochendem Wasser etwa 30 Minuten zu einem Spargelsud kochen, dann abseihen und den Sud leicht salzen und zuckern. Den geschälten Spargel klein schneiden und etwa 20 Minuten in 200 ml Spargelschalensud weichkochen. Mit dem Kochwasser fein pürieren und durch ein Sieb streichen. Von der pürierten Flüssigkeit 150 ml abmessen. Das Alginat einmixen, über Nacht im Kühlschrank ruhen lassen. Am nächsten Tag in eine Spritzflasche füllen. Calciumlaktat in einer Schüssel mit 500 ml Wasser verrühren und die Spargelflüssigkeit hineintropfen. Gelieren lassen, die Perlen herausfischen, unter Wasser abspülen und im Spargelschalensud bis zum Servieren aufbewahren.

2

Blumenkohlperlen

1	Blumenkohlstrunk
1 EL	gesalzene Butter
½ TL	gemahlener Bockshornkleesamen

Den Blumenkohlstrunk halbieren. Die Butter in einer kleinen Pfanne schmelzen, den Bockshornkleesamen einrühren und die Strunkhälften mit der Schnittfläche auf die Butter setzen. 20 Minuten bei schwacher Hitze weich garen, dann herausnehmen und abkühlen lassen. Mit einem sehr kleinen Parisiennelöffel kleine Halbkugeln herausstechen.

3

Möhrenperlen

200 g	orangefarbene Möhren
100 ml	Orangensaft
200 ml	Gemüsebrühe
	Salz
2 g	Agar-Agar
500 ml	im Kühlschrank vorgekühltes neutrales Pflanzenöl

Möhren sauber bürsten, sparsam schälen und in einem kleinen Topf in Orangensaft, Gemüsebrühe und Salz sehr weich kochen. Die Möhren mit der Flüssigkeit sehr fein pürieren und wieder erhitzen. Dabei das Agar-Agar einrühren, nochmals aufkochen lassen und auf dem Herd auf ca. 50 °C halten. Mit einer Spritze (ohne Nadel) immer wieder etwas aufnehmen und in das kalte Öl träufeln lassen, sodass sich Gelkügelchen bilden. Herausfischen, mit heißem Wasser abspülen (um das Öl zu entfernen) und bis zum Servieren aufbewahren.

4

Mairübchenperlen

2	Mairübchen
1 g	Salz

Die Mairübchen putzen und halbieren. Mit dem kleinen Parisiennelöffel kleine Kügelchen ausstechen und in einen Vakuumbeutel füllen. Salzen und mit etwas Wasser vakuumieren. 1 Woche fermentieren lassen.

5

Morchelperlen

10	getrocknete kleine Morcheln
2 cl	Weißwein
2 TL	Sojasauce
80 g	Tapiokaperlen

Die getrockneten Morcheln klein mörsern oder mahlen und mit Weißwein und Sojasauce in einem kleinen Topf mit den Tapiokaperlen 5–7 Minuten köcheln lassen. Die Tapiokaperlen sollten dabei ganz und rund bleiben. Abkühlen lassen, vakuumieren und bei Zimmertemperatur 30 Minuten weiter marinieren lassen.

6

Eierperlen

2	Eier
	Nussbutter

Die Eier trennen. Die Nussbutter in zwei Töpfchen verteilen. Eines auf 68 °C, das andere auf 80 °C temperieren. Eiklar und Eigelb vorsichtig in getrennte Spritzen oder Dosierfläschchen füllen. Das Eiklar in das 80 °C warme Öl tropfen, das Eigelb in das 68 °C warme. Die Kügelchen herausfischen und auf Küchenpapier abtropfen lassen.

7

Petersilienpüree

1 Bund	frische glatte Petersilie
½ Bund	Minze
	QS Olivenöl

Die Minze und die Petersilie in kochendem Wasser einige Sekunden blanchieren, dann sehr gut abtrocknen. Die Minzeblättchen abzupfen. Petersilie und Minzeblättchen mit etwas Olivenöl pürieren und so viel Öl nachgießen, bis sich ein glattes, cremiges, mayoartiges Püree bildet. Eventuell durch ein Sieb streichen, um Fasern zu entfernen.

8

Krebsbutter

40 g	Krebsbutter
120 g	gesalzene Butter
100 g	Crème fraîche 40 % Fett

Alle Zutaten leicht erwärmen, bis die Butter wachsig, aber nicht flüssig ist, und mit einem Kochlöffel vormengen, sodass sie eine im Spritzbeutel mit dünner Öffnung spritzbare Masse bilden.

9

Anrichten

1 Gläschen	Schneckenkaviar (Fachhandel)

Mit der Krebsbutter auf rechteckige, flache Teller ein Gitter à la Tic Tac Toe in dünnen Linien aufmalen. Die Kügelchen in den Quadraten verteilen. Der Schneckenkaviar kommt ins Zentrum des Gitters.

Nº 44

Die Schale transportiert die Paarung von süßlich warmer Blutwurst und süßsäuerlichen Äpfeln.

Die luftig aufgeschlagene Linsencreme bringt einen besonders cremigen Kontrast zu der knusprigen Kartoffelschale.

Nicht nur als Fish n' Chips eine ideale Kombination: Hier treffen die Kartoffelaromen auf heimischen Räucherfisch.

Lagerfeuerromantik am Tisch
Köstliche Kartoffelschalen

Gefüllte Kartoffeln finden in jeder Alltagsküche ihren Platz. Werden sie aber bei hohen Temperaturen regelrecht verknuspert, erhalten Sie aromareiche Halbschalen, die nach edlen Füllungen schreien. Aus kleinen Kartoffeln wird so eine effektvolle Vorspeise.

Sicher haben viele schon einmal am Lagerfeuer gesessen und ganze Kartoffeln samt Schale in die Glut geworfen. Rechtzeitig wieder herausgeholt, entwickeln sich daraus kleine Köstlichkeiten mit einem wunderbaren Aroma. Verbleiben sie aber zu lange in der Glut, werden sie hart. Das war der Ausgangspunkt dieser Idee.

Hühnereigroße Kartoffeln werden in einem geschlossenen gusseisernen Bräter im Backofen, weder mit Wasser noch mit Fett, bei höchster Temperatur etwa eine Stunde gegart. Anders als im Lagerfeuer werden sie nicht kohlrabenschwarz, daher ist dann ein erster Test erforderlich: Erinnert der Duft bereits an die Lagerfeuerkartoffel? Sind die Kartoffeln schon etwas leichter? Ist dies der Fall, Ofen ausschalten und die Kartoffeln im geschlossenen Topf auskühlen lassen. Dabei verdampft weiter Wasser, und Protein und Stärke ziehen sich direkt unter die Kartoffelschale zurück.

Das passiert, weil die Kartoffeln durch den Garvorgang viel Wasser und damit Gewicht verlieren.

Die Schalen sind nun fest, aber gleichzeitig so knusprig, dass sie leicht oral prozessiert werden können. Ihr von Karamellnoten (die Stärke macht's!) dominierter Geruch verströmt tatsächlich eine Lagerfeuerromantik, die durch die Begleitung von Röstaromen untermalt wird. Da die meisten freien Zucker karamellisieren, also mit Aminosäuren der Kartoffelproteine zu duftenden Maillardprodukten reagieren, dominiert ein leicht umamiger, bitterer Geschmack. Dieser lässt sich durch verschiedenste Füllungen unterstreichen oder auf ein neues Niveau heben.

Die Kartoffelaromen rufen nach Quark, Schmand oder Crème fraîche, Fischeiern, dichteren Espumas, Knochenmarkschäumen oder -gelen (siehe Effekt Nr. 28). Selbst apfelbasierte Pürees, Sauerkrautschäume oder -gele fügen sich bestens dazu.

Was passiert hier aber genau? Durch die hohe Hitze im Bräter diffundiert in kurzer Zeit eine hohe Wärmemenge in die Kartoffel, damit das Wasser möglichst rasch verdampfen kann. Nachdem die Metallwände des Topfs die Temperatur adaptiert haben, wird sie auf die Kartoffeln gestrahlt. Das in den Kartoffeln befindliche Wasser beginnt zunächst, in den äußeren Schichten zu verdampfen, Proteine denaturieren dabei und beginnen, sich bei etwa 70 °C zu vernetzen. Gleichzeitig verkleistert dort auch die Stärke. Jetzt ist die Kartoffelform fixiert, sie wird nicht mehr zerfallen oder zerbersten. Die Hitze diffundiert weiter ins Innere. Dort spielt sich dasselbe Spiel ab. Allerdings werden die Proteine und Stärken durch den Wasserdampf an die bereits bestehende fixierte äußere Schale gedrückt. So schreitet der Prozess nach innen, eine „Kartoffelschale"

Ein bisschen das Prinzip Pappmachee. Papier, viel Kleister, macht eine feste Form.

Aber die niedrige thermische Energie der kalten Füllungen (eigentlich die Wassermoleküle) ist zu klein und damit haben sie null Kraft, um sich in die trockenen Schalen zu zwängen. Also bleibt alles schön knusprig.

entsteht, die nach dem Abkühlen in zwei Hälften geschnitten werden kann, am besten mit einer Konditorsäge.

Wegen des trockenen, glasartigen Zustands können die wasserreichen Füllungen die Knusperkartoffel nicht rasch aufweichen, denn Proteine und Stärken der Kartoffel bewegen sich kaum und stehen so eng beieinander, dass sich kein Wassermolekül dazwischenquetschen kann.

Der etwas höhere Proteinanteil von festkochenden Kartoffeln gibt der Schale einen etwas besseren Halt als der von mehlig kochenden und lässt auch die elongierten, über den auftreibenden Wasserdampf entstehenden Bläschen in der Schale bestehen. Erst diese Hohlräumchen machen die Schale zum Genuss, denn entstünde eine 2 bis 3 Millimeter dicke feste Schale ohne Bläschen, bliebe diese schwer mit den Zähnen zu brechen.

Eine kleine kulinarische Reise in vier Kartoffelschalen

4 2 4

1

Kartoffeln

8 etwa gleich große festkochende Kartoffeln

Sie brauchen außerdem

gutes Brotmesser oder Konditorsäge
Sahnesiphon
Pipette
Spritztülle

Kartoffeln waschen, mit Küchenpapier abtupfen und ungeschält in einen gusseisernen Bräter geben. Den Ofen auf Maximaltemperatur (oder den Grill auf 300 °C) stellen. Sobald die Hitze erreicht ist, den Bräter mit Deckel in den Ofen stellen und die Kartoffeln etwa 1 Stunde garen. Dabei immer wieder den Zustand prüfen: Werden sie braun? Werden sie leichter? Wenn sie sehr leicht sind, den Ofen abschalten und die Kartoffeln im sich abkühlenden Ofen weiter trocknen lassen. Dazu die Ofentür mithilfe eines eingeklemmten dicken Kochlöffels einen Spalt geöffnet lassen. Dann die Kartoffeln herausnehmen und halbieren.

2

Füllung Typ „Nordique Cuisine"

1 kleine rote Zwiebel
Salz
1 Würfel Hefe (42 g)
etwas Dill
100 g stichfester Schmand (mit 24 % oder mehr Fettgehalt)

Die Zwiebel schälen und in sehr kleine Würfelchen schneiden. In ein kleines Sieb geben, das Sieb über eine Tasse hängen, die Zwiebeln salzen und den sich bildenden Sud 20–30 Minuten auffangen. Die Hefe zerbröseln und in einer Pfanne ohne Fett rösten, sodass die Hefen inaktiviert werden. Den Dill waschen, trocken schütteln und einen Teil fein hacken. Etwas zum Dekorieren beiseitelegen. Den Schmand glatt rühren und gehackten Dill und abgetropfte Zwiebelwürfel unterheben.

Anrichten

50 g heimischer Räucherfisch
ein paar Fischeier (Rogen, kein Kaviar)

Den Räucherfisch in Stücke zupfen. Etwas Schmand in je eine Kartoffelschale pro Gast geben. Mit Räucherfisch und ein paar Fischeiern garnieren. Die Rösthefe grob darüberbröseln und das Zwiebelabtropfwasser dezent und punktuell in den Schmand pipettieren. Noch ein kleines Deko-Dillzweigchen darüberlegen.

3

Füllung „Ein Hauch von Bollywood"

- 100 g gelbe Linsen
- ca. 200 ml Gemüsebrühe
- 1–2 TL gemahlener Kardamom
- 1–3 TL mildes Madrascurry
- 1 TL gemahlene Kurkuma
- etwas Tamarindenpaste
- Salz
- 1 kleine Chilischote
- etwas Kokosöl nach Bedarf

Die gelben Linsen mit allen anderen Zutaten sehr weich kochen, nach Bedarf noch weitere Gemüsebrühe zugeben. Dann die Linsen sehr fein pürieren. Im Topf bei schwacher Hitze mit einem Schneebesen so luftig wie möglich aufschlagen. Sind die Linsen noch zu fest, mit etwas Kokosöl verfeinern.

Tadka (Würze)

- 1 kleine Zwiebel
- 2 Knoblauchzehen
- 4 EL Kokosöl (nicht dearomatisiert)
- 1 TL ganzer Kreuzkümmel
- 1 TL ganze Fenchelsaat
- 1 TL ganzer Schwarzkümmel (Nigella)

Zwiebel und Knoblauch schälen und sehr fein hacken. Das Kokosöl in einem schweren Pfännchen sehr heiß werden lassen, dann die Gewürze hineingeben und leicht aufspringen lassen (Vorsicht, die Gewürze springen weit, den Deckel bereithalten!). Pfanne vom Herd ziehen und erst die Zwiebeln, dann den Knoblauch hineingeben und bei schwacher Hitze durchschwenken. Warmhalten.

Anrichten

- Creamed Coconut (fest, aus dem Kühlschrank)

Das Linsenpüree nochmals mit dem Schneebesen aufschlagen und mit einem Löffel je eine passgenaue Nocke in eine Kartoffel füllen. Etwas Tadka mit einem Esslöffel über das Linsenpüree geben. Vor dem Servieren großzügig Creamed coconut mit einer Reibe darüberreiben.

4

Füllung „Comme aux Halles"

- 2 säuerliche Äpfel
- ½ TL Muscovadozucker (oder etwas Melasse, für die leichte Betonung von Bitternoten)
- 1 cl Apfelbrand
- 5 Zimtblüten
- 2 Gewürznelken
- ¼ Tonkabohne
- 1–2 Msp. Piment d'Espelette
- ½ TL Pimentòn de la Vera

Die Äpfel schälen, vierteln, das Kerngehäuse entfernen und das Fruchtfleisch klein schneiden. Mit dem Muscovadozucker in einen Topf geben und bei schwacher Hitze und gelegentlichem Rühren langsam erwärmen, bis der Saft austritt. Den Apfelbrand angießen und weiter köcheln lassen, bis die Äpfel beginnen zu zerfallen. Zimtblüte und Gewürznelken grob mörsern und die Tonkabohne reiben. Zimt, Nelken, Tonkabohne und Piment d'Espelette zu den Äpfeln geben und weiterköcheln lassen, bis eine sehr glatte Creme entsteht. Abkühlen lassen, dann erst mit dem Pimentòn de la Vera verfeinern.

Anrichten

- 1 feine französische Blutwurst (ohne Grieben)
- 1–2 TL winzige Apfelwürfelchen, im Frühjahr auch sehr klein gewürfelter roher Rhabarber
- etwas Crème double

Die Blutwurst vor dem Anrichten vorsichtig in 65–70 °C heißem Wasser (oder einem Topf mit Dampfeinsatz) stocken lassen. Sie soll nicht platzen oder gar braten, sondern die Blutwurstmasse soll wie ein leicht gebundenes Gel sein. Die Apfelbutter nicht zu dünn in die Schalen streichen. Die gestockte Blutwurst vorsichtig häuten und in Zylinder schneiden, die in die Kartoffeln mit den Äpfeln passen. Mit Apfel- oder Rhabarberwürfelchen garnieren. Mit einer feinen Spritztülle auf die Blutwurst etwas Crème double punkten oder „zebraisieren".

Nº 45

Unbedingt mit einem reifen Gewürztraminer Grand cru d'Alsace dazu servieren.

Cashewkerne bringen nicht nur ausreichend Fett, sie nehmen auch hervorragend Aromen auf.

Gelwürfel aus Gewürztraminer, Brioche, Birnen-, Apfel-, Maronen- und Trüffelmus sind natürlich Elsass pur.

Falsche Foie gras
Vegane Stopfleber-Simulation

Foie gras, die Mutter der französischen Hochgastronomie, ist im Prinzip unfälschbar. Und doch gibt es Möglichkeiten, auf rein pflanzlicher Basis etwas mit ähnlich verzückender Folge der sensorischen Parameter wie eine Gänse- oder Entenstopfleber zu kreieren.

Mit ihrer seltsamen Mischung aus schwacher Elastizität und starker, pastöser Plastizität, ihrem Schmelz des Fetts, ihrer leichten Klebrigkeit und der Unnachahmlichkeit von Geschmack und Aromen ist die Stopfleber einzigartig. Aber eben auch aus gutem Grund verboten.

An einer Fake-Foie-gras, rein pflanzlich, haben sich schon einige versucht, mit wenig durchschlagendem Erfolg. Die biophysikalischen Unterschiede sind zu groß, um diese über die üblichen Kochtechniken auszugleichen – aber die Herausforderung reizt. Einfache Versionen auf Linsenbasis gibt es etwa vom französischen Sternekoch Alexis Gauthier. Das Produkt erinnert aber eher an eine grobe Leberwurst. Der deutsche Sternekoch Benjamin Biedlingmaier machte mit seiner veganen „Faux gras" in der Presse Furore. Mit Cashewkernen als Basis geht er in die richtige Richtung.

Nutzen wir auch: Cashewkerne. Aber vor allem Physik und Chemie.

Wichtig ist tatsächlich eine fast neutrale, aber fettreiche Basis für die Fake-Foie-gras zu schaffen. Daher fallen Linsen und andere Gemüse weg. Die Cashewkerne aber erfüllen diese Voraussetzungen. Sie können Aromen und Geschmack sehr gut aufnehmen, wenn sie mit einem wässerigen Anteil püriert werden. Dennoch muss das Fett angepasst und der Schmelz gesteuert werden.

Gänsefett schmilzt in einem breiten Bereich zwischen 15 und 25 °C, das muss in der veganen Version mit Fettmischungen nachgeahmt werden. Unsere Wahl fällt auf Kakaobutter und Kokosöl.

Mit der Konsistenz ist es dennoch diffizil, denn es fehlt das Bindegewebe, das in der Fettleber die Fettzellen umspannt. Deswegen kam die Idee, beim Mixen freiwerdende Proteine mit Calcium zu vernetzen. Die Ähnlichkeit zur Paté de foie gras gelingt natürlich auch durch Gewürze und Darreichung. Das Fett wirkt ähnlich schmelzend, vor allem bei Zimmertemperatur. Sensorisch fehlt noch der Einfluss des Bindegewebes, auch die elastischen Eigenschaften, die eine Foie gras über das Kollagen erreicht, sind weniger stark ausgeprägt. Würzung und Drumherum sind natürlich Elsass pur, um den Fake näherzubringen, und orientieren sich an den klassischen Rezepten.

Hier ließe sich mit der Zugabe von etwas Alginat etwas nachhelfen. Es ist ein Polysaccharid, das den Braunalgen ihre typische Flexibilität verleiht.

Um die Physik dahinter zu verstehen, muss man in die Cashewkerne blicken: Als Saaten enthalten sie Speichermaterialien wie Protein, Stärke und Öl. Der Rest ist Zellmaterial. Die Stärke liegt in größeren, fast kugelförmigen Körnern vor, die Proteine in unregelmäßig geformte Klümpchen und das Öl ist in winzige Kügelchen (Oleosome) verpackt, die sich zum Beispiel auf der

Oberfläche der deutlich größeren Stärkekörner anhaften können.

Bei Wasserkontakt werden die Zellmaterialien gelockert, das Pürieren geht leichter vonstatten. Dabei werden Proteine, Stärkekörner und Ölkörperchen freigelegt. Die Proteine beginnen, sich beim Pürieren leicht zu entfalten und zu quellen, die dabei entstehende Reibungswärme hilft dabei mit. Das Pürieren entfaltet die Proteine weiter, sie beginnen, mehr Wasser zu binden. Den Stärkekörnern kann das Mixen nur bedingt etwas anhaben.

Das ist gut für die spätere cremige Konsistenz.

Den Ölkörperchen kann das Mixen nur wenig anhaben. So bleibt es fein emulgiert, ein deutliches Plus für die cremige Konsistenz. Fehlt noch der Hauch an Elastizität. Daher das Calcium, es dissoziiert in zweiwertige Ca^{2+}-Ionen und negativ geladene Lactationen, schon steht ein elektrostatischer Vernetzer zur Verfügung.

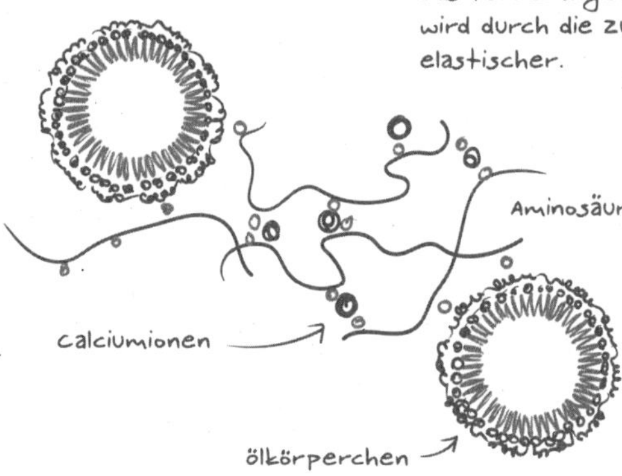

Dies funktioniert über Ladungen, denn die Oleosome sind über die Ankerproteine positiv geladen, einige Aminosäuren der Proteine negativ. Hier gibt es Bindungen. Die Calciumionen binden immer zwei Proteinketten zusammen, schon hat man ein schwaches Netzwerk, das für einen Hauch Elastizität sorgt.

Nussstopfleberpaté – ein Hauch von Foie gras

4 3 4

1

„Foie gras"

500 g	Cashewkerne
50 g	Bittermandeln
10 g	Zedernnüsse
	Wasser nach Bedarf
120 g	Kakaobutter
40 g	Kokosfett
50 g	grüne Paprikaschote
50 g	Popcorn
50 g	Rapshonig
50 g	helle Misopaste
30 g	feinst gemahlenes Shiitakepulver
40 g	Backmalz
2 g	Salz
3 g	Calciumlaktat

Ca. 80 g der Cashewkerne in einer fettfreien Pfanne bei mittlerer Hitze leicht anrösten. Geröstete und ungeröstete Cashewkerne, Bittermandeln und Zedernnüsse im Küchengerät blitzhacken. Kakaobutter und Kokosfett schmelzen und zu den gehackten Nüssen geben. Etwas Wasser zugeben und weitermixen. Diesen Vorgang so lange wiederholen, bis eine glatte Masse entsteht. Dabei so wenig Wasser wie möglich verwenden. Währenddessen Paprika von Samen und Scheidewänden befreien, waschen und zusammen mit Popcorn, Rapshonig, Misopaste, Shiitakepulver, Backmalz, Salz und Calciumlaktat unterheben. Die resultierende Paté sollte streichbar, aber etwas fest sein. Falls sie zu flüssig ist, in einem Tuch (Nussmilchbeutel) aufgehängt abtropfen lassen und bei Bedarf mit leichtem Druck nachhelfen. Die Paste herausnehmen und fest in ein feuchtes Tuch wickeln, sodass eine dicke Wurst entsteht. Im Kombidämpfer auf 80 °C Kerntemperatur bringen. Danach abkühlen lassen und im Kühlschrank mindestens 8 Stunden kühlen.

2

Marinade

50 ml	Portwein
10 ml	Armagnac
1 g	weißer Pfeffer
1 g	Quarte Epice (französische Gewürzmischung)

Alle Zutaten mischen. Die Fake-Foie-gras vorsichtig aus dem Tuch wickeln und immer wieder mit der Marinade bepinseln. Bei Zimmertemperatur 3–4 Stunden marinieren.

3

Zopfrinke (Brioche d'Alsace)

300 g	Mehl
15 g	frische Hefe
200 ml	lauwarme Milch
45 g	Zucker
60 g	Butter plus etwas für die Form
1 Prise	Salz
1	Ei
1	Eigelb zum „Vergolden"

Mehl in eine Schüssel geben und eine Mulde hineindrücken. Die Hefe in 2 EL lauwarmer Milch auflösen, zum Mehl geben, mit etwas davon verrühren und den Vorteig 30 Minuten gehen lassen. Danach die restliche Milch, Zucker, Butter, Salz und das Ei verrühren. Langsam in das Mehl gießen und gut durchkneten, bis ein glatter, homogener Teig entsteht. Den Teig zu einer Kugel formen und 1,5 Stunden gehen lassen. Danach den Teig mehrmals auf den Tisch werfen, um ihn zu „entgasen". Den Teig in drei gleich große Kugeln teilen, daraus drei Stränge formen und zu einem Minizopf flechten. Den Zopf in eine passende gefettete Form legen und noch einmal 30 Minuten ruhen lassen. Den Backofen auf 180 °C vorheizen. Die Brioche mit Eigelb bestreichen und im vorgeheizten Ofen 30–40 Minuten backen, bis sie goldbraun ist.

4

Banyulsgel

200 ml	Banyuls
2 g	Kappa-Carrageen

Gewürztraminer mit Kappa-Carrageen in einem kleinen Topf aufkochen, bis sich das Carrageen löst. In eine Form gießen und gelieren lassen. Nach dem Abkühlen in kleine Würfel schneiden.

5

Anrichten

100 g	Maronenmus
100 g	Birnenmus
100 g	Apfelmus
100 g	eingelegte, gekochte schwarze Trüffel
1–2 Scheiben	Zopfrinke

Das Maronen-, Birnen- und das Apfelmus in je ein Dosierfläschchen geben. Die eingelegten Trüffel samt Flüssigkeit fein pürieren und ebenfalls in ein Dosierfläschchen geben. Die Fake-Foie-gras abtupfen und mit einem Gourmetbrenner mit breiter Flamme rundum abflämmen. Eine Scheibe auf einen Teller geben und die Banyulswürfelchen darauflegen. Die verschiedenen Muse in eng sitzenden Punkten darum verteilen oder alternativ verschiedenfarbige Kreissegmente darum herumlegen. Die Brioche leicht toasten.

Sie brauchen außerdem

Küchengerät mit Kochfunktion, Kombidämpfer, Dosierfläschchen, Gourmetbrenner

№ 46

Das schwarze Aioli schmeckt durch das Konfieren knoblauchdominanter als übliche Aioli.

In geschlossener Form hat die Kartoffel eine verblüffend echte Steinoptik.

Mit Kaolin lassen sich täuschend echte Effekte herstellen: Hier bestechend durch die moosartige Struktur.

Tarnen und täuschen
Der Koch als Landschaftsgärtner

Der Stein trügt! Und damit diese Illusion möglichst unbemerkt über die Bühne geht, wird Kaolin zum Einfärben genutzt, wobei der essbare Ton nichts Nennenswertes zum Geschmackserlebnis beiträgt.

Kartoffeln wie Steine, Kräuter wie Moos, Aioli wie moorige Erde: Hier geht es um Täuschung – oder Trompe-l'œil, wie die französische Küchensprache es so vornehm zu benennen weiß. Ziel ist wie immer ein großes Geschmacksvergnügen.

Diese Idee geht exklusiv auf den Chef des Restaurants Mugaritz im baskischen Errenteria zurück. Andoni Luis Aduriz experimentiert seit Langem mit Kaolin, dem essbaren Ton, um ihn für diese Augentäuscherei auf höchst kulinarischem Wege zu verwenden.

Die maßgeblichen Zutaten hier sind Kaolin, Laktose und Lebensmittelkohle. Die Kaolin-Laktose-Masse soll die Kartoffeln mit einem homogenen Film überziehen, daher ist die richtige Wassermenge wichtig. Viskosität und Kohäsion werden im Wesentlichen durch die Laktose getragen, die anders als Kaolin wasserlöslich ist. Die winzigen Partikel sind lediglich in die Masse eingebunden und sorgen für den schimmernden Steineffekt. Trocknen die Kartoffeln im Ofen, verdampft Wasser, die Laktose verklebt die Oberfläche und wird nach und nach härter. Die Textur stellt sich dabei ein. Süß wird es wegen der geringen Süßkraft von Laktose nicht unbedingt. Auch andere Gemüse eignen sich zum „Versteinen", beispielsweise gekochter, in unregelmäßige Stücke geschnittener Sellerie oder die in Calciumlaktat marinierten Schwarzwurzeln aus Effekt Nr. 40.

Das Konfieren des Knoblauchs ist ein wesentlicher Schritt für dessen Flavourbildung. Die Zehen werden vom heißen Öl umschlossen und garen sanft. Dabei entweicht nach und nach Wasser, was die lange Konfierzeit erklärt. Dann kann schrittweise Öl eindringen, was bereits eine gute Grundlage für die Emulsion legt. Das bräunlich-schwarze Aioli wird sehr fein und cremig, wenn es anschließend durch ein Sieb gestrichen wird. Es schmeckt trotz der ungewöhnlichen Farbe wunderbar klassisch.

Das Anrichten und die Darstellung der Komponenten spielen mit einer ungewohnten Optik, aber letztlich fügt sich der Teller zu einem schlüssigen sensorischen Bild zusammen. Die Kartoffeln schmecken nach Kartoffeln, denn weder Kaolin noch Laktose tragen signifikant zum Geschmack bei.

Bekannter Geschmack, aber mit genialem Effekt: Das Trocknen des ‚Zements' bringt einen knackigen Aspekt in die Hülle, bevor das weiche Kartoffelfleisch die Zähne und den Mundraum erreicht.

Der Knoblauch kommt in konfierter Form im Aioli und in fermentierter Form in der Pumpernickelerde vor. Beide Flavours unterscheiden sich gewaltig. Der im Öl konfierte Knoblauch wirkt bekannt, seine Schwefelnoten sind abgeschwächt, aber er schmeckt dennoch stark „knoblauchig". Der fermentierte Knoblauch hingegen ist fast schwarz, leicht süßlich und dominiert mit karamell- und brotkrustenartigen und leicht röstigen Aromen.

Das Moos ist pure Spielerei. Die Geschmacks- und Aromafreigabe ist durch die faserähnliche Struktur gebremst, die orale Benetzung aber höher und wirkt so als langzeitige, dezente, auf Zunge und Gaumen genial platzierte Würzung für die Esszeit dieses Menüganges.

Nochmals zum Kaolin: Kaolin ist ein sehr feinkörniges Steinmehl mit hoher Feuerbeständigkeit. Das durch Brennen feste Material wird zum Beispiel für weißes Porzellan verwendet. Chemisch ist Kaolin (Kaolinit) ein hydratisiertes Aluminiumsilikat und damit das Aluminiumsalz der Kieselsäure. Die Oberfläche der winzigen staubigen Kriställchen kann sich mit Wasser und Laktose umgeben, so erhält man, wenn nicht zu viel Wasser zugegeben wird, eine leicht plastische Suspension. Die Laktose versucht, sich im Wasser zu lösen, es steht aber zur vollständigen Lösung nicht genügend Wasser zur Verfügung. Daher wirkt sie als Weichmacher, zwängt sich zwischen die Kaolinkriställchen und verklebt diese beim Trocknen. Fertig ist der Lack bzw. der steinige Überzug.

Essbare Landschaften aus Moos, Steinen, Erde und Moor

1

Kaolinmischung

- 60 g Kaolin (Gourmetfachhandel, Internet)
- 40 g Laktose
- ½ TL Salz
- 80 ml Wasser
- schwarze Lebensmittelkohle (Lebensmittelfachhandel)

Kaolin, Laktose und Salz in eine Schüssel geben und nach und nach das Wasser einrühren. Die Mischung wirkt anfangs zu trocken, wird aber nach etwa 1 Stunde dickflüssig und kann dann zum Überziehen der gekochten Kartoffeln und anderer Zutaten verwendet werden. Beim Rühren die gewünschte Farbe (von kieselgrau bis steingrau) mit der Kohle einstellen. Echte Angeber stellen sich 2–3 Mischungen her und produzieren mehrere Farben, dann sieht es noch cooler aus.

2

Kartoffeln

- 12 kleine und sehr kleine Kartoffeln
- 3 l Wasser
- 24 g Salz
- Kaolinmischung

Die Kartoffeln mit einer weichen Bürste gründlich säubern, nicht schälen. Das Wasser mit dem Salz in einem großen Topf zum Kochen bringen, dann die Kartoffeln hineingeben. Je nach Größe 15–20 Minuten kochen, ohne sie zu übergaren. Abgießen und auf einem Backblech verteilen. Die flachste Seite jeder Kartoffel mit einem Holzspieß einstechen. Den Spieß herausnehmen und mit der stumpfen Seite wieder einstechen, bis er etwa die Mitte der Kartoffel erreicht. Die Kaolinmischung noch einmal durchrühren, eventuell noch einmal mit etwas Wasser die Konsistenz einstellen. Die Mischung sollte nicht zu flüssig sein, damit sie gut an den Oberflächen haftet. Jede Kartoffel auf einen Spieß stecken und in die Kaolinmischung tauchen, sodass sie vollständig überzogen wird. Die aufgespießten Kartoffeln im Backofen bei etwa 50 °C 30 Minuten trocknen lassen, bis die Hülle knackig ist, was einen schönen Kontrast zum weichen Kartoffelinneren ergibt.

Die Spieße mithilfe eines Bretts oder eines perforierten Backblechs so fixieren, dass sie aufrecht stehen bleiben.

3

Dörrpflaumen

100 ml Sojasauce
100 ml dunkler Kalbsfond
4 Dörrpflaumen (ohne Stein)

Die Sojasauce mit dem Kalbsfond in einem kleinen Topf auf die Hälfte reduzieren. Dann die Dörrpflaumen darin bei sehr schwacher Hitze ca. 45 Minuten marinieren, dabei immer wieder umrühren und wenden. Die Pflaumen herausnehmen und den Fond weiter reduzieren, bis er sehr dicklich ist. Die Dörrpflaumen damit glasieren und im Dehydrator bei 55 °C 40–50 Minuten trocknen, bis die Oberfläche angetrocknet ist.

4

Kräutermoos

je ½ Bund Kerbel, Estragon und Basilikum
150 ml Olivenöl
je 150 g Kaolinpulver und Laktose

Kräuter waschen, trocken schütteln und die Blättchen grob zerkleinern. Zusammen mit dem Olivenöl mithilfe eines guten Stabmixers sehr fein pürieren, dann durch ein Sieb passieren. Das leuchtend grüne Kräuteröl mit Kaolin und Laktose zu einer krümeligen Masse verarbeiten und durch ein feines Sieb auf einen Teller drücken.

5

Schwarzes Aioli

500 ml Olivenöl plus etwas mehr für den Feinschliff
1 Knoblauchknolle
1 Eigelb
Salz
10 ml Tintenfischtinte

Das Öl in einen kleinen hohen Topf geben und bei sehr schwacher Hitze erwärmen. Wenn das Öl warm ist, die einzelnen ungeschälten Knoblauchzehen hineingeben und etwa 2 Stunden bei 90–100 °C sanft konfieren. Die Zehen sollten leicht zu schälen, sehr weich, und durch und gut mit Öl durchtränkt sein. Den Knoblauch schälen, zerdrücken und durch ein feines Sieb streichen. Dieses Knoblauchpüree mit Eigelb, Salz und Tintenfischtinte in einen hohen Becher geben und mit dem Stabmixer fein mixen. Noch etwas Öl zugeben, bis die Emulsion dunkel und fester wird.

6

Erdkrümel

2 Scheiben Pumpernickel
50 g fermentierter Knoblauch (Fachhandel)

Pumpernickel mit einem Blitzhacker grob zerkleinern und anschließend mit dem schwarzen fermentierten Knoblauch grob vermengen. Im Ofen oder Dehydrator bei 60 °C trocknen.

7

Anrichten

gegarte faserartige Fischschnipsel (Stockfisch)
grobes Meersalz
Piment d'Espellette

Sie brauchen außerdem

Dehydrator
Holzspieße

Das schwarze Aioli etwas unordentlich auf die Teller klecksen. Etwas Kräutermoos seitlich anrichten und die Steine (Kartoffeln und je 1 Pflaume) halb auf Moos und Aioli anrichten. An einigen passenden Stellen etwas Pumpernickelerde krümeln und alles mit 2–3 hellen Fischschnipseln garnieren. Grobes Meersalz und Piment d'Espelette in die Nähe der „Erde" streuen.

Die Steine sollten beim Servieren eine Temperatur von mehr als 40 °C haben, sie sind die einzige wärmespeichernde Komponente auf dem Teller.

№ 47

Das Rote-Bete-Tatar wird ergänzt durch die anisartigen Aromen des Estragons und die zwiebelige Schärfe der eingelegten Kapern.
Nicht verwirren lassen: Poussen meint die leckeren jungen Triebe verschiedener Salatpflanzen.
Den Räuchertofu nur hauchdünn hobeln, nur leichte rauchige Noten sollen den Teller ergänzen.

In der Gemüse-Matrix
Vegane Tatar-Simulation

Gemüse in den Vordergrund zu stellen gelingt, wenn die Facetten der Flavourklaviatur in allen Obertönen ausgereizt wird. Dieser Tatar auf der Basis von Roter Bete erinnert weder optisch noch sensorisch an den Klassiker, sondern gewinnt über seine Eigenständigkeit.

Der vielleicht wichtigste Vorreiter der vegetarischen und veganen Sterneküche ist zweifellos Michael Hoffmann. Der einst, lange vor dem großen Hype, präsentierte er im Berliner Margaux Gemüsemenüs und bot damit eine Gemüseküche an, die bis heute Zeichen setzt. Auch Nils Henkel, damals noch im Schloss Lehrbach, bot bereits vor Jahren exzellente Gemüsemenüs an. Dieser Tage gibt eine ganze Reihe Ikonen: Andreas Krolik in Frankfurt (Lafleur), Yves Ollech in Närmberch (Essigbrätlein) oder Alain Passard in Paris (L'Apège), um nur einige zu nennen. Ricky Saward hat sich im Seven Swans in Frankfurt mit großem Erfolg komplett der weitgehend veganen Küche verschrieben.

Feste Regeln für derartige Zubereitungen gibt es im Grunde keine. Die Rote Bete wurde nur wegen der Farbe gewählt. Sie hat aber den Vorteil, dass sie sowohl leichte Süße, dezente Bitterkeit, aber auch tolle erdige Aromen mitbringt – jene Kombination, die für die exzellente Desserttauglichkeit der roten Rübe sorgt.

Die Idee des Rezepts ist ‚vegan', daher wird nach pflanzenbasierten Möglichkeiten gesucht, ohne allerdings auf entsprechende Supermarktprodukte zurückzugreifen.

Der Griff zur Pflanzensahne oder zu Pflanzenbutterblöcken ist leicht, aber dem Verständnis und dem Geschmack wenig dienlich. Das Bestreben, Teller weitgehend selbst zu entwickeln, ohne sich auf industriell oder in Start-ups erzeugte Produkte verlassen zum müssen, ist eine der wichtigsten Herausforderung am eigenen Herd. So kommt man auch auf den eigenwilligen Nuss-Espuma, der den Tatar ziert. Hier vereinen sich die universellen Eigenschaften aller Ölsaaten und Nüsse, sowohl kleine stabile Ölkörperchen einzubauen, die in den Nüssen perfekt eingebettet sind, als auch die der Proteinkörper (siehe Effekt Nr. 45 Fake-Fois-gras), die während des Pürierens freigelegt werden. Während die Ölkörperchen (Oleosome) dabei stabil bleiben, denaturieren manche der Speicherproteine. Die Grenzflächenaktivität reicht aus, um die daraus erhaltene Emulsion sprühfähig zu gestalten.

Es ist nicht nur die Stabilität des Nuss-Espumas, sondern auch des Flavours. Der Geruchsstoff Filberton ist Hauptauslöser des Haselnussaromas, das eine kleine extravagante Note in das „Sahnetopping" auf den Tatar bringt. Begleitet wird diese Note von den fettig, leicht malzigen Noten der Cashewkerne und einer leichten Zitrus- und leimig-harzigen Note der Pinienkerne. Tatsächlich fördert das Topping die süßliche Erdigkeit der Bete heraus. Es lebe der Kontrast!

Aha-Wissen: Filberton kommt vom englischen filbert und das heißt schlicht Haselnuss.

Auf Zitronensaft oder gar Essig wird bei den Poussen vollkommen verzichtet. Essig ist schon über den Senf im Tatar, daher fiel die

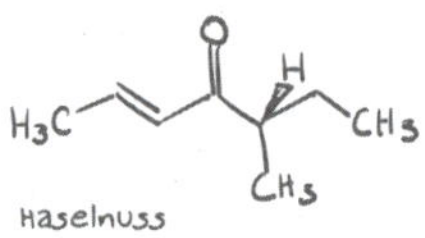

Haselnuss

Filberton
(2E)-5-methyl-2-hepten-4-on ist der Hauptträger des Haselnussaromas.
Es duftet grün und eben ganz haselnusstpyisch.

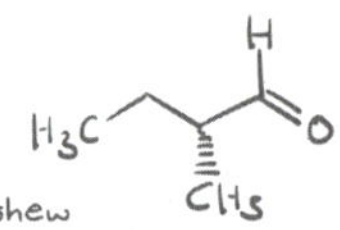

cashew

2-methylbutanal duftet grün, fettig und malzig.
Cashews sind zudem mandelig-süß.

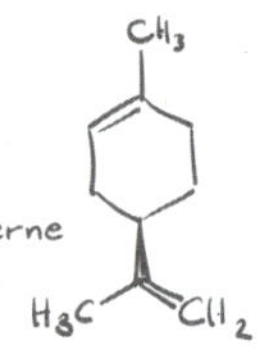

Pinienkerne

alpha- (und -beta)-Pinen duftet holzig, harzig und pinenartig. Die Pinien bringen außerdem eine leichte Zitrus- und leimig-harzige Note.

Wahl auf Verjus, den Saft unreifer Trauben, der bei guten Winzern zu bekommen ist. Zusammen mit dem Haselnussöl lässt der Verjus den Begriff „Salat" in anderem Licht erscheinen. Schon ist der Teller fertig und niemand fragt danach, ob das nun vegan, vegetarisch oder fleischhaltig ist.

Die Mayonnaise auf Haferflockenbasis ist im Grunde die Konsequenz aus Effekt 32. Dort wird vor längerem Erwärmen gewarnt, da die Haferflocken wegen des darin enthaltenen beta-Glucans schleimig würden. Genau dieser Effekt – hohe Wasserbindung und Wasserlöslichkeit – soll hier genutzt werden. Das schleimige Mundgefühl tritt bei der Mayonnaise aber erst gar nicht auf, denn die Flocken werden komplett püriert. Das heißt, es spielen auch die nicht löslichen Zellmaterialien eine Rolle (deswegen das feine Pürieren) und die Zugabe des Öls. Das Mundgefühl wird mehr über die Pickeringemulsion (siehe Effekt Nr. 42) und das sich beim oralen Prozessieren aus der Mayonnaise freisetzende Fett bestimmt. Beta-Glucane spielen dann wegen ihrer Unlöslichkeit im Öl auf der Zunge kaum eine Rolle. Dies zeigt klar, dass die physikalisch-chemischen Eigenschaften im jeweiligen Zusammenhang über Vor- und Nachteile mancher Systeme bestimmen.

Wir nennen sie nun Hafernaise.

Sie brauchen außerdem
Küchengerät mit Kochfunktion
Sahnesiphon

Feines Gemüsetatar mit Hafernaise nebst jungen Poussen

1

Hafernaise

- 50 g kernige Haferflocken
- 300 ml Wasser
- 1 Prise Salz
- 2 EL grober Dijon-Senf
- 2 TL Worcestershiresauce
- 1 TL Tabasco
- Rapsöl

Die Haferflocken mit dem Wasser in einem kleinen Topf aufkochen lassen, dann die Temperatur reduzieren und die Haferflocken weichkochen. Das Salz einrühren, dann das Püree mit einem Stabmixer sehr fein pürieren und kalt stellen. Das kalte Haferpüree mit dem Senf vermischen, mit Worcestershiresauce und Tabasco abschmecken. Unter Rühren mit dem Stabmixer so viel Rapsöl langsam einlaufen lassen, bis eine mayonnaiseartige Konsistenz entsteht.

2

Rote-Bete-Tatar

- 500 g Rote Bete
- reichlich grobes Meersalz
- 2 rote Zwiebeln
- 4 EL kleine Kapern
- 6 Cornichons
- 2 Estragonstängel
- Hafernaise (s. o.)
- Sojasauce

Den Backofen auf 180 °C Ober-/Unterhitze vorheizen. Die Rote Beten gründlich waschen und ungeschält in eine ofenfeste Form legen, die sie gut ausfüllen. Dann so viel Salz darübergeben, dass sie ganz bedeckt sind. Im vorgeheizten Ofen 1,5 Stunden garen. Dann die Form aus dem Ofen nehmen, etwas abkühlen lassen, die Rote Beten vom Salz befreien, schälen und in Brunoise schneiden. Die Zwiebeln schälen und sehr fein würfeln. Cornichons sehr fein würfeln. Estragon waschen, trocken schütteln und sehr fein wiegen oder hacken. Rote Bete, Zwiebeln, Cornichons, Kapern und Estragon mit so viel von der Hafernaise mischen, bis eine gute Bindung zwischen den Partikeln erreicht ist. Das Tatar mit Sojasauce final abschmecken.

3

Nuss-Espuma

- 50 g geschälte Haselnüsse
- 50 g Cashewkerne
- 30 g Pinienkerne
- 200 ml Wasser
- Salz
- 1 EL Verjus

Alle Zutaten zusammen im Küchengerät auf 70 °C erwärmen und sehr fein pürieren. Es dürfen keine Trümmer mehr vorhanden sein. Bei Bedarf durch ein sehr feines Sieb, Gazesieb oder Passiertuch (Nussmilchbeutel o. Ä.) geben. Die Präparation sollte die Konsistenz einer dicklichen Sahne haben. In einen Sahnesiphon geben und mit zwei Stickstoffpatronen beladen.

4

Anrichten

- 2 EL Haselnussöl
- 2 EL Verjus
- grobes Steinsalz
- jede Menge grüne junge Triebe (Pflücksalat, Babyspinat, kleine Rote Bete etc.)
- sehr (!) guter Räuchertofu

Das Tatar mithilfe eines Dessertrings auf einen flachen Teller geben. Mit dem Nuss-Espuma vorsichtig behauben. Die Poussen um das Tatar herum verteilen und Verjus und Haselnussöl dezent über die Poussen tropfen. Mit einem Trüffelhobel von dem Räuchertofu pro Teller 3–4 breite Späne abhobeln und über die Poussen legen.

Nº 48

Nicht einfach nur gepickelte Zwiebeln, sondern mit warmem Tannenaroma aus dem Wald.

Die Aromen eines lang gegarten Schweinebauchs sind unvergleichlich und schlagen jedes Filet.

Die Zitronatzitrone steuert nicht nur blumig-frische Töne bei, sondern liefert auch eine neue Erfahrung von salzig.

Leidenschaft in Gelb
Zitronenaromen aus Wald und Flur

Zitrusaroma kann auf vielfältige Weise in ein Gericht eingebracht werden. Vorwiegend geht es hier um die Zitronatzitrone, die durchaus mit salzigen Gerichten perfekt harmoniert. Zitrusartige Aromen finden sich aber auch in jungen Nadelbaumtrieben.

Die Idee geht auf den Dreisternekoch Mauro Colagreco zurück, der in der französischen Zitronenhauptstadt Menton an der italienischen Grenze wunderbar und innovativ kocht. Selbst einfache Zutaten, wie hier der Schweinebauch, stellen unter seiner Hand übliche „Edelzutaten" wie Austern, Kaviar, Hummer oder Foie gras in den Schatten. Auf der Suche nach Zitrusaromen wurde er mit seiner konsequent regional ausgerichteten Küche auch im Wald bei manchen Nadelbäumen fündig: Tannen-, Fichten- und Zedernnadeln steuern ebenfalls zitrusartige Aromen bei.

Hier muss mit System und einem klaren Plan gearbeitet werden.

Dieses Rezept erfordert einige Vorbereitungsschritte, die sich nicht auf die Schnelle bewerkstelligen lassen. Vieles kann aber mehrere Tage zuvor bereits ausgeführt werden. So intensivieren sich die Aromen des Schweinebauchs sogar, wenn er gegart und nach dem Pressen ein paar Tage im Nullgradfach zum Liegen kommt. Öl, Pickles und Zwiebelchen können ebenfalls gut vorbereitet werden. Letztere bereitet man gleich in größerer Menge zu, dann hat man für die nächsten zwei Wochen selbst im Alltag willkommene Zutaten, die für Abwechslung sorgen.

Allein die im Sirup gegarte Zitronatzitrone ist unglaublich. Schon daher lohnt es sich, davon gleich zwei, drei zu garen. Sie können natürlich so, wie sie sind, in Desserts wandern. Diese Art der Zubereitung zeigt die Universalität, die in der Gastronomie immer mitschwingt. Hier kann praktisch jedes Element für sich in ein neues Gericht eingebaut werden. Besonders an diesem Effekt wird deutlich, wie sehr es in der Sternegastronomie darauf ankommt, jeder Winzigkeit volle Aufmerksamkeit zu schenken.

Dazu gehört übrigens auch das Abschmecken des Specks mit dem Salz-Zitronen-Gel, das in dünnen Scheibchen auf dem Schweinebauch liegt. Diese Abweichung ist bewusst so gewählt, denn um den Salzgeschmack zu erfahren, müssen die Gelscheibchen zerbissen werden. Die Salzfreigabe unterscheidet sich deutlich von Salzen mit welcher Salzform auch immer.

Ein Hauch davon kann im Alltag umgesetzt werden, denn das zitronige Salzgel passt auch zu Fisch, Hühnchen, Artischocken oder Zucchini. Sind von den Zwiebelchen noch ein paar übrig, landen sie in einfachen Linsensalaten. Dazu passt auch das Tannenöl, oder warum nicht das Tannenpickles zur nächsten Dorade? Kreatives Kochen ist viel einfacher als man denkt.

noch mehr Angeber tipps.

Schweinebauch an Tanne und Zitrone

4 4 4

1

Schweinebauch

- 2 Sternanis
- 2 Kardamomkapseln
- Zesten von ½ Bio-Zitrone
- 800 g Schweinebauch

Eichelschwein, Iberisches Schwein, oder – wenns ein bisschen fettiger sein darf – vom Schwäbisch-Hällischen Schwein

Sternanis und Kardamom grob zerstoßen und mit den Zitronenzesten mischen. Die Gewürze auf die Fleischseite des Schweinebauchs reiben. Vakuumieren und bei 65 °C 16 Stunden sous-vide garen. Danach herausnehmen und das Fleisch im Beutel sofort mit einem schweren Topf, der mit Wasser gefüllt ist, beschweren und damit pressen.

2

Zitronatzitrone

- 500 g Zucker
- 250 ml Wasser
- 1 Zitronatzitrone

Wasser und Zucker zu einem Sirup kochen. Dafür beides unter ständigem Rühren so lange erhitzen, bis sich der Zucker aufgelöst hat und der Sirup glasklar ist. Die Zuckerlösung darf auf keinen Fall kochen.
Die Zitrone in 1–1,5 cm dicke Scheiben scheiden. Zusammen mit dem Sirup vakuumieren und 12 Stunden im Kühlschrank marinieren lassen.

3

Salz-Zitronenspäne

- 100 ml Wasser
- frisch gepresster Saft von ½ Zitrone
- 3 g Agar-Agar

Wasser, Zitronensaft und Agar-Agar in einem kleinen Topf mischen und aufkochen lassen. In einer passenden Form zu einem festen Block gelieren lassen.

4

Zwiebelschiffchen

- 4 kleine frische Perlzwiebeln
- 100 g Butter
- 10 g Salz

Perlzwiebeln schälen und Butter in Scheiben schneiden. Beides mit dem Salz vakuumieren und bei 90 °C im Kombidämpfer für 10 Minuten garen. Dann sofort im Eisbad abkühlen. Herausnehmen und die Zwiebel vorsichtig längs halbieren (mit sehr scharfem Messer). Die Zwiebel in Schiffchen teilen. (Die Salz-Zwiebel-Butter wird natürlich nicht weggeworfen, sondern je nach Lust und Laune verarbeitet.)

5

Tannenspitzenpickles

- 4 Knoblauchzehen
- 250 ml Apfelessig
- 120 ml weißer Balsamicoessig
- 2 Thymianzweige
- 2 g Ingwer
- 120 g Zucker
- 40 g junge Tannentriebe

Knoblauch schälen und in einem kleinen Topf mit Essig, Thymianzweigen, Ingwer und Zucker aufkochen, bis sich der Zucker löst. Den Topf von der Platte ziehen und die Tannentriebe hineingeben. Entweder einschweißen oder in sterile Gläser geben und 1 Woche ziehen lassen.

6

Tannenöl

- 100 g Tannentriebe
- 400 ml geruchsneutrales Öl (z. B. Traubenkernöl)
- 50 g glatte Petersilie
- 50 g frisches Koriandergrün
- Eiswasser

Die Tannentriebe mit dem Öl im Mixer zerkleinern. In Sous-vide-Beutel einschweißen und bei 65 °C 2 Stunden sous-vide extrahieren. Abkühlen lassen und weitere 12 Stunden bei Zimmertemperatur ziehen lassen. Danach filtern. Kräuter waschen und trocken schütteln. Petersilie kurz in kochendem Wasser blanchieren, gut abtupfen, sofort in Eiswasser abschrecken und mit dem Koriander und dem aromatisierten Öl in der Küchenmaschine bei 47 °C/50 °C auf höchster Stufe mixen. In einem Mikrofilter (Superbag) filtrieren und in ein Dosierfläschchen füllen.

7

Tannenpulver

- 50 g Tannentriebe

Tannentriebe sehr kurz im kochenden Wasser blanchieren, anschließend im Dehydrator ca. 6 Stunden bei 45 °C trocknen, bis sie furztrocken sind. Zu Pulver mixen oder mörsern.

8

Schweinesauce

- flüssiger Inhalt des Sous-vide-Schweinebauch-Beutels
- 200 ml Schweinefond

Den flüssigen Inhalt des Beutels, in dem der Schweinebauch zubereitet wurde, filtern. Mit dem Schweinefond in einem Topf mischen und bei sehr schwacher Hitze reduzieren, bis eine fast sirupartige Konsistenz entsteht.

9

Sahnejoghurt (am Tag vorher zubereiten)

- 500 g vollfette Sahne
- 80 g Milchpulver
- 1 TL Laktose
- 1 EL Naturjoghurt

Den Backofen auf 40 °C vorheizen. Sahne mit Milchpulver und Laktose in einem Topf vermengen. Auf 40 °C erwärmen und den Naturjoghurt einrühren. Im Backofen 10 Stunden fermentieren.

10

Anrichten

- sehr feine längere Zesten der Zitronatzitrone
- Salz
- ca. 8 EL Sahnejoghurt (siehe Schritt 9)

Sie brauchen außerdem

Profivakuumierer, Sous-vide-Bad oder Einhängethermostat mit präziser Temperaturführung, Dehydrator, Küchenmaschine mit Kochfunktion, Kombidämpfer, Trüffelhobel, Mikrofilter, Dosierfläschchen

Das gepresste Fleisch aus dem Beutel nehmen, in dünne (!) Scheiben schneiden (eine Scheibe pro Person) und in einer sehr heißen Pfanne ohne Fett auf beiden Seiten leicht bräunen. Auf vorgewärmte Teller geben. Auf jeden Teller je eine Scheibe der konfierten Zitronatzitronen legen. Abtropfen nicht vergessen, damit der Sirup nicht über die Teller rinnt. Einige längere Zitronenzesten in Röllchen auf die Teller geben (deswegen möglichst dünn abhobeln). Vier Zwiebelschiffchen auf jeden Teller verteilen, in zwei davon Schweinesauce träufeln, in die beiden anderen das Tannenöl. Den Sahnejoghurt salzen und dekorativ in die Zwischenräume geben, mit einigen Tannenpickels belegen und das Tannenpulver über 1–2 Joghurtkleckse stäuben (vorher sieben). Auf den Joghurt etwas von den Tannenpickles geben (nicht zu viel). Mit einem Trüffelhobel einige Späne von dem Salz-Zitronen-Gel über den Schweinebauch hobeln.

Nº 49

Der geröstete und eingeweichte Reis der zur Eisherstellung verwendet wird, wird zu herrlichen Reiskräckern, Puffreis und vielem mehr weiterverwertet.

Die besondere Zutat bei unserem Dulce de Leche ist der Kojireis, der durch einen Edelpilz fermentiert wird.

Milchreis nur mit Milch geht nicht: Sahne und Quark liefern hier den vollmundigen Feinschliff.

Sternstunden der Mundschmeichelei
Milchreis für Angeber

Süß, schlotzig, mundschmeichelnd: Milchreis ist ohne Zweifel ein Lieblingsgericht. Hier wird der süße Geschmack nuanciert und das Textur- sowie Temperaturspektrum erweitert. So wird der klassische Nachtisch zum sensationellen Dessert.

Sowohl die französische Zweisterneköchin Stéphanie Le Quellec (Là Scène, Paris) als auch der Dreisternekoch Glenn Viel (l'Oustau de Baumanière, Les Baux-de-Provence) haben sich dem Milchreis angenommen und ihn gewaltig modernisiert. Hier wird eine Symbiose beider Ideen präsentiert – ergänzt allerdings um einige spannende Abweichungen, die ich mir erlaube. Der Milchreis wird dabei nach der traditionellen Methode zubereitet wie „la teurgoule", eine Spezialität aus der Bretagne, jedoch ohne den dort eigentlich obligatorischen Zimt, sowie zuckerreduziert.

Eigentlich reicht nur Milch. Aber mit Milch, Quark und Sahne wird es sooo viel besser!

Damit sich Milchreis süß, saftig und schmelzend im Mund anfühlt, muss er lange sanft gegart werden. Im Rezept kocht er im Ofen über Nacht von selbst – Sie ersparen sich so das langwierige Umrühren. Die Stärkekörner quellen langsam auf, Milchfette verteilen sich homogen und verbessern später das Mundgefühl auf der Zunge. Dies funktioniert tatsächlich bei langen Garzeiten im Backofen deutlich besser als in Töpfen. Allerdings benötigt man mehr Milch, denn während des Garens verdunstet Wasser. Gleichzeitig aber verdichten sich Geschmack und Mundgefühl. Noch besser wird es, wenn der Quark eingerührt wird. Dieser im klassischen Milchreis unübliche Schritt setzt dem Fass vor Begeisterung die Krone auf.

Aufmerksamkeit erfordert die Dulce de Leche oder Confit de lait. Sie soll keineswegs braun werden, wie von vielen gleichnamigen Produkten aus dem Handel bekannt. Das erfordert Zeit und einen chemischen Trick. Das Besondere an diesem Milchkonfit ist der Kojireis, der beim Abkühlen zugegeben wird. Dessen Enzyme fügen Aromen aus dem Fettabbau hinzu, verzuckern die Stärke noch etwas mehr und zerhacken das ein oder andere Molkenprotein in geschmacksmodulierende Bruchstücke und wohlschmeckende Aminosäuren.

Das Dessert ist durch die starke Variation des Süßgeschmacks über Zucker, Milchzucker, Stärkehydrolyse und Karamellnoten weit mehr als eine banale Süßspeise. Doch die Texturvariationen spielen bei dieser Zubereitung die meisten Register: Schmelzen winziger Wasser- und Fettkristalle im schaumigen Eis, zweimal Knusprigkeit über den Puffreis und die Reiskräcker, der umschmeichelnde Schmelz des Milchreises und wundersame viskose, leicht klebrige Dulce de Leche.

Hier kommt auch der Trigeminus ins Spiel, der durch die breite Temperaturspanne reizvoll bespielt wird.

Der in Japan und anderen Teilen Asiens meist gebräuchliche Kojireis ist hier die außergewöhnlichste Zutat, der unterschwellig eine Kaskade von Prozessen in Gang setzt, die dieser Version des Milch-

Angeberwissen: Die Sporen können auch zur Fleischreifung und Gemüsefermentation unterstützend eingesetzt werden.

reises ein Alleinstellungsmerkmal verleihen. Die Sporen des Gießkannenschimmelpilzes Aspergillus Oryzae wachsen gern auf Reis (und anderen [Pseudo-]Getreiden). Sie emittieren dominant Amylasen, Lipasen und Proteasen und zerhacken zum Beispiel gedämpfte Sojabohnen und Weizenkörner zu köstlichen Misopasten und Sojasaucen.

Das Backpulver hat simple physikalisch-chemische Gründe: Der pH-Wert der Crème fraîche reicht unter den Kochtemperaturen aus, die Milch dickzulegen. Das verhindert das Backpulver, denn es setzt den pH-Wert nach oben und hält die Milch stabil. Die Folge ist eine volle, cremige Dulce de Leche mit einem schwach säuerlichen Ton unter all der Süße.

Die Stabilisatoren im Eis sind übrigens hilfreich, denn es wird neben dem warmen Milchreis und dem halbwarmen Milchkonfit serviert und soll nicht sofort schmelzen und damit die Telleroptik stören. Diese hoch wasserbindenden Hydrokolloide sorgen für eine gewisse Stabilität, ohne den Schmelz im Mund zu verändern.

plus

gleich sensationell

Milchreis & Reismilch an Reiseis

4 3 5

1

Milchreis (à la teurgoule)

60 g	Rundkornreis
30 g	Zucker
500 ml	Vollmilch
100 g	vollfette Sahne
175 g	Quark (40 % Fett)

Den Backofen auf 150 °C vorheizen. Reis, Zucker und die Hälfte der Milch in eine ofenfeste Form geben und rühren, bis sich der Zucker aufgelöst hat. In der Zwischenzeit die restliche Milch in einem Topf erhitzen. Den Topf vom Herd ziehen, sobald die Milch zu kochen beginnt, und in die Form gießen. Nochmals umrühren, die Form in den Ofen stellen und die Backofentemperatur auf 110 °C reduzieren. Den Reis etwa 3 Stunden garen. Dann den Ofen ausschalten und die Form im Ofen vollständig abkühlen lassen. Am nächsten Tag den Reis umrühren und den Quark unterheben.

2

Dulce de Leche, Version Koji

500 ml Milch
60 g Zucker
180 g Crème fraîche
3–4 g Backpulver
160 ml vollfette Sahne
20 g frischer Kojireis (Fachhandel)

Alle Zutaten bis auf den Kojireis in einen Topf geben und bei schwacher Hitze etwa 2 Stunden garen. Danach leicht abkühlen lassen und den Kojireis einrühren. Etwa 1 Stunde bei Zimmertemperatur stehen lassen.

3

Reiseis

150 g Vollkornreis
400 ml Milch
20 g Milchpulver
60 g Zucker
40 g sprühgetrockneter Glucosesirup
200 g Mascarpone
4 g Stabilisator für Eiszubereitungen (alternativ 1 g Alginat, 2 g Iota-Carrageen und 2 g Pektinfasern)

Den Vollkornreis auf einem Blech verteilen und im Ofen bei 170 °C 20–30 Minuten rösten. Dann den gerösteten Reis mit der Milch vermischen und 12 Stunden darin ziehen lassen. Reis am nächsten Tag durch ein feines Sieb geben, danach in einem Topf erwärmen und Milchpulver, Zucker und sprühgetrockneten Glucosesirup darin auflösen. Die Mischung auf 50–55 °C abkühlen lassen und den Mascarpone und den Stabilisator einrühren. 6–12 Stunden kühl stellen. Vor dem Servieren in eine Eismaschine geben.

4

Karamellisierter Puffreis

100 ml Wasser
30 g Zucker
200 g Puffreis (siehe Effekt Nr. 30)

Für den Zuckersirup (30 °C) Wasser und Zucker unter ständigem Rühren so lange erhitzen, bis sich der Zucker aufgelöst hat und der Sirup glasklar ist. Die Zuckerlösung darf auf keinen Fall kochen. 60 g abmessen. Den Backofen auf 170 °C vorheizen. Den Puffreis vorsichtig mit dem abgemessenen Zuckersirup vermischen, auf eine Backmatte geben und im vorgeheizten Ofen 10–15 Minuten anrösten, bis der Reis eine leichte Bräunung zeigt.

5

Reiskräcker

100 ml Sahne
140 ml Milch
50 g Reismehl
Puffreis (Effekt Nr. 30) nach Belieben

Den Backofen auf 100 °C Umluft vorheizen. Sahne, Milch und Reismehl in einem kleinen Kopf unter Rühren aufkochen, bis sich das Reismehl löst. Die Mischung auf eine Backmatte kippen und ausstreichen. Je nach Belieben etwas Puffreis darauf streuen und im Backofen etwa 2 Stunden trocknen. Fürs Anrichten in Stücke brechen.

6

Anrichten

80 g Puffreis (siehe Effekt Nr. 30)

Sie brauchen außerdem

Eismaschine, Backmatte

Den Milchreis à la teurgoule mit Papier oder Alufolie abdecken und unter der Wärmelampe (oder im Ofen) auf Temperatur bringen. Eine rundliche Nocke Milchreis im Zentrum eines Tellers anrichten. Die dickliche Dulce de Leche darum verteilen. Etwas karamellisierten Puffreis und nicht karamellisierten Puffreis darüberstreuen und eine Nocke des Röstreiseises danebensetzen. Ein Stück Reiskräcker anlehnen.

Nº 50

Wieder ein Beleg, dass Gemüse für Süßes ideal taugt.

Die wohl überraschendste Kugel mit Raucharoma und schwefeligen Noten.

Die Rote Bete sorgt nur für das feierliche Rot, das Aroma wird durch Vanille und Tonka bestimmt.

So süß schmeckt der Winter
Weihnachtliches Flavourpairing

Diese Pralinen haben es in sich. Erwartet jemand Röstzwiebeln, Räucherschinken oder Gemüse im vermeintlichen Konfekt? Gar im Zusammenhang mit Wintergewürzen? Kaum – aber genau diese Verblüffung ist gewollt, und es lohnt sich.

Gemüse in Desserts, abseits von Rhabarber und Möhren, löst immer wieder Kontroversen aus. Die Patissiers Christian Hümbs und Andy Vorbusch waren in Deutschland vor Jahren die Vorreiter. Hümbs hat sich seit einiger Zeit in seinem Restaurant Coda in Berlin darauf spezialisiert und serviert sehr spannende Menüs mit Getränkebegleitung auf dieser Basis. Gemüse wird natürlich auch in anderen Ländern im Dessert eingesetzt. Selbst in Frankreich nutzen immer mehr Köche und Patissiers diese Idee, um von der Dominanz der Butter-Sahne-Grundlage wegzukommen und Desserts leichter zu machen. In den wenigsten Fällen wird noch großartig gezuckert, sondern die eigene Süße aus dem Gemüse herausgekitzelt. Selbst Mangold und Kohl landen – in dekonstruierter Form – in den Nachtischen.

Ist extrem wichtig. Einfach umblättern und mehr erfahren!

Die Schmelztemperatur bei Schokolade ist, neben einer gezielten Kristallisation, sehr wichtig. In einer kürzlich publizierten Arbeit wurden diese Schmelztemperaturen am Max-Plank-Institut in Mainz gemessen und zusammengestellt.

Bei einer Mundtemperatur von etwa 37 °C sind die meisten Kristalle in der Lage zu schmelzen, wobei Kristallformen mit Schmelztemperaturen von 36 °C schon Beißunterstützung benötigen, während sie bei 33,8 °C den angenehmsten Schmelz zeigen. Daher ist es wichtig, die Kristallform zu steuern, damit beim Schmelzen nicht alle Kristalle schmelzen, sondern noch ein paar als Saatkristalle zu nutzen. Sonst würden bei der im Rezept erforderlichen Schnellabkühlung zu viele schlechte Kristalle entstehen, die schon bei Temperaturen zwischen 17 und 27 °C schmelzen. Daher sind die angegebenen Temperaturen ernst zu nehmen, um den Kugeln auch hinreichende Stabilität zu verleihen. Kristalle mit sehr niedrigen Schmelzpunkten geben den Kugeln eine schlechte Stabilität.

Sieht nur auf den ersten Blick aus, als ob hier alles durcheinandertanzt. In Wahrheit ist das ein vollendeter Reigen der Röstaromen!

Das Rezept der hier servierten Pralinen mag ein wenig seltsam klingen. Denkt man aber genauer darüber nach, erschließt sich der tiefere Sinn, der sich im Flavourpairing verbirgt. In diesem Falle stehen als Winterdessert für die Advents- und Weihnachtszeit typische Wintergewürze im Vordergrund. Das ist schon der erste Punkt, denn alle diese Gewürze haben natürlich große Anwendungen in salzigen Gerichten.

Bei der dunklen Schokoladenkugel werden Röstzwiebel, Räucherspeck und Kaffee verwendet und hier in eine klassische Ganache aus weißer Schokolade verpackt. Genau diese Elemente fügen Röstaromen zu, die vom Typus her jenen der dunklen Schokolade gar nicht fern sind: Geröstete Zwiebeln besitzen wie dunkle Schokoladen Schwefelnoten und Karamellaromen. Rauchnoten im Speck basieren weitgehend auf Aromaten (Phenylverbindungen), erinnern an Vanille und haben süßliche Duftanklänge. Kaffee strotzt vor Röstaromen, die denen der Kakaobohne sehr ähneln. Auch im Geschmack passt alles: Röstzwiebeln sind süßlich, kaum bitter, Kaffee ist bitter. Nur der Speck bringt eine Spur umami ins Dessert, schon moduliert die Zunge mit einem erfreulichen Aufschrei.

Bei der weißen Kugel verhält es sich ähnlich: Romanesco ist nur leicht bitter, dafür kontrastiert er mit schwefeligen Kohlnoten, die Birne süßt und bringt fruchtige Noten mit, die Würzung übernehmen Sternanis, Macis und Piment – der Winter lässt grüßen –, die weiße Schokolade nimmt diese gern auf. Weiße Schokolade ist aber nichts weiter als gesüßte Kakaobutter, also muss noch ein Nachbrenner für die Zunge herhalten. In diesem Falle umami-süß über Ketjap Manis.

Die pinke Ruby-Schokolade ruft allein wegen der Farbe nach Roter Bete, diese wiederum nach den Klassikern Vanille und Tonkabohne. Etwas Kokosöl und die Basic Textur (Pektin) sorgen für ein besseres Mundgefühl, wobei das aromatische native Kokosöl tolle sahnige Aromen (Lactone) beisteuert, die sich der erdigen Bete (Geosomin) entgegenstellen und Vanille (Vanillin) und Tonkabohne (Cumarin) begleiten.

Der Tannenzucker duftet herrlich und es ist nicht verboten, diesen mit dem Finger aufzunehmen. Die harzig, holzig und waldig duftenden Terpene fügen sich über die zuckerige Begleitung zu allen drei Kugeln, wie auch der luftig krachende Tannenhonigknusperschaum, der einen kontrastigen Textureffekt beim Abessen dieses Tellers einstreut. Der Hauch Ingwer macht dabei das Weihnachtsgefühl perfekt.

Dass für diese Komponente ausgerechnet Tannenhonig verwendet wird, ist natürlich kein Zufall. Er ist kein Blütenhonig, der überwiegend aus Blütennektar besteht. Für Tannenhonig, ein Waldhonig, sammeln die Bienen den Honigtau. Die zuckerhaltige Substanz wird von pflanzensaugenden Insekten ausgeschieden, insbesondere von Blattläusen. Köstliche Natur, denn Tannenhonige sind daher reicher an harzigen Terpenen und Phenylpropanoiden als Blütenhonige – und passen deswegen besser zu diesem Effekt.

Der feste, luftige Tannenhonigschaum ist eine lustige Angelegenheit und nutzt die Eigenschaften des Natrons, also des Natriumhydrogencarbonats, sich unter Wärme in Natriumcarbonat, Wasser und Kohlendioxid umzuwandeln.

Wird also Honig, Zucker und Ingwersaft auf 150 °C erhitzt und dann das Natron eingerührt, gibt es rasch sein CO_2 frei. Die übersättigte Zuckerlösung ist aber, trotz des freiwerdenden Wassers, schon so zähflüssig, dass die Mehrzahl der Bläschen im Sirup beim Abkühlen verharrt. Der Sirup erstarrt glasig, bildet keine Kristalle und die Schaumstruktur bleibt erhalten. Auch hier hat der vollendete Genuss viele Väter und Mütter: Geschmack, Aroma, Textur – und eine gehörige Prise Wissenschaft!

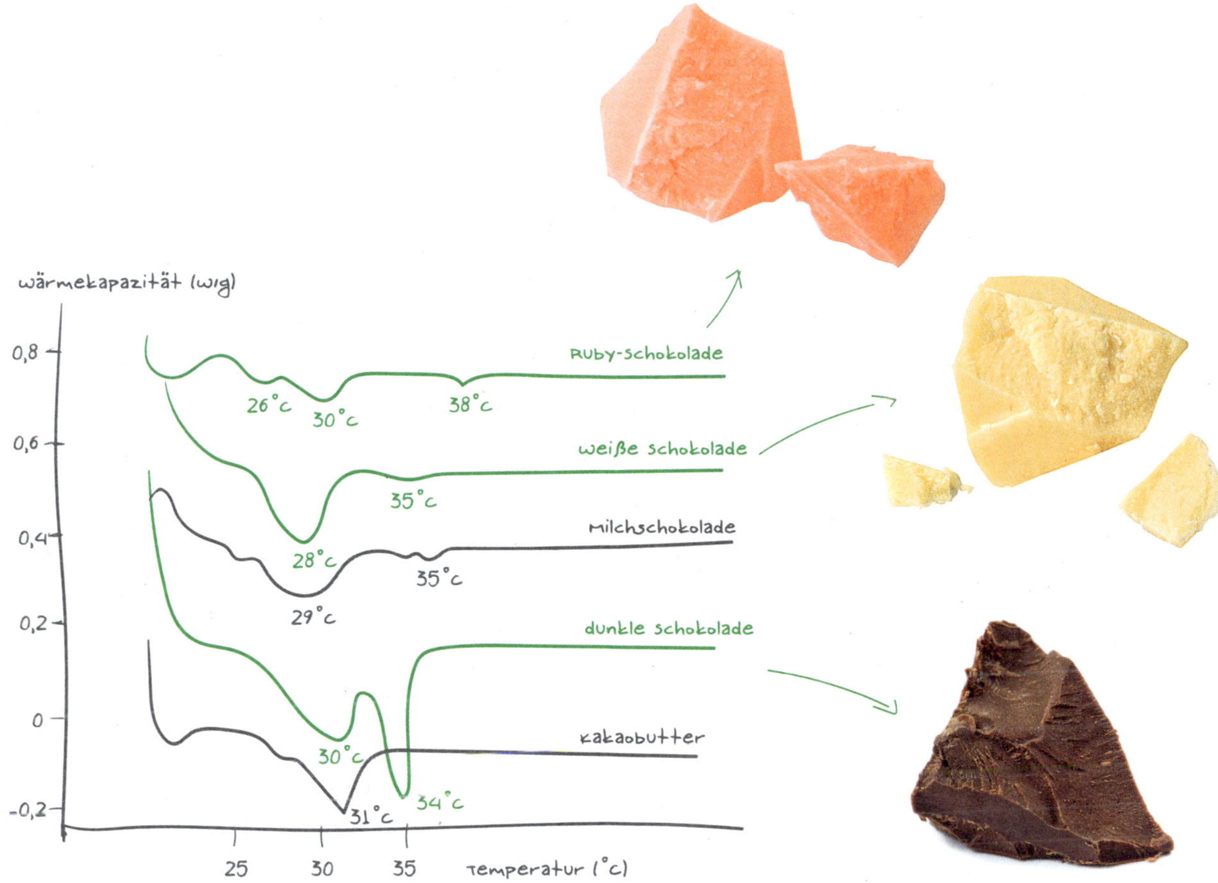

In den Kurven ist der Verlauf der Wärmekapazität gezeigt und die verschiedenen Schmelzpunkte. Dort sieht man, dass es oft zwei Ausschläge nach unten gibt, mit zwei Temperaturen pro Schokolade, bei Ruby sind es sogar drei. Diese unterschiedlichen Temperaturen werden durch unterschiedliche Kristallformen bestimmt, die von der Kakaobutter (der Grundlage aller Schokoladen) eingenommen werden können.

Bei der Mundtemperatur von etwa 37 °C können die meisten Kristalle schmelzen, wobei Kristallformen mit Schmelztemperaturen von 36 °C schon Beißunterstützung benötigen, während die beste Form (33,8 °C) den angenehmsten Schmelz zeigt.

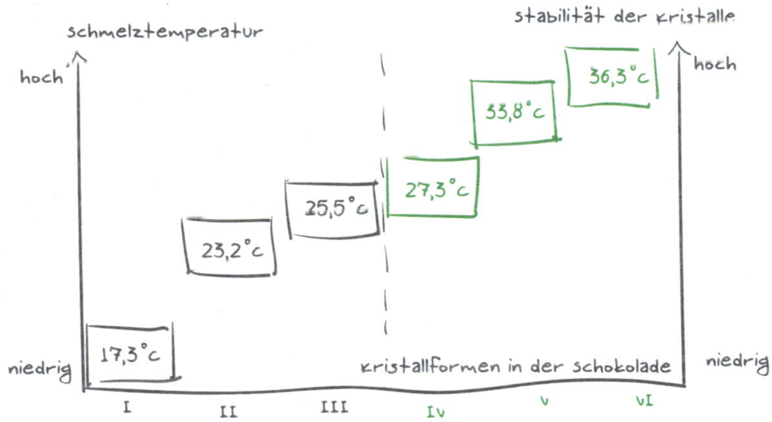

Bunte Weihnachtskugeln auf Tannenstaub

1

Schwarze Kugeln

- 200 g weiße Schokolade
- 50 g magerer, stark geräucherter Schwarzwaldschinken
- 100 g Sahne
- 2–3 TL sehr guter löslicher Kaffee
- 2–3 EL fertig gekaufte Röstzwiebeln
- 400 g dunkle Schokolade (72 % Kakaogehalt)

Sie brauchen außerdem

- Infrarot- oder Zuckerthermometer
- Pralinenhalbschalen aus Silikon (ca. 3 cm Durchmesser)
- Kleine Backform

Die weiße Schokolade würfeln, den Schinken winzig klein würfeln. Sahne und Kaffee in einem kleinen Topf aufkochen, den Topf vom Herd ziehen, die weiße Schokolade unter Rühren hineingeben und darin schmelzen. Kurz vor dem Beginn der Kristallisation Schinken und Röstzwiebeln unterheben. In Silikon-Pralinen-Halbschalen füllen und mindestens 2 Stunden sehr kalt stellen, bis sie durchkristallisiert sind (eher einfrieren). Dann die Halbkugeln aus der Form lösen und die Oberflächen leicht anwärmen. Je zwei Halbkugeln vorsichtig zu ganzen Kugeln zusammenpressen. Wieder sehr kalt stellen. Die dunkle Schokolade im Wasserbad schmelzen (max. 42 °C) und die Kugeln mithilfe von Pralinengabeln damit mehrmals überziehen. Bis zum Anrichten kühl stellen.

2

Weiße Kugeln

- 100 g Romanesco
- 1 Winterbirne (Conference, Novemberbirne o. Ä.)
- 80–100 g Sahne (abhängig vom Wassergehalt der Birne)
- 1 TL Spinatpulver
- 2 Sternanis
- ½ TL gemahlener Macis
- 2 zerstoßene Pimentkörner
- 1 TL Ketjap Manis („süße Sojasauce")
- 0,8 g Xanthan
- 400 g weiße Schokolade

Romanesco in Röschen teilen und waschen. Birne schälen, vom Kerngehäuse befreien und das Fruchtfleisch würfeln. Sahne und Spinatpulver mit Sternanis, Macis und Piment in einem kleinen Topf aufkochen. Romanesco und Birnenwürfel darin sehr weich garen. Dann Ketjap Manis dazugeben und abschmecken. Alles durch ein Sieb streichen, dabei möglichst viel des Fruchtfleisches und des Gemüses durchdrücken (für die Bindung). Anschließend Xanthan einrühren. Die Masse in Silikon-Pralinen-Halbschalen füllen und sehr kalt stellen. Die gefrorenen Halbkugeln zügig aus der Form nehmen und – wie oben beschrieben – die Oberflächen leicht anwärmen. Je zwei Halbkugeln zu einer ganzen Kugel zusammenpressen und sofort wieder einfrieren. Die weiße Schokolade im Wasserbad schmelzen (max. 40 °C), die ganzen Kugeln aus dem Eisfach nehmen und mithilfe von Pralinengabeln nicht zu dünn und vollständig überziehen. Bis zum Anrichten kühl stellen.

4 5 5

3

Pinkfarbene Kugeln

300 ml Rote-Bete-Saft (am besten frisch entsaftet)
1 Vanilleschote
5 g Kokosblütenzucker
½ TL frisch geriebene Tonkabohne
60 g aromatisches Kokosöl
20 g Basic Textur (Bindemittel; Molekularküchenbedarf)
400 g Ruby-Schokolade (aus rosafarbenen Kakaobohnen)

Rote-Bete-Saft in einem kleinen Topf bei mittlerer Hitze langsam um ⅓ reduzieren. Die Vanilleschote aufschlitzen, das Mark herauskratzen und Schote und Mark mit Kokosblütenzucker und Tonkabohne in den Rote-Bete-Saft geben. Etwa 30 Minuten warmhalten, dann die Vanilleschote entfernen. Die Mischung noch einmal aufkochen. Kokosöl zugeben und Basic Textur mithilfe des Stabmixers einschlagen. Den Topf in ein Eisbad stellen und die Masse unter Rühren kühlen, damit die Butter gut emulgiert. Diese Präparation in Silikon-Pralinen-Halbschalen füllen, sofort ins Eisfach geben und gefrieren. Die Ruby-Schokolade auf 42 °C erwärmen und die Oberflächen leicht anwärmen. Wie oben beschrieben je zwei Halbkugeln zu einer ganzen Kugel zusammenpressen und sofort wieder einfrieren. Die Ruby-Schokolade im Wasserbad schmelzen (max. 40 °C), die ganzen Kugeln aus dem Eisfach nehmen und mithilfe von Pralinengabeln nicht zu dünn und vollständig überziehen. Kühl stellen.

4

Fester Honigschaum

100 g Zucker
3 EL Tannenhonig
2 EL Ingwersaft
5 g Natron

Eine kleine Backform bereitstellen und mit Backpapier auslegen. Zucker, Tannenhonig und Ingwersaft in einem kleinen Topf mischen und auf dem Herd unter Rühren langsam erwärmen. Wenn sich die ersten Blasen bilden („es zu kochen beginnt"), die Temperatur messen. Auf mindestens 145 und höchstens 150 °C erhitzen. Den Topf vom Herd ziehen und das Natron mit einem (Silikon-)Schneebesen einrühren und verteilen. Mithilfe eines Spatels sehr vorsichtig in die ausgekleidete Form gießen. Die Mischung nicht mit dem Spatel formen, verteilen oder zusammendrücken, da sich sonst die Blasen auflösen. Vollständig erstarren lassen.

5

Tannenzucker

50 g Tannennadeln (Garten, Wald oder Fachhandel)
100 g grober Zucker

Tannennadeln und Zucker im Mörser fein zerkleinern und gut vermischen. Luftdicht aufbewahren.

6

Anrichten

essbare Gold- und Silberdeko
Marzipan zum Festkleben nach Bedarf

Teller mit Tannenzucker ausstreuen. Die Kugeln je nach Lust und Laune mit etwas Gold- und Silberfolie dekorieren. Auf jeden Teller drei verschiedenfarbige Kugeln geben, eventuell mit Marzipan festkleben. Honigschaum in kleine Stücke brechen und etwas davon auf die Teller verteilen.

Nährwerte

In dieser Übersicht finden Sie die Nährwertangaben für alle 50 Effekte für jeweils eine Portion. In vielen Fällen muss eine gewisse Mindestmenge hergestellt werden – etwa an aromatisiertem Öl, damit die Zubereitung im Sahnesiphon funktioniert –, die nicht zwangsläufig vollständig zu einer Mahlzeit aufgebraucht werden muss. Diese Menge wurde bei der Berechnung nicht berücksichtigt.

N° 1 (Seite 19)
Pro Portion 6 g E, 13 g F, 11 g KH
200 kcal (836 kJ)

N° 2 (Seite 22)
Pro Portion 16 g E, 39 g F, 23 g KH
537 kcal (2 251 kJ)

N° 3 (Seite 27)
Pro Portion 11 g E, 7 g F, 5 g KH
134 kcal (560 kJ)

N° 4 (Seite 31)
Pro Portion 29 g E, 13 g F, 2 g KH
250 kcal (1 049 kJ)

N° 5 (Seite 34)
Pro Portion 32 g E, 23 g F, 6 g KH
393 kcal (1 653 kJ)

N° 6 (Seite 39)
Pro Portion 7 g E, 28 g F, 5 g KH
352 kcal (1 473 kJ)

N° 7 (Seite 42)
Pro Portion 20 g E, 50 g F, 10 g KH
593 kcal (2 484 kJ)

N° 8 (Seite 47)
Pro Portion 18 g E, 8 g F, 7 g KH
180 kcal (754 kJ)

N° 9 (Seite 51)
Pro Portion 47 g E, 12 g F, 18 g KH
387 kcal (1 624 kJ)

N° 10 (Seite 55)
Pro Portion 10 g E, 19 g F, 25 g KH
393 kcal (1 649 kJ)

N° 11 (Seite 58)
Pro Portion 23 g E, 42 g F, 15 g KH
553 kcal (2 321 kJ)

N° 12 (Seite 63)
Pro Portion 2 g E, 8 g F, 19 g KH
161 kcal (675 kJ)

N° 13 (Seite 67)
Pro Portion 17 g E, 35 g F, 54 g KH
618 kcal (2 587 kJ)

N° 14 (Seite 71)
Pro Portion 14 g E, 16 g F, 8 g KH
245 kcal (1 030 kJ)

N° 15 (Seite 74)
Pro Portion 30 g E, 10 g F, 20 g KH
302 kcal (1 266 kJ)

N° 16 (Seite 79)
Pro Portion 24 g E, 32 g F, 7 g KH
429 kcal (1 798 kJ)

N° 17 (Seite 83)
Pro Portion 1 g E, 14 g F, 3 g KH
152 kcal (637 kJ)

N° 18 (Seite 86)
Pro Portion 6 g E, 23 g F, 9 g KH
276 kcal (1 155 kJ)

N° 19 (Seite 90)
Pro Portion 4 g E, 23 g F, 11 g KH
281 kcal (1 175 kJ)

N° 20 (Seite 94)
Pro Portion 7 g E, 22 g F, 18 g KH
315 kcal (1 320 kJ)

N° 21 (Seite 99)
Pro Portion 11 g E, 16 g F, 39 g KH
309 kcal (1 295 kJ)

N° 22 (Seite 103)
Pro Portion 22 g E, 29 g F, 9 g KH
458 kcal (1 920 kJ)

N° 23 (Seite 107)
Pro Portion 4 g E, 20 g F, 6 g KH
216 kcal (905 kJ)

N° 24 (Seite 113)
Pro Portion 5 g E, 18 g F, 21 g KH
285 kcal (1 196 kJ)

N°25 (Seite 116)
Pro Portion 17 g E, 36 g F, 29 g KH
566 kcal (2 374 kJ)

N°26 (Seite 121)
Pro Portion 5 g E, 11 g F, 3 g KH
140 kcal (587 kJ)

N°27 (Seite 126)
Pro Portion 21 g E, 18 g F, 27 g KH
386 kcal (1 619 kJ)

N°28 (Seite 130)
Pro Portion 8 g E, 22 g F, 8 g KH
277 kcal (1 160 kJ)

N°29 (Seite 135)
Pro Portion 16 g E, 27 g F, 13 g KH
372 kcal (1 561 kJ)

N°30 (Seite 138)
Pro Portion 6 g E, 17 g F, 13 g KH
243 kcal (1 020 kJ)

N°31 (Seite 142)
Pro Portion 1 g E, 31 g F, 24 g KH
400 kcal (1 674 kJ)

N°32 (Seite 146)
Pro Portion 8 g E, 26 g F, 82 g KH
652 kcal (2 732 kJ)

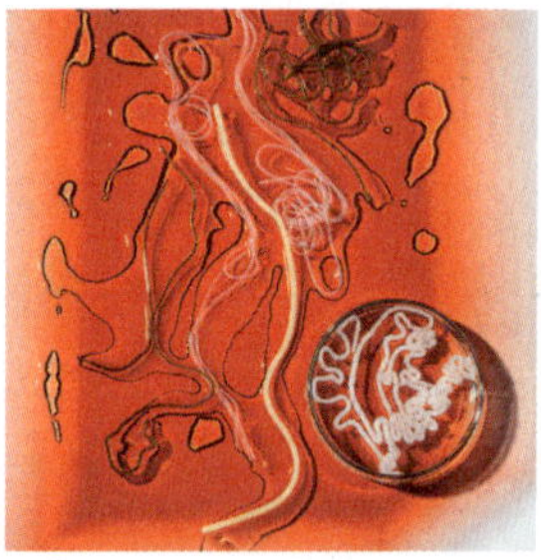

N°33 (Seite 151)
Pro Portion 1 g E, 0 g F, 5 g KH
30 kcal (127 kJ)

N°34 (Seite 155)
Pro Portion 1 g E, 1 g F, 2 g KH
28 kcal (119 kJ)

N°35 (Seite 158)
Pro Portion 13 g E, 24 g F, 10 g KH
313 kcal (1 311 kJ)

N°36 (Seite 163)
Pro Portion 4 g E, 39 g F, 21 g KH
477 kcal (1 993 kJ)

N°37 (Seite 167)
Pro Portion 5 g E, 21 g F, 45 g KH
400 kcal (1 679 kJ)

N°38 (Seite 170)
Pro Portion 3 g E, 16 g F, 51 g KH
370 kcal (1 551 kJ)

N°39 (Seite 175)
Pro Portion 12 g E, 29 g F, 16 g KH
395 kcal (1 657 kJ)

N°40 (Seite 178)
Pro Portion 4 g E, 20 g F, 28 g KH
338 kcal (1 420 kJ)

N°41 (Seite 182)
Pro Portion 8 g E, 49 g F, 35 g KH
613 kcal (2 567 kJ)

N°42 (Seite 186)
Pro Portion 21 g E, 44 g F, 16 g KH
567 kcal (2 378 kJ)

N°43 (Seite 190)
Pro Portion 4 g E, 40 g F, 12 g KH
441 kcal (1 849 kJ)

N°44 (Seite 194)
Pro Portion 16 g E, 25 g F, 36 g KH
464 kcal (1 947 kJ)

N°45 (Seite 198)
Pro Portion 10 g E, 27 g F, 35 g KH
460 kcal (1 926 kJ)

N°46 (Seite 202)
Pro Portion 12 g E, 24 g F, 41 g KH
450 kcal (1 888 kJ)

N°47 (Seite 207)
Pro Portion 7 g E, 18 g F, 13 g KH
251 kcal (1 051 kJ)

N°48 (Seite 210)
Pro Portion 18 g E, 45 g F, 10 g KH
531 kcal (2 226 kJ)

N°49 (Seite 214)
Pro Portion 14 g E, 37 g F, 63 g KH
660 kcal (2 766 kJ)

N°50 (Seite 220)
Pro Portion 4 g E, 19 g F, 53 g KH
412 kcal (1 729 kJ)

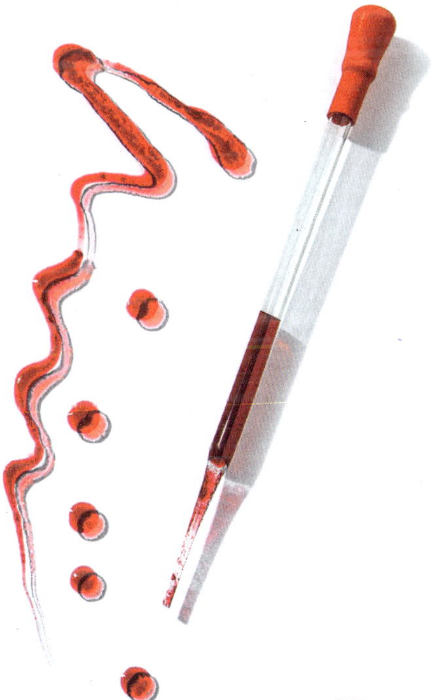

Glossar

Nicht erst seit der Avantgardeküche gibt es einen eigenen Fachwortschatz für die Spitzengastronomie. Das hat nichts mit gestelztem Sprechen zu tun. Seien es die Posten in der Küche, die Auguste Escoffier neu benannte, oder die fünfte Geschmacksrichtung: Für neue Vorgänge und neu gewonnene Erkenntnisse müssen eben Begriffe neu definiert werden.

Aggregatzustand Es gibt lediglich drei Aggregatzustände: fest, flüssig und gasförmig (dazu wird noch der plasmaförmige Zustand unterschieden, der beim Genuss aber keine Rolle spielt). Diese Zustände sind durch klare physikalische Eigenschaften wie Dichte, mechanisches Verhalten (Druck, Zug, Scherkräfte) und Temperatur bestimmt. Die Luft in Schaumbläschen ist gasförmig, wie auch die darin eingelagerten Aromastoffe, die die Nase und deren Riechrezeptoren erreichen. Die Textur des Schaums selbst kann fest oder flüssig sein. Fest sind etwa ein Baiser, Brot oder das Innere von Schaumküssen. Flüssig sind zum Beispiel großblasige Schäume in der Molekularküche. Der Unterschied kann durch die Molekülbewegung in den Stegen festgestellt werden. Fließt darin Wasser, ist der Schaum flüssig. Der Schaum kann dann leicht bewegt (geschert) werden. Er weist eine Viskosität auf, die wie beim Eischnee sehr hoch sein kann. In festen Schäumen ist dies unmöglich. Sie verhalten sich wie ein fester Körper: Die Oberseite des gebackenen Baisers kann nur minimal gegen die Unterseite verschoben werden, dann bricht der Schaum.

Aroma, Duft Der Mensch kann theoretisch Zehntausende Düfte unterscheiden – wahrgenommen sowohl direkt riechend (nasal) als auch über den Rachenraum (retronasal). Bei hohen Temperaturen verflüchtigen sich viele Aromen, es entstehen aber auch neue Röstaromen.

Avantgardeküche Basiert unter anderem auf den Techniken der Molekularküche, aber auch auf einer Vielfalt der Komponenten und Elemente auf komplexeren Tellern. Die Idee der klassischen Dreiteilung auf dem Teller – Fleisch/Fisch, Gemüse, Beilage – hat hier keinen Bestand. Die Kunst des Anrichtens wurde bereits von Michel Bras eingeführt, der schon vor der Mode um die Molekularküche viele Gemüse, Kräuter, Fleischelemente und Saucentupfen detailliert zu einem Teller mit hoher Komplexität anrichtete. Die Avantgarde- und vor allem die Neue Regionalküche brachten auch Fermentiertes und vergessene Zutaten wieder zurück auf die Teller.

Biss Wird durch die Brucheigenschaften der Lebensmittel bestimmt. Beim Zerbeißen wird das Lebensmittel zerstört. Infolge der mechanischen Beanspruchung breiten sich die Risse und Bruchkanten mehr oder weniger schnell aus. Die Bisskraft ist ebenfalls ein Maß, also jene Kraft, die benötigt wird, um ein Lebensmittel zu zerbeißen. Al dente gekochte Pasta erfordert eine höhere Bisskraft als die gleiche Pasta weich und matschig gekocht. Der Biss lässt sich daher auf Struktur und Textureigenschaften zurückführen. Bisskräfte können ebenfalls mit speziellen Apparaten gemessen werden.

E-Nummer Lebensmittelzusatzstoff, von der EU als Nahrungsmittel in Europa (E) zugelassen und durchnummeriert. Von natürlichen Farbstoffen über Zuckeraustauschstoffe bis Gold ist alles dabei. Auch Binde- und Geliermittel gehören dazu (Seite 230 ff.).

Elemente, Tellerelemente Sie können aus mehreren Komponenten zusammengesetzt sein, etwa ein gefülltes Radieschen oder ein Gelstückchen mit einer Creme obenauf. Die zum Tellerelement arrangierten Komponenten werden nur zusammen aufgenommen – es würde wenig Sinn ergeben, beim Genuss eines Elements, dieses in seine Komponenten zu zerlegen. Elemente stellen eine geschmackliche, aromatische und texturelle Einheit dar, denen vom Koch eine bestimmte sensorische Funktion zugewiesen wurde. Sie können, sofern sie richtig portioniert sind, auch mit anderen Elementen auf Löffeln kombiniert werden, der dann wieder eine höhere Komplexität als das einzelne Element oder die einzelne Komponente hat. In der klassischen (bürgerlichen) Küche wird nicht zwischen Elementen und Komponenten unterschieden.

Geschmack Die Zunge kann fünf Geschmacksrichtungen erkennen: süß, sauer, salzig, bitter und umami. Die Intensität der Wahrnehmung ist, neben der trigeminalen Stimulierung, abhängig von der Temperatur der Speise. Bitter wird zum Beispiel bei tiefen Temperaturen (z. B. Olivenöldrops aus dem Stickstoff) stärker wahrgenommen. Die angeborenen und positiv konditionierten Geschmacksrichtungen süß und umami sind auch physiologisch über ein Rezeptorprotein gekoppelt. Kein Wunder, denn Süße liefert lebensnotwendige Energie, ist immer ungiftig. Umami ist gekoppelt mit dem ebenfalls lebensnotwendigen Proteinbedarf. Bitter ist ein Warnsignal auf eventuelles Gift, deswegen muss der Genuss bitterer Speisen erst „erlernt" werden.

Geschmacksmodulation Köche wissen schon lange, dass eine Prise von jedem Grundgeschmacksgewürz immer den Geschmack unbewusst „hebt", sprich „moduliert". Die Rezeptoren senden minimale Signale ans Gehirn, die den Gesamteindruck abrunden und die Sensation der Sinne verstärken. Geschmacksmodulation kann etwa durch die Prise Salz in Süßspeisen oder die Prise Zucker in salzigen Speisen untermauert werden, sofern die Zugabe unter der bewussten Wahrnehmungsgrenze liegt. Das heißt aber nicht, dass eine Tomatensauce deswegen süß schmecken sollte oder ein Fruchtdessert nicht salzig. Eine weitere Geschmacksmodulation kann mittels kokumi erreicht werden.

Kokumi Dieser japanische Begriff wird mit Mundfülle verbunden. Er ist eine Folge der Proteinzersetzung, wie sie beim langen Kochen (Brühen, Fonds) oder bei enzymatischer Zersetzung (Sojasauce) vonstattengeht. Kokumi ist keine Geschmacksrichtung, sondern steht für eine Geschmacksmodulation. Es trägt eher zur Verbreiterung der Gesamtwahrnehmung einer Speise bei, indem es alle damit in Zusammenhang stehenden Sinneseindrücke verstärkt. Kokumi steht physikalisch, chemisch und physiologisch im engen Zusammenhang mit umami.

Komplexität von Tellern Wird durch mehrere Gesichtspunkte bestimmt. Avantgardistisches Anrichten überlässt den Essern die Zusammenstellung jedes Löffels (Seite 11). Esser erleben bei vielen Elementen und Komponenten eine hohe Komplexität, die jedoch durch die „Qual der Wahl" und die Angst, durch eine „falsche Kombination" etwas zu „verpassen", oft an deren Grenzen stößt. Durch enges Anrichten kann die Komplexität verringert werden. Mit jedem Löffel wird bereits eine größere Zahl von Elementen aufgenommen (Seite 12). Homogene Suppen sind zum Beispiel von sehr niedriger Komplexität, jeder Löffel ist identisch. Komplexität wird aber zusätzlich auch durch verschiedene Texturen, die Kombination mehrerer Grundgeschmacksqualitäten und die Anzahl der verschiedenen Aromen/Düfte bestimmt.

Komponente Entsprechend portionierte Lebensmittel, denen eine genaue kulinarische Funktion auf einem Teller zugewiesen wird. Dies können kleine Gelstückchen sein, kleine Tupfen aus Creme oder ein Stück Gemüse – roh, gekocht oder fermentiert. Komponenten einzeln für sich genommen haben bereits eine hohe kulinarische wie auch optische Wirkung.

Löffel Der buchstäbliche Löffel (oder die Gabel), der in diesem Moment zum Mund geführt wird. Zuvor hat der Esser – bewusst oder unbewusst – ganz bestimmte Komponenten ausgewählt. Im Mund werden diese nun miteinander durch Zungenbewegungen, Kauen und Schlucken zu einem Brei „prozessiert". Dabei bestimmen die physikalisch-chemischen Eigenschaften wie Würzung, Geschmack, Textur, Fließverhalten und Brucheigenschaften die Wahrnehmung – und damit den Gesamteindruck des Löffels. In Spitzenrestaurants gehört oft ein sogenannter Gourmetlöffel zum Essbesteck, der recht flach ist und zusätzlich auch als breites Fischmesser dienen kann.

Molekularküche Der Wegbereiter der Avantgardeküche. Die Molekularküche – der Begriff ist eine journalistische Erfindung, schließlich besteht alles aus Molekülen – wurde vor allem in Spanien seit Beginn der 1990er-Jahre voll entwickelt. Die große Leistung der Molekularküche war zum einen die konsequente Entwicklung von ganz neuen „Modellsystemen" unter Zuhilfenahme physikalisch-chemischer sowie lebensmitteltechnologischer Prozesse. Oft wurde die Molekularküche auf den Einsatz von „Zusatzstoffen" reduziert, was viel zu kurz gedacht ist (Seite 230 ff.). Die zweite, weit weniger beachtete Leistung der Molekularküche ist der Bruch von klassischen Speisefolgen und Menükompositionen, wie sie in der Nouvelle Cuisine entwickelt wurden. So wurden Menüs mit einer Vielzahl von Gängen mit leichten Komponenten möglich, von denen jeder für sich eine neue Sensation und eine ganz eigene Sensorik darstellte. Wegbereiter und Vorreiter waren Heston Blumenthal sowie allen voran Ferran Adrià und die spanische Avantgarde. Die Grundlagen der „Molekulargastronomie" wurden von Nicholas Kurti und Hervé This entwickelt.

Mundfülle Neben kokumi kommen weitere Parameter infrage, mit denen die Mundfülle erhöht werden kann. Mundfülle wird auf Proteinbruchstücke zurückgeführt, die beim langen Kochen von Fonds und Brühen, bei enzymatischer Proteinspaltung (Hydrolyse) oder beim langen Reifen von proteinreichen Lebensmitteln wie Käse, Schinken oder Rohwürsten entstehen. Proteine werden dabei immer weiter gespalten. Kleine „Peptidgruppen" (Glutamylpeptide) aus zwei oder drei Aminosäuren, von denen eine die Glutaminsäure (umami) ist, sind für die Mundfülle verantwortlich. Eine lang gekochte Fleischbrühe erzeugt eine herausragende Mundfülle, auch wenn die Viskosität (vor dem Reduzieren) sehr niedrig ist.

Mundgefühl Darunter wird ein Sammelsurium von Eigenschaften verstanden, die primär vom Tastsinn abgefragt werden (Textur), aber in enger Wechselbeziehung stehen mit der trigeminalen Wahrnehmung und dem Geschmack. Zusammengefasst sind es also sensorische Eigenschaften, die im Mundraum und auf der Zunge mit den entsprechenden Sensoren abgefragt werden.

Neue Regionalküche (Nova Regio) Der Begriff steht für die derzeit neuesten Entwicklungen im Küchenstil. Sie baut konsequent auf den Methoden der Avantgardeküche auf und nutzt modernste Kochtechniken der Molekularküche, verwendet aber ausschließlich regionaltypische Zutaten in den Menüs. Als Begründer wird René Redzepi aus Kopenhagen (Restaurant NOMA) angeführt. Sein Küchenstil ist somit außerhalb der unmittelbaren Region nicht kopierbar. In Deutschland ist Matthias Schmidt (Villa Merton, Frankfurt) einer der konsequentesten Vertreter. Seine neue Frankfurter Küche ist frei von Olivenöl, Zitronen(saft) und zum Beispiel sogar Tomaten. Stattdessen wird auf lange vergessene Zutaten zurückgegriffen und viele neue, essbare Kräuter, Gräser und Wurzeln neu- bzw. wiederentdeckt.

Nouvelle Cuisine In den 1970er-Jahren entstandene neue Küche, die mit alten Traditionen brach, Garzeiten verkürzte, frische regionale Zutaten forderte und neue Gerätschaften und Gewürze zuließ. Als Wegbereiter wird fälschlicherweise Paul Bocuse gefeiert, der sicher einer der großen Botschafter dieses Küchenstils ist. Als Begründer der Nouvelle Cuisine sind allerdings Michel Guérard und vor allem Fernand Point zu werten. Im Zuge der Nouvelle Cuisine wurden zum Beispiel schwere Saucen auf der Basis von Mehlschwitzen verbannt. Stattdessen fanden Jus oder stark reduzierte Fonds (glace) Beachtung, während Fermentiertes lange Zeit keinen Platz in der Nouvelle Cuisine hatte.

Platzierung Die Platzierung von Elementen und Komponenten ist das A und O des Anrichtens. Mit einer entsprechenden Platzierung können ganz neue Zusammenhänge hergestellt werden. Auch lässt sich damit die Wirkung eines Gerichts oder Teilen daraus (Löffel) verändern.

Scherspannung Kraft pro Fläche, die benötigt wird, um bei einem gedachten Würfel aus einem bestimmten Material die Oberseite gegen seine Unterseite zu verschieben. Ist der Würfel aus einem Salzblock oder aus Schokolade, werden sehr hohe Kräfte benötigt. Ist der Würfel aus Pudding, schon geringere. Wäre der Würfel aus Wasser, sind extrem kleine Kräfte vonnöten. Wird die Kraft auf die Würfelabmessungen (Fläche) und Verschiebung bezogen, können so elastische Konstanten (sie definieren etwa die Bisskraft oder bei Flüssigkeiten die Viskosität) bestimmt werden. Auch bei anderen Texturen wie zum Beispiel bei Gelen, Schäumen, Mayonnaisen oder Emulsionen lässt sich dieses Messprinzip anwenden.

Sensation Im kulinarischen Zusammenhang wird dadurch eine Empfindung beschrieben, die durch die Wahrnehmung eines Gerichts, eines Tellers, im Gehirn ausgelöst wird. Meist wirken prägnante Düfte, ein bestechendes Geschmacks- oder überraschendes Texturerlebnis oder auch ein optischer Reiz. Unterstützt werden kann dies durch – nicht unumstrittene – akustische Eindrücke, wie sie von manchen Küchenchefs eingesetzt werden: etwa das Abspielen bestimmter Musikstücke, um auf den kulturellen Zusammenhang hinzuweisen, oder einfach durch die Geräusche einer Meeresbrandung zu bestimmten Gerichten mit Meeresfrüchten.

Sensorik Wissenschaft der Wahrnehmung, die alle Sinne, aber auch äußere Einflüsse wie etwa Stimmungen oder die Umgebung, versucht zu berücksichtigen. Sensorik ist daher eine multidisziplinäre Wissenschaft, die nicht nur die Eigenschaften der Lebensmittel und deren Wirkung im Mund erforscht, sondern auch versucht physiologische, psychologische und psychophysikalische Einflüsse, (empirisch) zu berücksichtigen. Oft werden sensorische Betrachtungen daher auch mit Marktforschung verbunden. Grundlage ist allerdings immer die Wirkung des Produkts ohne äußere Einflüsse. Daher werden in „Sensoriklabors" zunächst Produkte in schalldichten Räumen, mit möglichst wenig Licht, an einer entsprechend großen, repräsentativen Auswahl an Versuchspersonen („Panel") getestet.

Sous-vide (frz.: „unter Vakuum"). Bezeichnet eine Garmethode, bei der in Vakuumbeutel eingeschweißte Lebensmittel im Wasserbad bei niedrigen Temperaturen gegart werden. Zusammen sorgt das für einen optimalen Aromenerhalt. Kommt es bei der Zubereitung auf die exakte Temperatur an, empfiehlt sich ein Sous-vide-Garer. Sind Schwankungen zwischen 5 und 10 °C tolerierbar – und meistens sind sie das –, kann man das Gargut auch in einem Wasserbad mit exaktem Thermostat zubereiten.

Struktur Wird über die molekularen Abstände definiert, also wie sich Moleküle auf kleinsten Skalen zusammenlagern und arrangieren. Zucker bildet zum Beispiel eine Kristallstruktur: Die Moleküle sind regelmäßig in Kristallgittern angeordnet. Aufgeschmolzen und rasch abgekühlt, finden die Moleküle nicht immer in diese regelmäßige Anordnung zurück. Die Abstände sind dann „ungeordnet". Geschmolzener und schnell wieder erkalteter Zucker bildet dann ein Glas, einen amorphen Zustand. Struktur ist verwandt, aber nicht gleichzusetzen mit Textur.

Tellerarrangement Die Art, wie ein Teller angerichtet ist. Die einzelnen Komponenten und Elemente können zum Beispiel bewusst getrennt voneinander platziert werden. Das Tellerarrangement bestimmt in vielen Fällen, wie mit Löffel/Gabel die Komponenten ausgewählt werden und damit, in welcher Kombination die Elemente und Komponenten sensorisch wahrgenommen werden. Dabei übernimmt das Geschirr eine wesentliche Funktion: In tiefen Tellern wird vollkommen anders angerichtet als auf Platten. Daher wählen Spitzenrestaurants ganz bestimmt geformte Teller aus, etwa mit leichten Vertiefungen, hilfreichen Rändern und Abgrenzungen, um Gästen das Aufnehmen zu erleichtern und ein wenig vorzugeben.

Tellerkonstruktion Komplexe Teller werden von Gastronomen häufig nach einem „Bauplan" konstruiert. Die Kunst des Anrichtens unter Zuhilfenahme von funktionalem Geschirr dient dazu, die Komplexität zu steuern. Oft werden Teller nach kulturellen Vorgaben, klassischen Gerichten oder nach den Basiszuständen des Kochens nach Lévi-Strauss zusammengestellt. Weitere Möglichkeiten sind Konzeptteller – ein Gemüse in verschiedenen Garzuständen, Texturen oder Würzungen – oder verschiedene Lebensmittel nach ähnlichen Texturen anzuordnen, um die Esser über das Wechselspiel von Geschmack, Textur und Mundgefühl zum Genuss zu führen.

Textur Ist die Beschaffenheit des Lebensmittels oder des kulinarischen Konstrukts. Wird oft fälschlicherweise mit Aggregatzustand verwechselt. Typische Texturbegriffe sind zum Beispiel Härte, Kaubarkeit, Cremigkeit usw., die sich auf physikalische Eigenschaften zurückführen und mit ausgewählten Methoden exakt messen lassen. Die Textur ist eng an die Struktur geknüpft. Während der Begriff Struktur auf molekularer Ebene und Längenskalen im Nanometerbereich definiert ist, sind Textureigenschaften auf Mikrometerskala und den makroskopischen Abmessungen anschaulich klarer, etwa wenn die sichtbare Bläschengröße von Schäumen die

„Textur" bestimmt. Physikalisch könnte die Textur als „Überstruktur" bezeichnet werden, auch wenn dies nicht ganz exakt ist.

Trigeminus Die Enden des Trigeminusnervs befinden sich am ganzen Körper unter der Haut. Sie reagieren auf Hitze, Kälte, Schmerz, Druck, Jucken, Prickel, Adstringenz (pelzige Zunge), beißenden Rauch – und leiten das Signal an das Gehirn weiter. Scharfe Gerichte etwa mit Chili (Wirkstoff: Capsaicin) werden als Hitze und Schmerz interpretiert, kühlende Gerichte etwa mit Minze (Menthol) als kühlendes Gefühl – jeweils ohne dass sich tatsächlich die Temperatur verändert. Solche Warm- und Kalteffekte sind ausschließlich der trigeminalen Wahrnehmung zuzuordnen. Weitere kulinarische Anwendungen sind etwa das Stechen der Essigsäure, das Prickeln des Champagners oder die starke Adstringenz des barriquegelagerten Rotweins.

Umami Bereits Anfang des 20. Jahrhunderts entdeckt und doch noch immer kaum bekannt: Die fünfte, als „herzhaft, fleischig, wohlschmeckend" beschriebene Geschmacksrichtung. Umami wird durch freie Glutaminsäure (Glutamat) ausgelöst. Damit ist reines Glutamat kein „Geschmacksverstärker", sondern verantwortlich für die Geschmacksempfindung umami. Glutamat steht damit auf gleicher Stufe wie raffinierter Zucker, raffiniertes Salz, Ascorbinsäure oder viele extrahierte Bitterstoffe wie zum Beispiel Chinin (für Bitterlemon). Umami ist gleichwertig neben den anderen vier altbekannten Geschmacksrichtungen.

Viskosität Maß der Zähflüssigkeit einer Flüssigkeit. Wird eine Flüssigkeit zwischen zwei Glasplatten gesperrt, können die Glasplatten gegeneinander verschoben werden. Die dafür erforderliche Kraft ist, bezogen auf die Fläche der Glasplatten, ein Maß für die Viskosität. Ist diese Kraft hoch, nennt man die Flüssigkeit zähflüssig, das bedeutet, sie hat eine hohe Viskosität. Ist sie gering, wie bei Wasser, spricht man von niedriger Viskosität. Benötigt man eine gewisse Mindestkraft (engl.: yield stress), spricht man auch von thixotropen Flüssigkeiten. Fließt die Flüssigkeit bei zunehmender Plattenbewegungsgeschwindigkeit mit immer weniger Widerstand, spricht man von Scherverdünnung. Genau das passiert im Mund: Die Platten sind Zunge und Gaumen – und beim Schmatzen, Kauen und Schlucken fragt der Mund die jeweilige Viskosität ab. Diese rein physikalische Größe bestimmt somit das Mundgefühl mit und ist wiederum auf die molekularen Eigenschaften der Flüssigkeiten zurückzuführen. Genau deshalb erkennen wir mit jedem Löffel, den wir in den Mund nehmen, den Unterschied zwischen guten und schlechten Ketchups, zwischen wässrigen und steifen Saucen.

Wiederholbarkeit Ein Kartoffelpüree besteht aus identisch schmeckenden Löffeln. Ein Gericht mit zwei Elementen (A und B) kann der Esser bereits auf drei Arten kombinieren: A und B einzeln sowie AB in Kombination. Sehr Komplexe Teller zielen darauf ab, dass möglichst jeder Löffel einzigartig schmeckt. Für eine Wiederholbarkeit eines Löffels müssen alle Elemente oder Komponenten mehrmals angerichtet sein. In der Avantgardeküche ist dies häufig nicht der Fall. Ist ein Element/eine Komponente nur einmal vertreten, kommt es darauf an, ob es für sich allein verkostet wird oder mit einem oder mehreren entsprechenden Partnern. Solche Teller stellen auch für geübte Esser oft eine gewisse Herausforderung dar, die in der klassischen Küche oder der Nouvelle Cuisine unbekannt ist.
Als Faustregel gilt: Komponenten – etwa ein Geltupfer – besser kombinieren, Elemente – zum Beispiel ein kleines Macaron – auch einzeln verkosten.

Zeitlicher Verlauf Die Bedeutung des zeitlichen Verlaufs der Geschmacks- und Aromawahrnehmung bleibt komplexer, als es häufig dargestellt wird. Diese Dynamik der Wahrnehmung im Mund wird durch Textur und Struktur (wie schnell geben Lebensmittel ihre Inhaltsstoffe frei, wie lange verbleiben sie im Mund) sowie auch durch das Vorhandensein von Wasser und Fett bestimmt, in denen sich Geschmack und verschiedenste Aromen jeweils besser oder schlechter lösen. Des Weiteren bestimmt bei einem Teller die Reihenfolge der zuvor verkosteten Elemente/Komponenten die Wahrnehmung des Folgenden. Ziel ist es daher, die Spannung beim Essen eines Gerichts möglichst vielfältig zu gestalten. Vor allem der monotone zeitliche Verlauf der Sensorik bei monothematischen Komponenten wie Kartoffelbrei oder Mousse au chocolat lassen sich mit wenigen winzigen kontrastreichen Elementen, die entweder einen geschmacklichen, aromatischen oder texturellen Aspekt darstellen, deutlich heben.

Wie Dekoration und Arrangement ein Gericht bestimmen, zeigt der Vergleich: Effekt Nr. 3.

Zusatzstoffe

Hier werden einige der verwendeten Zusatzstoffe erklärt. Bei manchen sind Verhältnisse angegeben, ab denen sie ihre Wirkung entfalten – also etwa eine Flüssigkeit gelieren. Sie müssen aber als Richtwerte verstanden werden: Die genaue Menge wird von Faktoren wie Säure-, Salz- und Kalkgehalt der Flüssigkeit beeinflusst.

Agar-Agar Wird aus Zellwänden von Algen gewonnen. Damit können Flüssigkeiten geliert werden. Ist formstabil bis über 80 °C. Agar-Agar wird vor allem seit Langem in Asien (insbesondere Indien) verwendet, wo es in der traditionellen vegetarischen Küche mancher Regionen kulturell verankert ist. Verhältnis: 1 g geliert 100 ml Flüssigkeit.

Albumin Sprüh- oder gefriergetrocknetes und damit lange haltbares Hühnereiweißpulver. Mit Wasser angerührt, hat es identische Eigenschaften wie frisches Eiklar, kann aber präziser dosiert werden. Wird es mit anderen Flüssigkeiten (Fonds, Säften) rehydriert, lassen sich so neuartige Schäume und Baisers herstellen.

Alginat Ist Hauptbestandteil des Zellmaterials von Braunalgen. Dort hat es ähnlich zellwandstabilisierende Aufgaben wie das Pektin in Obst und Gemüse. Das Blockcopolymer, bestehend aus Blöcken jeweils gleicher Teile (AAAABBBB), eignet sich als stark lösliches Verdickungsmittel. In Verbindung mit zweiwertigen Calcium- (oder Magnesium-)Ionen – also etwa in Milchprodukten – bildet es starke „ionische" Gele. Verhältnis: 0,8 g auf 100 ml Flüssigkeit.

Ascorbinsäure Vitamin C in Früchten. Das Molekül kann aber auch sehr einfach in großen Mengen technisch synthetisiert werden. Es gibt keinen Unterschied zwischen „künstlichem" und natürlichem Vitamin C, die Molekülstruktur ist exakt identisch. Über geschnittene Apfelstücke gestreut, werden diese nicht braun – die gleiche Wirkung wie der Spritzer Zitronensaft.

Calciumlaktat Das Calciumsalz der Milchsäure. Es setzt zweifach positiv geladene Calziumionen frei, die für Fake-Kaviar und Sphären benötigt werden. Im Gegensatz zu Calciumchlorid hat Calciumlaktat keinen bitteren Nebengeschmack.

Erithrit / Erythrit Ein Zuckeralkohol mit etwa der halben Süßkraft der Saccharose (Haushaltszucker). Kann wie Zucker verwendet werden. Selbst in größeren Mengen hat es einen weniger starken osmotischen Effekt und wirkt nicht abführend. Dennoch hat Erythrit in Lebensmitteln eine gute Wasserbindung und eignet sich daher für weniger süße Desserts mit gutem „Stand". Es verursacht keine Karies. Beim Schmelzen ergibt es ähnlich wie Isomalt einen leicht kühlenden Effekt. Wie alle Zuckeralkohole kann es bei übermäßigem Verzehr abführend wirken.

Flüssigrauch In Wasser, Öl oder Emulsionen eingefangener Rauch. Flüssigrauch ist herkömmlichem Rauch oft überlegen. Ascheteilchen und andere Feststoffe werden herausgefiltert, ebenso kanzerogene Chemikalien, die beim herkömmlichen Räuchern in der Räucherkammer immer entstehen und sich auf dem Räuchergut niederschlagen. Die Hydrolate oder Emulsionen sind stark verdünnt. Trotzdem können Raucharomen in geringen Mengen krebserregende polyzyklische aromatische Kohlenwasserstoffe (PAK) enthalten. Für die maximal mögliche Dosierung sollte man sich nach den Angaben auf der Verpackung richten, sonst sind gesundheitliche Risiken nicht auszuschließen. Doch der Vorteil ist klar: Auch kalte Speisen können dezent aromatisiert werden.

Gelatine Aus dem Bindegewebe verschiedener Tierarten gewonnenes Geliermittel. Geliert, wenn es zuvor auf mindestens über 40 °C erwärmt wurde. Nicht lange kochen oder erneut erwärmen, sonst geht die Gelierkraft verloren.

Gellan Aus Stärke biotechnologisch (d. h. Fermentation) hergestelltes Geliermittel mit hoher Gelierkraft und hoher Temperaturbeständigkeit. Kann aber nicht mehr aufgeschmolzen werden. Verhältnis: 1 g auf 100 ml Flüssigkeit (bei Gel), 1,2 g bei pürierten Gelen.

Glucosesirup Ein wenig süßer, dicker, sehr zähflüssiger Sirup aus Stärke (lange Glucoseketten), der meist enzymatisch hergestellt wird. Neben einfacher Glucose (Traubenzucker) kommen auch Disaccharide und Ketten bestehend aus drei bis zu zwölf Glucosen vor. Glucosesirup wird meist im Dessertbereich eingesetzt und sorgt neben guter Wasserbindung auch für cremige Konsistenzen.

Iota-Carrageen Aus dem Zellmaterial von Algen gewonnen. Es bildet sehr weiche, schmelzende Gele. Wie bei Alginat oder Pektin kann auch mit zweiwertigen Calciumionen eine ionische Gelbildung vorgenommen werden. Daher wirkt es in Lebensmitteln mit hohem, natürlichem, freiem Calciumgehalt – etwa Milchprodukten – gelierend und verdickend. Allergikerhinweis: Carrageen steht in Verdacht, bei entsprechend veranlagten Personen allergieähnliche Reaktionen auszulösen. Verhältnis: 1 g auf 100 ml Flüssigkeit.

Isomalt Ein Zuckeraustauschstoff, der beim Erhitzen nicht braun wird (karamellisiert). Nach erneutem Erkalten bildet sich transparentes Zuckerglas, etwa für Lollis oder Drops. Isomalt ist knapp oberhalb seiner Glastemperatur hoch deformierbar: Es bildet feine, beständige Fäden

(Zuckerhaar) mit einem schönen Biss und, ähnlich wie Erythrit, einem leicht kühlenden Effekt beim Auflösen (endotherme Lösungswärme). Isomalt verursacht keine Karies und wird daher in vielen Bonbons eingesetzt. Wie alle Zuckeralkohole kann es bei übermäßigem Verzehr abführend wirken.

Kappa-Carrageen Wird aus Algen gewonnen. Die Grundeinheit ist im Vergleich zu Iota-Carrageen etwas anders, sodass es sprödere Gele bildet. Die übrigen Eigenschaften sind wie die von Iota-Carrageen. Verhältnis: 1 g auf 100 ml Flüssigkeit.

Laktose Milchzucker – ein Disaccharid mit guter Wasserlöslichkeit und hohem Wasserbindevermögen. Sehr süß. Bildet deutlich andere Kristallstrukturen als Haushaltszucker, wodurch ein neues Mundgefühl und daher spannende Texturen erzeugt werden.

Lecithin Sammelbegriff für „Phospholipide". Lecithin ist Bestandteil jeder Zellmembran, egal ob pflanzlich oder tierisch. Phospholipide bestehen aus einer wasserlöslichen Kopfgruppe und zwei Fettsäureschwänzen. Die Art der Fettsäuren (gesättigt, ungesättigt, Länge) bestimmt die lokale Flexibilität der Membran, die aus einer Doppelschicht von wohldefiniert organisierten Phospholipiden besteht. Als Bindeglied zwischen den sich nicht vermischenden Flüssigkeiten Wasser und Öl wirken sie sehr gut emulgierend. Verhältnis: 1–5 g auf 100 ml Flüssigkeit (je nach Art).

Maltodextrin Ein enzymatisch hergestelltes Pulver aus Stärke (genauer: kurzkettige Stärkemoleküle). Im Gegensatz zu Glucosesirup hat es eine etwas andere Kettenlängenverteilung, ist aber chemisch sehr ähnlich. Maltodextrin kann zur Bindung verwendet werden, auch als Rieselhilfe. Zusammen mit Öl und Fett bildet es bestechende Pulver. Da es absolut geschmacksneutral ist, schmecken diese vollkommen nach dem verwendeten Fett. So lässt sich Olivenöl-, Schoko-, Kürbiskern- oder auch Räucherspeckfettpulver wohldosiert einsetzen.

Mannitol, Mannit Ein Zuckeralkohol. Mannitol bildet beim Abkühlen kein „Glas", sondern stark polymorphe Kristalle. Es verleiht Speisen als Überzug daher eine eher knusprige und wenig süße Textur. Wie alle Zuckeralkohole kann es bei übermäßigem Verzehr abführend wirken.

Methylcellulose Chemisch modifizierte Cellulose, die somit wasserlöslich gemacht wird. Was chemisch klingt, ist vollkommen harmlos, da sie als löslicher Ballaststoff wirkt. Methylcellulose wird beim Erwärmen in wässrigen Lösungen fester und bildet schwache, nicht schnittfeste Gele. Als Verdickungsmittel sorgt sie für ein gutes Mundgefühl. Verhältnis: 5–10 g auf 100 ml Flüssigkeit (je nach Gelstärke).

Pektin Das Pektin stabilisiert die Zellwände von Obst und Gemüse. Es kommt in verschiedenen gemischten Modifikationen vor (je nach Obst und Gemüse) und weist daher oft uneinheitliche Geliereigenschaften auf. Werden die einzelnen Pektine isoliert, lassen sich jeweils verschiedene, klar definierte Binde- und Geliereigenschaften erzeugen. Das hier verwendete, geschmacksneutrale und geruchsfrei Pektin stammt aus Zitrusfrüchten.

Pro Espuma Ein kaltlöslicher Aufschäumer für Espumas. Wegen seiner multikomponenten Zusammensetzung lässt sich praktisch jede wässrige Flüssigkeit aufschäumen. Die Hauptbestandteile von Pro Espuma sind: sprühgetrockneter Glucosesirup (Glucose atomisé), Dextrose, hydrogenierte pflanzliche Fette, Natriumalginat, Guarkernmehl, Carrageen (Mischung aus Iota-, Kappa- und Lambda-Carrageen), Mono- und Diglyceride von Speisefettsäuren, Essigsäureester von Mono- und Diglyceriden, Kaliumphosphat (Säureregulator) und Milchproteine.

Proteasen (Trypsin) Proteinspaltende Enzyme, die in der Bauchspeicheldrüse jedes tierischen Organismus zur Proteinverdauung freigesetzt werden. Auch in Pflanzenzellen sind Proteasen, vor allem Trypsin, vorhanden. Sie bauen Speicherproteine ab, sodass dessen Bestandteile dem Keim während des Wachstums als Energielieferant dienen.

Sorbit / Sorbitol Der Zuckeralkohol kommt vor allem in Früchten, etwa Birnen, Pflaumen, Äpfel, Aprikosen und Pfirsichen, vor. Sorbitol hat eine sehr hohe Wasserbindung und dient dem Obst als Feuchtigkeitsregulator im Falle des Trockenstresses. Wegen dieser Eigenschaft wird er gern in Eispräparationen (er hält die Eiskristalle klein) oder als Feuchthaltemittel in Backwaren eingesetzt. Wegen der hohen Wasserbindung wirkt Sorbitol im Darm stark osmotisch, das Stuhlvolumen nimmt dadurch zu, daher wirkt Sorbitol in größeren Mengen abführend, wie an dem Verzehr von zu vielen Zwetschgen spürbar wird.

Stickstoff, flüssiger Als kühlendes Tellerelement viel zu kalt (–196 °C), ist er mehr eine Zubereitungsart für ganz besondere Formen. Will man nur wabernden Dampf, ist Trockeneis die günstigere Alternative. Stickstoff ist recht teuer und wird im Spezialversand nur zusammen mit Schutzausrüstung und Kurzeinweisung geliefert.

Transglutaminase Der verruchte Fleischkleber. Ein Enzym – also ein Protein –, das die Aminosäuren Lysin und Glutamin miteinander permanent vernetzt. Damit lassen sich die meisten Proteine verkleben, also auch Pflanzenproteine (zum Beispiel Gluten, um die Textur von Teigwaren zu verbessern). Transglutaminase sorgt im Körper für die Stabilität von Haut und Haaren. In der Medizin findet es bei Wundschließung große Anwendung. Dass man damit Fleischabfälle – besser -abschnitte – zusammenkleben kann, kann man auch unter dem Gesichtspunkt der Nachhaltigkeit und Komplettverwertung sehen.

Xanthan Verdickungsmittel, das Texturen mit hoher Viskosität und damit ketchupartige Konsistenzen erzeugt. Xanthan wird aus Stärke mittels Bakterien fermentiert (biotechnologisch erzeugt). Auf ähnlich biotechnologische Vorgänge wird bei der Herstellung von Joghurt, schmackhaftem Sauerkraut oder vielen kostbaren Käsesorten zurückgegriffen. Xanthan bildet stäbchenartige, sehr steife, hochgeladene Moleküle mit einer großen Wasserbindung, wodurch es sehr effektiv verdickt. Verhältnis: 0,5–1 g auf 100 ml Flüssigkeit (je nach gewünschter Bindung).

Xylitol (Birkenzucker) Ein Zuckeralkohol, es wird als Zuckeraustauschstoff verwendet. Wie alle Zuckeralkohole verursacht auch dieser Stoff keine Karies. Neben Sorbitol kommt auch Xylitol sehr häufig in Pflanzen, Gemüse (Blumenkohl) und Obst (Pflaumen, Himbeeren) vor. Der Zuckeralkohol ist dem menschlichen Körper nicht fremd. Er entsteht beim Abbau von Kohlenhydraten in der Leber als Zwischenprodukt. Wie alle Zuckeralkohole kann es bei übermäßigem Verzehr abführend wirken.

Mehr zu Zusatzstoffen:
www.zusatzstoffe-online.de

Geräte

Eine exakte Digitalwaage ist selbstverständlich. Hier werden nun die Geräte vorgestellt, die zwar nicht günstig, aber zumindest nicht allzu teuer sind und deren Funktionen eine deutliche Steigerung in Aroma und Geschmack erzielen.

Grundausstattung

Dörrapparat, Dehydrator Vieles lässt sich zwar auch im Ofen trocknen, aber selbst die geringste Stufe kann etwa für Steinpilze (35–50 °C) noch zu heiß sein. Hier empfiehlt sich ein Dörrapparat. Das Dörrgut liegt auf bis zu zehn Sieb-Etagen übereinander und kann so von allen Seiten von der warmen Umluft erreicht werden.

Eismaschine Mit ihr gelingen bereits gute Eiszubereitungen. Werden die Eismassen (auch aus Gemüse, Fisch oder Fleisch) gut vorbereitet, lassen sich auch abseits üblicher, süßer Eisvarianten kulinarische Hochgenüsse erzeugen. Die (sehr teure) Profivariante der Eismaschine ist der Pacojet (Seite 236).

Entsafter Entsafter sind für die moderne Küche unerlässlich, vor allem Kaltentsafter, die Lebensmittel nicht unnötig erwärmen und den rohen Geschmack von Gemüse und Obst unverfälscht lassen. Die daraus gewonnenen Säfte können daher roh als Getränke genossen oder zum Finalisieren von Saucen mit ausgeprägtem Rohgeschmack verwendet werden. Zum Entsaften von Blattsalaten oder Kräutern eignen sich handelsübliche Entsafter allerdings wenig, diese liefern lediglich eine Art „flüssiges Püree". Für diese Zwecke werden Schnecken- oder Walzenentsafter angeboten, die jedoch sehr teuer sind. Die Resultate sind jedoch bestechend gut. Gute Obstsäfte gibt es natürlich auch bereits abgefüllt im Handel.

Fritteuse (Heißluft) Die Fritteuse wurde eigentlich entwickelt, um Pommes frites mit besonders wenig Öl (ca. 1 TL) zubereiten zu können. Der Garraum besteht daher aus einem mit langsamer Drehzahl rotierenden, beschichteten Behälter. Das Gargut wird dabei über einen speziell geformten Bügel geleitet, sodass es mit jeder Umdrehung umgeschichtet wird. Über eine Öffnung wird auf 150 °C erwärmte Luft eingeblasen, sodass die Pommes gleichmäßig bräunen. Das Gerät lässt sich aber auch für andere Zwecke „missbrauchen". So können darin sehr gut gebrannte Mandeln, Haselnüsse oder Walnüsse mit allen möglichen Geschmacksrichtungen geröstet werden. Gewürfeltes Gemüse (zum Beispiel Bete, Karotten, Pastinaken) lassen sich bestens karamellisieren oder gleichmäßig unter Garen mit reichlich Butter überziehen. Die Nachteile dieses Gerätes sind allerdings die fest vorgegebene Drehzahl und die fest eingestellte Temperatur. Kann man haben, muss man nicht.

Gasbrenner, Lötlampen Bestens für Crème brûlées oder als Rösthilfe. Es gibt sie für wenig Geld in jedem Baumarkt. Geräte aus dem Gourmetshop auf Flüssigbrennstoffbasis sind nicht immer die beste Wahl. Wichtig ist vor allem das Gas: Es soll rückstandsfrei verbrennen und keine Gerüche auf den Lebensmitteln hinterlassen.

(Sahne-)Siphon Er eignet sich zum Aufschlagen von Sahne und zum Herstellen von Espumas, aber auch zum Druckmarinieren oder Aromatisieren – mit N_2O-Patronen befüllt (Distickstoffmonoxid, „Lachgas"). Bestückt mit CO_2-Patronen (Kohlenstoffdioxid) kann man in ihnen Wasser, Säfte und feste Lebensmittel mit Kohlensäure versetzen. Es gibt sie mit 0,25, 0,5 und 1 l Fassungsvermögen – nützlich ist, auf mindestens zwei davon zurückgreifen zu können. Nicht mit

Sodasiphons verwechseln (mit Steigrohr, werden nicht über Kopf gesprüht). Sie sind nur für die CO_2-Variante. Tipp: Für beste Durchmischung Flüssigkeiten immer über Kopf begasen.

Schnellkochtopf / Dampfkochtopf Das vermeintliche Relikt der 70er-Jahre liefert beste Fonds und Brühen und eignet sich auch zum Aromatisieren hervorragend. Abgesehen von der Zeitersparnis bei der Garung (kollagenreiches Fleisch, Hülsenfrüchte), lassen sich alle Lebensmittel, die Temperaturen von 120 °C und hohen Druck aushalten, damit intensiv aromatisieren. Ein Tafelspitz für kurze Zeit darin zubereitet, wird auch im Innersten nach den beigefügten Kräutern und Gewürzen schmecken. Kaum eine andere Methode schafft das in dieser Klarheit.

Sous-vide-Garer Wasserbäder mit exakter Temperatursteuerung für ein präzises Garen vakuumverpackter Lebensmittel. Mittlerweile werden auch sehr günstige Geräte angeboten, deren Temperaturgenauigkeit auf ± 2 °C präzise ist (sie erinnern etwas an Würstchenwärmer). Zum Anpeilen ganz bestimmter Temperaturen im 0,5-°C-Bereich gibt es noch teurere Geräte. Wenn es auf Schwankungen von 5–10 °C nicht ankommt, kann man vakuumierte Lebensmittel auch sous-vide im Wasserbad mit einem exakten Thermostaten garen.

Tischräucherofen, Kugelgrill Tischräucheröfen – sie funktionieren mit Teelichtern – eignen sich sehr gut zum Heißräuchern. Es gibt sie für wenig Geld im Versandhandel oder im Anglerbedarf. Auch Kugelgrills mit Temperaturkontrolle eignen sich bestens zum Räuchern, sie sind aber um einiges teurer.

Vakuumiergerät Damit lassen sich Lebensmittel in spezielle Vakuumbeutel (hitzebeständig, frei von Weichmachern) einschweißen – die Voraussetzung für das Beizen (Marinieren) unter Vakuum und für das Sous-vide-Garen. Zum Trockenbeizen (Gemüse, Fleisch, Fisch mit Salz, Zucker, Kräutern, Gewürzen) lassen sich diese Geräte gut verwenden. Zum „Kennenlernen" der Technik kann man die Luft aus einem Beutel auch mit dem Mund heraussaugen, ein echtes Vakuum entsteht dabei aber nicht. Für Profis gibt es Kammervakuumierer (Seite 235), denn die erschwinglichen Tischgeräte haben den Nachteil, dass sich Flüssigkeiten damit nicht direkt einschweißen und vakuumieren lassen: Sie quellen über, verschmutzen das Gerät. Abhilfe schaffen da Tricks: Für trockene Schweißnähte den Rand beim Einfüllen immer nach außen krempeln und den Beutel nie über die Hälfte befüllen. Die Flüssigkeit (auch z. B. Fleisch mit Marinade) in einem separaten zugeknoteten Beutel in den Vakuumierbeutel geben und erst dann einschweißen. Die doppelte Schicht Beutel erhöht bei langen Zubereitungen auch die Chance, dass nichts reißt und die Aromen besser eingeschlossen bleiben. Saucen und weiche Zutaten können auch eingefroren und dann als Block (oder zerstoßen) vakuumiert werden. Bessere Geräte besitzen eine Druckregelung, bei der nur ein Teilvakuum gezogen und die Flüssigkeit so nicht herausgedrückt wird. Wichtig ist, ausschließlich kalte Speisen zu vakuumieren.

Zucker- und Infrarotthermometer Bekannt aus der Patisserie oder vom Marmeladenkochen, eignen sich diese Geräte sehr gut zur Temperaturkontrolle bei Zuckerzubereitungen (über 100 °C), aber auch für exakte Messungen etwa im Sous-vide-Wasserbad. Das Infrarotthermometer hat kleinere Tücken: Werden brodelnde Flüssigkeiten (zum Beispiel Zuckermischungen mit Restwassergehalt) damit gemessen, wird lediglich die Temperatur der Dampfschicht über dem Topf angezeigt (< 100 °C), aber nicht die Temperatur der Flüssigkeit selbst (> 100 °C).

Große Geräte

Immer wieder werden Geräte erwähnt, die nicht alltäglich sind, die sich auch nicht jeder „Küchenfreak" leisten will. Es sind oft High-End-Geräte, deren Preis weit über 1 000 Euro liegen kann. Sie sind für den Umgang mit den meisten Ideen in diesem Buch nicht zwingend notwendig, sondern können mit wenig Mehraufwand und geringen Genusseinbußen mithilfe der gewöhnlichen Geräte umgangen werden. Dennoch sollen sie hier angesprochen werden, da es zum Verständnis dient und zu weiteren Möglichkeiten anregen kann.

Grill In der Spitzenküche finden sich verschiedene Hochleistungsgrills. Der Salamander erzeugt sehr schnell extrem hohe Temperaturen, z. B. in Form von Oberhitze. Er ist auch als Infrarotgrill erhältlich. Der Antigrill hingegen hat oben eine stark gekühlte Platte und kann dort aufgelegte Lebensmittel in relativ rascher Zeit durchgefrieren.

Kombidämpfer Die Temperaturführung dieser Geräte ist sehr präzise. So lässt sich darin nicht nur bestens backen (hohe Temperaturen mit Bedampfung), mit Dampfstößen während des Garens oder schonend mit herkömmlichen Dämpfen arbeiten, sondern auch im niedrigen Temperaturbereich sous-vide garen. Besonders das Sous-vide-Garen von Obst, Gemüse und Hülsenfrüchten ist mit diesem Gerät von Vorteil, da die Gartemperaturen zwischen 78 und 91 °C liegen – relativ nahe am Siedepunkt des Wassers. In Wasserbädern sind diese hohen Temperaturen zwar ebenfalls problemlos möglich, aber ein wenig „unphysikalisch", nicht zuletzt wegen der Wasserverluste durch Abdampfen. Heute gibt es Geräte, die keinen Festwasseranschluss mehr benötigen, stattdessen wird das Wasser über einen dafür zuständigen Behälter zugeführt.

Küchenmaschine mit Kochfunktion Solche speziellen Küchenmaschinen, die bei unterschiedlichen Temperaturen mit hoher Drehzahl mixen, hacken und pürieren können, sind sehr nützlich – auch wenn die Anwendungen in der gehobenen Küche nicht denen entsprechen, die vom Anbieter oder Hersteller angepriesen werden. Hier geht es nicht um den Dampfaufsatz, in dem die Kartoffeln gedämpft werden, während eine Geräteetage tiefer das Gulasch schmurgelt. Stattdessen sind derartige Geräte sehr nützlich zum Emulgieren, zum sehr feinen Pürieren und zum Pulverisieren. Auch das Pürieren von Agar-Gellan-Gelen lässt sich in diesen Geräten bestens durchführen. Beim Herstellen von Terrinen – gegart und gleichzeitig gemixt bei verhaltenen Temperaturen – erhält man ganz besondere Ergebnisse, ohne etwa durch Hitze eine vollständige Denaturierung bestimmter tierischer Proteine zu provozieren. Der große Nachteil von Geräten wie dem Thermomix ist allerdings die unpräzise Einstellung der Temperatur und die zu grobe Vorgabe der Temperaturwahl in 10-°C-Schritten.

Der Preis ist vor allem der Technik geschuldet. Solche Geräte sind auf Höchstleistungen ausgelegt: Im Idealfall bleiben sie über Jahre voll funktionsfähig und ihre Messer scharf.

Pacojet Eine Eismaschine aus der Hochgastronomie. Die Besonderheit besteht darin, dass hier nicht bereits pürierte Massen eingefroren werden, sondern z. B. noch intakte Kräuter oder auch andere herzhafte Zutaten. Beim „Pacossieren" senkt sich eine schnell drehende Fräse mit sehr geringem Vorschub in den gefrorenen Inhalt, sodass nur Schichten im Mikrometerbereich (µm) abgehoben werden. Dadurch werden die Zellen aufgebrochen, die Aromen optimal freigelegt und ein sehr cremiges Eis erreicht.

Wärmelampe, Wärmeschublade Beide Geräte sind zum Anrichten absolut fantastisch. Während sich Geschirr nicht nur in der Wärmeschublade, sondern auch im Ofen vorwärmen lässt, können komplexe Arrangements nur unter Wärmelampen in aller Ruhe angerichtet werden, ohne zu erkalten. Unter ihnen lassen sich aber auch temperaturbeständige Gele erwärmen oder sogar leichte Garungen durchführen.

Wärmeschubladen lassen sich auch dazu gebrauchen, Fleisch auf eine Kerntemperatur von 52 °C zu bringen, um damit das Myosin zu denaturieren und eine besondere Textur zu bekommen. Dann muss es nur noch auf dem Grill oder in der Grillpfanne mit einigen Röststreifen „gebrandet" werden. Die trockene Wärme so zubereiteten Fleischs im Vergleich zum Sous-vide-Garen ist dabei dem leichten, aber hin und wieder erwünschten Wasserverlust in den äußeren Schichten des Fleisches geschuldet. Die durch das Branding entstandenen Röststreifen und -aromen werden dadurch umso intensiver betont.

Register

Thomas A. Vilgis ist Professor für Theoretische Physik an der Universität Mainz und Honorarprofessor an der Universität Gießen am Max-Planck-Institut für Polymerforschung. Er ist begeisterter Hobbykoch und hat seine Ideen bereits in mehreren außergewöhnlichen Kochbüchern veröffentlicht – bei Stiftung Warentest unter anderem zusammen mit Thomas A. Vierich „Aroma. Die Kunst des Würzens" und „Aroma Gemüse".

Stiftung Warentest

Impressum

Stiftung Warentest
Lützowplatz 11–13
10785 Berlin
Telefon 0 30/26 31–0
Fax 0 30/26 31–25 25
www.test.de
email@stiftung-warentest.de

USt.-IdNr.: DE136725570

Vorstand: Hubertus Primus
Weitere Mitglieder der Geschäftsleitung:
Dr. Holger Brackemann, Julia Bönisch, Daniel Gläser

Programmleitung: Niclas Dewitz

Autor: Thomas A. Vilgis
Projektleitung: Veronika Schuster, Johannes Tretau
Lektorat: Bettina Snowdon
Mitarbeit: Merit Niemeitz, Dr. Karsten Treber
Korrektorat: Nicole Woratz
Nährwertberechnung: Astrid Büscher

Art Direktion, Illustration, Layout: Martina Römer
Fotografie: Peter Schulte, Hamburg
Foodstyling: Julia Luck, Hamburg
Weitere Fotos: Adobe Stock / Photocrew (S. 75)
Getty Images / Lew Robertson (S. 13); AC-Schnitzel (S. 26); MirageC (S. 31) Natka-i (S. 31); PhotoAlto/Laurence Mouton (S. 35); Roman Tsubin (S. 38); Kuzmik_A (S. 50); Neydtstock (S. 50); IlonaImagine(S. 55); Moment RF (S. 63); vovashevchuk (S. 66); Iridenta Florescu (S. 70); wxin (S. 86); Nattawut Lakjit / EyeEm (S. 94, 134); bilderlounge (S. 107); Richard Coombs / EyeEm (S. 107); dyachenkoproduction (S. 131); Andrey Elkin (S. 133); kosmozoo (S. 147); manbo-photo (S. 182); Salamatik (S. 187); Tarek El Sombati (S. 190); triocean (S. 203); Chris Clor (S. 206); LumenSt (S. 214); pressdigital (S. 218); Larisa Bozhikova (S. 219); Francois Edmond (S. 219)

Produktion: Vera Göring
Verlagsherstellung: Rita Brosius (Ltg.), Susanne Beeh, Romy Alig
Litho: bildpunkt Druckvorstufen GmbH, Berlin
Druck: aprinta druck GmbH, Wemding

ISBN: 978-3-7471-0578-8

Wir haben für dieses Buch 100 % Recyclingpapier und mineralölfreie Druckfarben verwendet. Stiftung Warentest druckt ausschließlich in Deutschland, weil hier hohe Umweltstandards gelten und kurze Transportwege für geringe CO_2-Emissionen sorgen. Auch die Weiterverarbeitung erfolgt ausschließlich in Deutschland.